全国艺术职业教育系列教材·高职卷

中国艺术职业教育学会推荐教材

# 文化创意产业基础

主　编　卢　涛　李　玲

副主编　白迎金　李雪蓉　晏　妮

参　编　叶　柳　郭　洁　高　静　刘　静

WUHAN UNIVERSITY PRESS

武汉大学出版社

**图书在版编目(CIP)数据**

文化创意产业基础/卢涛,李玲主编.—武汉:武汉大学出版社,2014.2(2021.1重印)
全国艺术职业教育系列教材·高职卷
ISBN 978-7-307-11984-0

Ⅰ.文… Ⅱ.①卢… ②李… Ⅲ.文化产业—产业发展—高等职业教育—教材 Ⅳ.G114

中国版本图书馆CIP数据核字(2013)第252102号

责任编辑:胡 荣　　责任校对:王 建　　版式设计:韩闻锦

出版发行:**武汉大学出版社** (430072 武昌 珞珈山)
(电子邮箱:cbs22@whu.edu.cn 网址:www.wdp.com.cn)
印刷:武汉中科兴业印务有限公司
开本:787×1092 1/16 印张:11.75 字数:259千字 插页:2
版次:2014年2月第1版 2021年1月第5次印刷
ISBN 978-7-307-11984-0 定价:25.00元

# 总　序

在我国实施文化强国战略和职业教育事业实现跨越式发展的大背景下，艺术职业教育在办学理念、办学规模、办学效益以及教学改革、培养质量和办学条件等方面都取得了长足进步。六十年传统积淀、十余载创新发展，伴随着中等职业教育的稳定前行，高等艺术职业教育蓬勃而兴，不仅提升了我国艺术职业教育的层次和水平，更为艺术职业教育注入了巨大生机与活力。

当前，艺术职业教育机遇与挑战并存，特色与创新共进。紧跟文化产业发展步伐，适应艺术人才就业岗位需求，厘清艺术职业教育思想，更新艺术职业教育教学方法，完整科学的艺术职业教育教材体系的建立对实现我国艺术职业教育又好又快发展，无疑具有战略意义。全国艺术职业教育系列教材建设是文化部、全国文化艺术职业教育教学指导委员会、中国艺术职业教育学会启动的艺术职业教育质量工程之一，它是为了适应新形势下我国艺术职业教育发展需要而编撰出版的系列教材。其选编思路是主动适应国家文化产业升级发展需求，对接行业、职业标准；打破学科框架束缚，以项目、任务为导向组织教材内容，突出学生能力培养，体现艺术类专业基于实践的科学合理的学习过程；注重国际视野站位与先进教学技术手段的运用，反映文化艺术行业、产业发展的新方向和新趋势；同时，注重收纳具有民族精神与民间特色的非物质文化遗产内容，实现高校文化传承功能。

全国艺术职业教育系列教材涵盖音乐、舞蹈、戏剧、美术等各个艺术门类，分高职卷和中职卷，按照宜统则统，宜分则分，分类分步，梯次推进的原则，重点开展专业核心课、专业基础课、公共基础课教材的开发与建设，计划在“十二五”期间完成60种以上教材的编撰工作。本次系列教材编写联合全国18所高职艺术院校，集中全国艺术职业教育的优质资源，着力打造一批理念先进、内容科学、构架合理、特色鲜明的艺术职业教育精品教材。

全国艺术职业教育系列教材的出版，是对不断深化的艺术职业教育教学改革成果的总结。我们相信，它的广泛使用，将为实现全国优质艺术教育教学资源共享搭建平台，使艺术职业教育教学行为更系统、规范、科学，从而推进全国艺术职业教育教学的整体持续发展，为实现文化强国战略提供坚实的人才支撑与质量保障。

**总编委会**

2012年9月

# 前 言

随着21世纪信息技术的飞速发展，文化产业在内容形态、发展领域等方面发生了巨大的变化。党的十七届六中全会审议通过的《中共中央关于深化文化体制改革 推动社会主义文化大发展大繁荣若干重大问题的决定》，将“文化产业成为国民经济支柱性产业，整体实力和国际竞争力显著增强，公有制为主体、多种所有制共同发展的文化产业格局全面形成”作为文化改革发展奋斗的重要目标之一。这标志着我国文化产业将进入新的发展阶段。而文化创意产业正是新阶段文化产业发展的突破口和崛起点。

何为文化创意产业？它由文化、创意、产业三个内容构成，文化和创意必须经过产业化才能转化为产品、服务以及由其产生的财富。“文化创意产业”的概念，学术界普遍认为源于英国1998年提出的“创意产业”。2006年9月13日，中共中央办公厅、国务院办公厅印发了《国家“十一五”时期文化发展规划纲要》，“文化创意产业”这一概念首次出现在党和政府的重要文件中：“以建设文化创意产业中心城市为核心，加快产业整合，形成长江三角洲、珠江三角洲和环渤海地区三大文化产业带。”引用本书对文化创意产业的定义，即“一种基于文化元素创意需要，由高科技、规模化生产成高附加值产品的产业”，“以创意为核心，向大众提供文化、艺术、精神、心理、娱乐产品的新兴产业，是文化产业中最具创造性和先导性的核心组成部分，是文化产业的高端，是文化产业的创新性产业”。

纵观全球，英国、美国、日本、韩国、澳大利亚、新加坡等发达国家的创意产业已经发展成熟，都为各自国家带来了巨大的经济效益。它们以独擅的领域、方式，创造出众多的产品、服务，吸引了全世界的目光，形成一股席卷全球的创意产业经济浪潮。而我国在21世纪初才开始逐步发展文化创意产业。经过十余年的奋力追赶，我国的文化创意产业得到快速发展。北京、上海、长沙、广州、深圳、杭州、长沙、成都等众多城市纷纷出台推动文化创意产业发展的具体措施，各地创业产业基地和园区建设此起彼伏，文化创意产业已成为这些城市经济发展的支柱产业。这些中心城市必将进一步带动其他城市的文化创意产业发展，刺激地方经济的转型，从而促进国家经济社会的进步。

著名经济学家厉无畏曾说，在知识经济的背景下，文化创意不仅是走出危机的先导产业，是经济实现加快发展的新战略，而且已成为改变世界的重要力量。文化创意产业不仅可以促进经济创新，推动文化创新，还可以加深交流合作，提升国际形象。因此，大力发展文化创意产业是各城市乃至整个国家文化、经济、社会发展的重要任务之一。

2012年2月，《文化部“十二五”时期文化产业倍增计划》发布，将创意设计业作为文化系统“十二五”期间要发展的十一个重点行业门类之一，并明确了搞活创意设计市场、培育壮大创意设计类龙头企业、建设创意设计产业孵化器等主要举措，以及保护创意设计知识产权、培养创意设计产业人才等政策支持手段。有了国家政策的支持，我们就可以进一步深入对文化创意产业的理论基础、政策制定、产业布局、人才培养等方面的研究，不断学习借鉴先进国家的经验，分析我国文化创意产业发展中遇到的问题，总结应对策略，从而发展具有中国特色的文化创意产业。

相信在不久的将来，文化创意产业一定能够为我国国民经济和社会和谐发展作出巨大的贡献！

**江西笛卡传媒有限公司总经理　单　勇**

2013年元月

# 目　录

第一章

# 文化创意产业的概念

近年来，文化创意产业逐渐成为政府部门、各机构组织以及专家学者研究和关注的焦点，各种著作在对文化创意产业进行研究时给出了各种各样的定义。因为定义口径和关注方面的不同，文化创意产业的学术概念一直没能形成统一的认识，这就直接加重了分类型计量比较的负担，也造成了同步深入开展文化创意产业经济研究的困难。因此本章试图从文化、创意、文化创意、文化产业、文化创意产业的定义方法，文化创意产业的发展脉络，文化创意产业与传统文化产业之间的关系等方面对其进行一些探索。

## 第一节 文化创意产业的相关概念

### 一、文化

“文化”是中国语言系统中古已有之的词语。

“文”的本义，是指各色交错的纹理。《易·系辞下》载：“物相杂，故曰文。”在此基础上，“文”又有若干引申义。其一，为包括语言文字内的各种象征符号，进而具体化为文物典籍、礼乐制度。《尚书·序》所载伏曦画八卦，造书契，“由是文籍生焉”；《论语·子罕》所载孔子说“文王既没，文不在兹乎”，是其实例。其二，由伦理之说导出彩画、装饰、人为修养之义，与“质”、“实”对称，所以《论语·雍也》称“质胜文则野，文胜质则史，文质彬彬，然后君子”。其三，在前两层意义之上，更导出美、善、德行之义，这便是《礼记·乐记》所谓“礼减而进，以进为文”，郑玄注“文犹美也，善也”。

“化”，本义为改易、生成、造化。《庄子·逍遥游》载：“化而为鸟，其名为鹏。”《易·系辞下》载：“男女构精，万物化生。”《礼记·中庸》载：“可以赞天地之化育。”归纳以上诸说，“化”是指事物形态或性质的改变，同时“化”又引申为教行迁善之义。

“文”与“化”并联使用，较早见之于战国末年儒生编辑的《易·贲卦·象传》：(刚柔交错)，天文也。文明以止，人文也。观乎天文，以察时变；观乎人文，以化成天下。

这段话里的“文”，即从纹理之义演化而来。“天文”即日月往来交错文饰于天，亦即天道自然规律。同样，“人文”，是指人伦社会规律，即社会生活中人与人之间纵横交织的关系，如君臣、父子、夫妇、兄弟、朋友，构成复杂网络，具有纹理表象。这段话说，治国者须观察天文，以明了时序之变化，又须观察人文，使天下之人均能遵从文明礼仪，行为止其所当止。在这里，“人文”与“化成天下”紧密联系，“以文教化”的思想已十分明确。

西汉以后，“文”与“化”方合成一个整词，如“圣人之治天下也，先文德而后武力。凡武之兴，为不服也。文化不改，然后加诛”（《说苑·指武》），“文化内辑，武功外悠”（《文选·补之诗》）。这里的“文化”，或与天造地设的自然对举，或与无教化的“质朴”、“野蛮”对举。因此，在汉语系统中，“文化”的本义就是“以文教化”，它表示对人的性情的陶冶和品德的教养，本属精神领域之范畴。

随着时间的流变和空间的差异，现在“文化”已成为一个内涵丰富、外延宽广的多维概念，成为众多学科探究、阐发、争鸣的对象。

《辞海》是这样给文化下定义的：文化“从广义的角度来说，指人类社会历史实践过程中所创造的物质财富和精神财富的总和”。

中国文化学者余秋雨先生在博客里为“文化”作了定义：“文化是一种精神价值以及与此相呼应的生活方式，它的最终成果是集体人格。”

陈华文在《文化学概论》一书中，给文化的定义为：“所谓文化，就是人类在存在过程中为了维护人类有序生存和持续的发展所创造出来的，关于人与自然、人与社会、人与人之间各种关系的有形无形的成果。”

再看看国外学者对文化的定义。

在18世纪末以前，西方学者关于文化的阐述，主要是指“自然成长的倾向”以及据此类比——人的培养过程。但是到19世纪，文化用来指“心灵的某种状态或习惯，与人类完善的思想具有密切的关系”。19世纪末，文化意指“一种物质上、知识上和精神上的整体生活方式”。

1952年，美国文化学家克罗伯和克拉克洪在《文化·概念和定义的批评考察》一书中，对西方自1871—1951年关于文化的160多种定义做了清理与评析，并在此基础上给文化下了一个综合的定义：文化由外显的和内隐的行为模式构成，这种行为模式通过象征符号而获致和传递。文化代表了人类群体的显著成就，包括他们在人造器物上的体现；文化的核心部分是传统观念，尤其是它们所带来的价值观；文化体系一方面可以看做活动的产物，另一方面则是进一步活动的决定因素。这一文化的综合定义受到普遍的认同，有着广泛的影响。

在以上给出的定义的基础上，我们认为，文化是人类在社会实践过程中产生的物质财富和精神财富的总和。

## 二、创意与文化创意

要厘清“创意”的概念，我们必须先看看“创新”一词的理论发展脉络。

美籍奥地利经济学家约瑟夫·阿罗斯·熊彼特于1912年在著作《经济发展理论》中，首次提出了影响深远的创新理论，熊彼特所说的“创新”是一种从内部改变经济的循环流转过程的变革性力量，本质是实现生产要素和生产条件的一种新组合。而后观念创新、技术创新、制度创新、组织创新等都被包括到“创新”中来，创新经济理论迎来了大发展时代。

美国经济学家罗默在1986年的《收益增长和长期增长》一文中指出，新创意会衍生出无穷的新产品、新市场和财富创造的新机会，所以创意才是推动一国经济成长的原动力。

可以看出，在创新理论中，“创意”比“创新”更具有概念的预设性，其意义却与“创新”密不可分，“创意”是指一种带来新事物的能力，“创新”是指带来新事物的可标记结果。所以从广义上讲，“创新”应该是“创意”的派生物，是付诸实践的“创新”的意识。创意就是具有新颖性和创造性的想法，而且能够通过创意创造出更大的效益，包括物质的和精神的效益。

这种理解既满足文化经济学家们普遍认为的，创意就是对文化艺术领域的创新，也满足一般创新理论中对创新的理解。但我们也应该看到，在理论意义上，尤其是在我国进入了文化创意历史新时期的当下，最好把“创意”界定为一种具有审美意义的不断创造和不断创新。以此类推，文化创意既指在文化这个领域内创新的过程，也指文化创新的成果。

## 三、文化产业

对“文化产业”的理解包括两个层面：一是哲学意义的，二是经济学意义的。前者的概念构成最早可追溯到 1944 年，德国法兰克福学派第一代的主要代表人物阿多诺的《文化产业：欺骗公众的启蒙精神》一文认为文化工业是一种标准化的过程，其生产的产品就像其他商品一样出于同一种模式，其产品已经失去了文化的内涵，而且束缚了大众的思想，成为统治阶级的工具。由此可以看出，法兰克福学派对“文化工业”持有一种强烈的批判态度。后者是指一种经济体系或者是新兴发展模式。

随着社会经济和文化产业自身的不断发展和完善，“文化产业”（Cultural Industries）这一概念慢慢变为中性。其中，联合国教科文组织把文化产业定义为：“按照工业标准生产，再生产，储存及分配文化产品和服务的一系列活动。”从这个定义中，我们还是可以找到“文化工业”的影子。

我国最早的“文化产业”定义出现在 2001 年，全国政协与文化部所组成的文化产业联合调查组对文化产业作了如下的界定：“文化产业是指从事文化产品生产和提供文化服务的经营性行业。”2004 年 4 月国家统计局颁布的《文化及相关产业分类》又进一步明确了文化产业的内涵和范围。该文件指出，文化产业是“为社会公众提供文化、娱乐产品和服务的活动，以及与这些活动有关联的活动的集合”。它的范围包括：“新闻服务，出版发行和版权服务，广播、电视、电影服务，文化艺术服务，网络文化服务，文化休闲娱乐服务，其他文化服务，文化用品、设备及相关文化产品的生产，文化用品、设备及相关文化产品的销售。”

从以上文化产业概念的发展可以看出，随着生产力的发展，特别是作为生产力重要组成部分的文化生产力的迅速发展，文化生产已经摆脱了自给自足、自娱自乐的自发性阶段，进入与产业化、科技化、市场化相伴而生的新的发展阶段。

## 四、创意产业

一般认为，“创意产业”的概念是首先由英国作为一项国家发展政策提出的。布莱尔当选英国首相以后，于1998年成立了“创意产业特别工作组”，该小组将“创意产业”（Creative Industries）定义为“源于个体创意、技巧及才能，通过知识产权的生成与利用，而有潜力创造财富和就业机会的产业”。并把创意产业范围规定为：“广告、建筑、艺术、古董市场、手工艺、设计、时尚设计、电影、互动休闲软件、音乐、电视和广播、表演艺术、出版和软件等。”“创意产业”概念在英国被正式提出后，在很短的几年内就被一些英联邦国家所接受，如新加坡、澳大利亚、新西兰等，并将其作为一种发展战略进行大力推广。此外，我国台湾地区受此影响也开始十分重视对创意产业的发展。上海也接受了这一提法，在“十一五”期间出台了《上海创意产业发展重点指南》。

## 五、文化创意产业

文化创意产业就其名称本身包含了文化、创意、产业三个内容，分别代表了文化创意产业既有区别又相互关联的三个阶段，三者共同构成了文化创意产业的内涵。文化和创意本身不能直接变成财富，它们必须经过一个技术化和产业化的过程，成为市场上受欢迎的大量商品和服务。以创意为核心，向大众提供文化、艺术、精神、心理、娱乐产品的新兴产业，是文化产业中最具创造性和先导性的核心组成部分，是文化产业的高端，是文化产业的创新性产业。

关于“文化创意产业”（Cultural and Creative Industries）的概念，学术界普遍认为源于英国1998年提出的“创意产业”。2001年，英国文化、媒体与体育部发布的《创意产业专题报告》中详尽的分析数据表明创意产业已成为英国经济发展的重要产业门类之一，并将创意产业定义为：“那些出自个人的创造性、技能及智慧和通过对知识产权的开发生产可创造潜在的财富和就业机会的活动，包括广告、建筑、艺术品和古董交易市场、手工艺品、（工业）设计、时装设计、电影和录像、互动性娱乐软件、音乐、表演艺术、出版、电脑软件及计算机服务业、广播与电视共13类。”

美国政府没有明确提出“文化创意产业”的概念，也没有确定较为严格的量化程序。但是其版权产业所包含的产业门类与我们所说的文化创意产业大致相当。美国的版权产业被分为四类：第一类是“核心版权产业”，主要包括广播影视业，录音录像业，图书、报刊出版业，戏剧创作业，广告业，计算机软件和数据处理业等，其基本特征是研制、生产和传播享有版权的作品或受版权保护的产品；第二类是“部分产权产业”，产业内的部分物品享有版权保护，较典型的如纺织、玩具制造和建筑业等；第三类是“发行类版权产业”，主要是以批发和零售方式向消费者传输和发行有版权的作品，如书店、音像制品连锁店、图书馆、电影院线和相关的运输服务业等；第四类是“版权关联产业”，其所生产和发行的产品完全或主要与版权物品配合使用，如计算机、收音机、电视机、录像机、游戏机和音响设备等产业。

新的经济形势，也让日本、韩国等国纷纷将经济发展的战略重点转向了对文化、创意的强调与倚重。20 世纪 70 年代，日本学者日下公人在《新文化产业论》中就曾经明确提出日本政府应该施行“文化立国”战略。20 世纪 90 年代以来的经济长期低速徘徊，更促使日本政府把文化和经济结合起来，在文化与经济的对接中寻求新的经济增长点。1995 年，日本确立了面向 21 世纪的文化立国方略。严格来说，日本并没有明确的文化创意产业界定。日本通商产业省的“感性产业”与我们理解的文化创意产业在包含的产业门类上大致相似。感性产业分为“内容制造产业”、“休闲产业”和“时尚产业”三大类，其中又包括多媒体系统建构、数字影像处理、录像软件、书籍杂志、新闻等 19 个小类，其范围与我们所说的文化创意产业大致相似。

20 世纪末的亚洲金融危机使韩国认识到，在本国资源并不丰富的情况下，走传统的经济发展模式存在很多限制，甚至会造成严重后果。为了推动本国经济发展，走出金融危机的泥淖，韩国开始将目光转向文化，力图以文化带动本国经济的复兴。1998 年，以金大中总统为核心的新政府，正式提出“文化立国”的战略，将文化创意产业作为促进 21 世纪国家经济发展的战略性支柱产业。

近年来，新加坡政府把文化创意产业提高到国家战略层面，将之作为推动经济快速增长的引擎之一。2002 年，新加坡明确提出要把新加坡建成全球的文化和设计业中心、全球的媒体中心。2002 年 9 月，新加坡政府又发布了“创意产业发展战略”，试图通过实施这一战略，推动艺术、经济、科技的融合，使之成为新加坡新的竞争优势所在。该战略提出，要将新加坡建设成文艺复兴城市、全球文化和商业设计中心、世界媒体城，从而树立起“新亚洲创意中心”的声誉。

在我国，最先使用文化创意产业这个概念的是台湾。在 2002 年台湾把发展文化创意产业放到一个非常重要的地位提出来，将其描述为“源自于创意或文化积累，透过智慧财产的形式与运用，具有创造财富与就业机会潜力，并促进整体生活提升之行业”。我国香港特区政府在其 2003 年正式发表的《香港创意产业基础研究》（*Baseline Study on Hong Kong Creative Industries*）中，使用了“创意产业”这一概念，并将 11 项行业纳入其中。然而到了 2005 年，香港政府又在官方文件中将“创意产业”改称为“文化创意产业”，并将其作为推动经济发展的新的增长点之一，11 月成立策略发展委员会，进行政策性的大力扶持。类似于英国大选前后的概念选择变化，香港政府所作出地从“创意产业”到“文化创意产业”的转换，一定程度上也是为其制定相关政策服务的，并没有过多地从概念内涵上进行区分。2006 年 9 月 13 日，中共中央办公厅、国务院办公厅印发了《国家“十一五”时期文化发展规划纲要》，“文化创意产业”这一概念首次出现在党和政府的重要文件中。在我国北京、上海、深圳等城市正在建设一批创意产业基地和创意产业园区，北京的“十一五”规划中明确提出要使文化创意产业成为经济发展的支柱产业。

在对于概念的选择上，我们认为，由于文化创意产业概念并不涵盖科学技术上的创造发明，而专指文化领域中的创新，因此，文化创意产业可以定义为：一种基于文化元素创意需要，由高科技、规模化生产成高附加值产品的产业。

## 六、创意产业、文化产业、文化创意产业的联系

### （一）关于创意产业和文化产业的关系

有学者认为创意产业是对文化产业的细化和深化，或者说是一种“超越”。如荣跃明在《超越文化产业：创意产业的本质与特征》一文中写道：“从创意产业与文化产业的关系看，创意产业脱胎于文化产业，某种意义上可以说是艺术生产的一种业态。……在价值链的连接中，创意产业始终处于文化产业的上游。”

但在大多数学者的文章中，还是默认这两个概念实际上并不存在什么实质性的差异，而且它们所包含的范围也基本一致。如薛永武在《关于文化与文化产业研究的几个理论问题》中指出：“创意产业无论是什么内容，都属于观念形态的文化……文化产业中的‘文化’本身又是一种观念形态，是区域经济与产业经济文化创造者创意的感性显现，因而文化产业又可以称之为创意产业。”值得注意的是，在赢得1997年大选胜利以前，英国新工党的相关文件中一直都使用“文化产业”这个概念。但在大选胜利之后，“文化产业”就被“创意产业”所代替。英国这种将“文化产业”迅速转变为“创意产业”的做法，在某种程度上是为了制定文化政策的需要，带有很强的政治色彩。其实，英国所定义的创意产业，实质上就是文化产业，只不过是“创意产业”一词更加突出强调了文化产业中的创意特性，侧重点不同而已。

### （二）关于创意产业和文化创意产业的关系

虽然我国有学者直接用创意产业的概念来界定文化创意产业，如潘晓曦的《对文化创意产业的几点认识》、陈珏宇的《国外文化创意产业发展述评》等，但多数人认为，“文化创意产业”是指依靠创意人的智慧、技能和天赋，借助于高科技对文化资源进行创造与提升，通过知识产权的开发和运用，产生出高附加值产品，具有创造财富和就业潜力的产业。从这种定义的倾向，我们能清晰地感觉到“文化创意产业”与“创意产业”的相似程度。

一方面，创意产业与文化创意产业的内涵极为相似。但在理解文化创意产业的内涵时，也有部分学者认为“文化创意产业”一词中“产业”是由“文化”和“创意”作为并列的定语来共同修饰的，即“文化创意产业”是“文化产业”和“创意产业”的总和，既是文化和科技的融合，也兼容并包了传统文化与现代文化。如奚建华在《从文化产业到文化创意产业：现实走向与逻辑路径》一文中提到：“文化创意产业是文化、经济和技术等相互融合的产物。它以创意作为核心驱动力和根本标志，在价值链发展的最顶端，促动和形成各种创新要素的积聚，打破传统第二、三产业的界限，实现对不同行业、不同部门和不同领域的重组与合作，形成融合多种产业内容、产业流程的混合型、创新型产业形态。”

按照英国的定义，创意产业是指“源于个体创造力、技巧及才能，通过知识产权

的生成与利用，而有潜力创造财富和就业机会的产业”。

2002 年，中国台湾地区借鉴英国创意产业发展经验，提出发展“文化创意产业”，将其定义为“源自于创意或文化累积，透过智慧财产的形式与运用，具有创造财富与就业机会潜力，并促进整体生活提升的行业”。

上述两者的定义不仅内涵相近，连表达的词组结构也一致，都是着眼于个人创意、技能与才干，重视智慧财产权的保护与应用机制，并强调经济效益，重视经济发展与创造就业机会；都是源于创意，通过智慧财产——知识产权，创造财富和就业。

唯一的不同点，在于中国台湾在定义文化创意产业中较英国多了“提升生活”这一要素，表明文化创意产业在注重经济效益的同时也注重社会效益。

另一方面，文化创意产业与创意产业在外延上也极为相近。

英国的创意产业包括 13 个行业：广告、建筑、艺术品和古董交易市场、手工艺品、(工业）设计、时装设计、电影和录像、互动性娱乐软件、音乐、表演艺术、出版、电脑软件及计算机服务业、广播与电视。

台湾的文化创意产业也包括相类似的 13 个产业：视觉艺术产业、音乐与表演艺术产业、文化展演设施产业、工艺产业、电影产业、广播电视产业、出版产业、广告产业、设计产业、数字休闲娱乐产业、设计品牌时尚产业、创意生活产业、建筑设计产业。

以上两种不同的 13 类行业划分，尽管在名称称谓上不一样，但实质的内容没有多大的差别。

(三）关于文化产业和文化创意产业的关系

在我国，从内涵来看，文化产业主要从产业的角度、从所提供的产品及服务的精神文化性质着眼，只要是为社会公众“提供文化、娱乐产品和服务”、满足人们精神文化需求的产业，都是文化产业。而文化创意产业，除了服务于个人的精神文化消费需求外，还明显突出“生产性服务业”的性质，即服务于在生产领域提升产品附加值、在经济发展中提升产业结构的要求。显然，“文化创意产业”比“文化产业”在内涵上的限定程度更高。

从外延来看，文化产业与文化创意产业外延不同但有一定的交叉。2004 年 4 月 1 日国家统计局发布的《文化及相关产业分类》中将文化产业分为三个层面：一是文化产业核心层，包括新闻服务，出版发行和版权服务，广播、电视、电影服务，文化艺术服务；二是文化产业外围层，包括网络文化服务，文化休闲娱乐服务，其他文化服务；三是相关文化产业层，包括文化用品、设备及相关文化产品的生产与销售。根据我国实际，我国文化创意产业的外延范围包括：与文化事业相对应的文化产业、设计产业、体验产业和旅游业。可见文化产业概念划分更侧重于产出和公众服务的角度，在外延上所涵盖的门类与文化创意产业有一定的交叉，但是涉及面相对要窄一些。

(四）文化创意产业与创意产业、文化产业三者的联系

通过以上的梳理，一方面我们发现，无论“文化产业”，还是“创意产业”，都在新经济时代有着自身无法概全的局限性，只有结合两者所长，才能厘清这个概念的真实

意义；我们在命名上采取“文化创意产业”，正是出于这样的目的。有学者将“创意产业”内部分为“文化创意”和“科技创意”两大部分，其实也是基于这样的目的。因此在命名的倾向上，我们更认同“文化创意产业”。

这个概念之所以目前有不少人使用，一是因为它集文化产业与创意产业这两个概念于一身，涵盖了更为广阔的文化经济活动，在中国语境里有弥补文化产业概念不足的意义，强调其产业的经济价值主要由文化价值来决定；二是因为更加重视设计业作为一个整体在文化创意产业中的高端地位和重要价值。这就是文化创意产业这一概念之所以能够存在和流行的主要理由。

另一方面也可以发现，其实从本源来讲，“文化产业”、“创意产业”与“文化创意产业”并无真正的实质区别，三者间的“同”远远要大于“异”——这尤其可以从中国香港政府历经“创意产业”到“文化创意产业”命名变革上得到佐证。

从文化创意产业与创意产业、文化产业三者的联系中，我们能清楚地知道，“文化创意产业”的提法，更凸显了文化和创意的核心内涵，涵盖了更为广阔的文化经济活动，在中国语境中弥补了文化产业概念的不足，主要体现在更加注重创意源头的作用，更加注重产业链的意义，强调产业的经济价值主要由文化价值来决定。同时“文化创意产业”也对文化产业和创意产业进行了力所能及的融合与沟通。

因此，文化创意产业的定义有更深远的内涵。首先，文化创意产业是生产创意产品的企业集合，创意产品是作为无形资产的创意渗透于生产过程所创造出的具有象征价值、社会意义和特定文化内涵的产品或服务。其次，文化创意产业不仅强调文化和艺术对经济发展的支持与推动，也涉及经济与文化的互动性与互补性，保证经济与文化的一体化发展。它的发展和延伸领域极其广泛，不仅包括了传统产业，还拓展了新的知识经济的产业内涵。最后，文化创意产业所体现出的空间差异性较强，许多类型的创意产品在偏好各异的消费者眼里总是和特殊的地理位置联系在一起的，如巴黎时装、伦敦的歌剧、纽约的百老汇。

文化创意产业的兴起和发展是当代经济、文化、科技融合发展在产业层面的具体表现。它以其独特的形态演变和运行方式与其他产业发生广泛而复杂的联系，极大地影响一个城市、一个国家的经济运行和社会文化发展。“文化创意产业”是我国的独创理念，目前国内只有北京、香港和台湾明确提出发展“文化创意产业”。

借鉴世界各国创意产业分类，立足于我国的行业划分标准，可以将我国文化创意产业分为以下四类，即文化艺术，包括表演艺术、视觉艺术、音乐创作等；创意设计，包括服装设计、广告设计、建筑设计等；传媒产业，包括出版、电影及录像带、电视与广播等；软件及计算机服务。

## 第二节　文化创意产业与传统文化产业

文化产业根据创造性属性的不同，可以分为传统类文化产业和创意类文化产业。传统类文化产业主要是指以传承传统文化为主的文化产业，例如传统戏剧表演、传统民间活动、传统手工工艺和饮食文化等。因为基本上是成型文化产品的简单再生产，所以它关注的是创意结果的工业化复制和市场化发展，而忽视文化产业本身要求的创新和变革，这种低端的生产型产业可被称为传统文化产业。

与之相比，创意类文化产业则指需要通过个人创意、创造、创作来体现成果的文化产业，例如新闻出版、电影和音乐、广播和电视、歌舞表演等。这种高端的创造型产业更强调“创意”本身，从而突出创意在产业发展过程中的核心作用，可被归属于文化创意产业。

值得一提的是，科技类创意产业虽然具有一定的文化属性，但以科技属性占主导地位，所以不能归口为文化产业；传统类文化产业由于其创意性不强，违背创意产业定义的三大要素，也不能归口为创意产业。而文化类创意产业和创意类文化产业既有文化性质，又具有创新性质，是创意产业与文化产业的公共交叉部分。

## 一、文化创意产业基于传统文化产业

没有传统文化产业的发展和积累，就不可能有今天的文化创意产业出现。任何一种文化创意活动，都必须在一定的文化背景下进行，离开传统文化的基础，创意就会成为无本之木。传统文化产业的理论和实践发展，为当代文化创意产业提供了很多可资借鉴的经验。传统文化产业强调文化与产业的对接，通过对文化的挖掘与开发，激活其内在的经济价值。这种推动“文化”与“产业”对接的理念，为当代文化创意产业发展指明了方向。在对接的过程中，文化产品与普通大众之间的距离日益接近，大众文化产品成为文化产业中的主导类型。大众文化产品的生产、推广、营销，都为当代文化创意产业提供了可资借鉴的经验，同时，也为“创意”提供了较为明确的指向。

## 二、文化创意产业优于传统文化产业

在知识经济时代，文化创意产业早已从理论层面的观念探讨，走向了应用层面的产业现实。在这种转向的过程中，既有当代经济、科技、文化现实的外在推动，也有着产业升级换代的必然性因素。所以在这种转变的过程中，当代文化创意产业呈现出与传统文化产业不同的面貌。

### （一）关注点的差异

传统文化产业也经历了从理论探讨到应用层面的转型与过渡。

在理论探讨过程中，作为文化产业的理论先驱，20 世纪 30 年代兴起的法兰克福学派就市场化对文化的负面影响做了批判。他们认为“工业化按照一定的标准、程序，大规模生产各种复制品，它对文化的侵入使得一切文化都变得‘相似’，于是，文化产品的主题、结构、人物、情节等方面显示了一种令人惊异的相似性，真正的冲突、实质的发展都消失不见，有的只是表面的变化”。即使后来者对文化产业的观念进行了正面评价和认可，但其主要侧重点仍然较小范围地存在于文化经济化和经济文化化特征，强调对文化之经济价值、市场价值的认可。

在应用层面，传统文化产业关注的是文化行业的经济价值，并未将“创意”提升到与“文化”并驾齐驱的重要位置。

与传统文化产业不同，文化创意产业不仅仅是传统国民经济统计意义上的产业概念。创意是文化创意产业的核心与关键。这种创意不是对传统文化的简单复制和开发，而是依靠创意人才的智慧、灵感和想象力，借助于高科技对传统文化资源进行再创造、再提高。

如果缺乏好的创意，文化资源就会闲置浪费。相反，一旦创意的核心作用得到重视和实际应用，很多文化资源便可充分焕发活力，获得市场成功。

2011 年 12 月 14 日，电影《少共国际师》在江西省宁都县翠微剧院放映，这是宁都文化创意产业园特色影视文化基地产出的第一个作品。参加宁都起义 80 周年纪念活动的嘉宾们看完电影后纷纷表示回去以后一定要向家人朋友推荐。

宁都素有“文乡诗国”之美誉，客家民俗、苏区历史等文化资源丰厚。该县立足于县情，严格实施“文化兴县”战略，依托数字技术等新技术，创作出一批精辟的歌曲、戏曲、电影等文学作品，将文化“软实力”转化为发展“硬功夫”，打造出文化“拳头”产品。由同名小说改编的 26 集红色青春偶像励志电视剧、同名电影以及 6 集新闻纪录片《少共国际师》也已在宁都完成拍摄，计划通过网络、荧屏等新方式再现当年“少共”红色历史场景。

在借鉴先进城市成熟理念后，该县果断在新中胜省级产业基地划出 1000 亩熟地，支持中小企业孵化，建设文化创意产业园，着重发展包括广告装潢、广播影视、创意设计及数码娱乐等创意产业。同时，该县创新招商方式，组建专门的招商队伍，以“招商引资 50 天大决战”活动为契机，积极开展文化创意产业项目专题招商，主攻实力雄厚的文化创意公司。浙江义乌江西商会、全国工商联钢木门专委会、广东顺德江西商会等行业巨头纷纷涌入宁都实地考察。在了解了宁都良好的区位优势和优异的投资环境后，香港飞天灵泉十字绣国际有限公司先期投入 5000 万元第一个入驻文化创意产业园。目前，在艾炜特电子文化基地、飞天工艺品文化基地、特色影视文化基地等三匹黑马的拉动下，该县文化创意产业已粗具规模，文化创意产业正成为宁都县域经济发展的新引擎。

由此可见，没有创意的激活，传统文化资源再丰富，也很难转化为深受当代观众欢迎的文化产品。

### (二) 发展方式的差异

传统文化产业和文化创意产业都强调后续产业链的发展。然而，在前者观念中的产业链是线性发展的，即通过文化产品的先导性作用，引领与之相关的后续产品开发，如授权产品、相关玩具、主题公园等。文化创意产业则通过“创意”整合原本毫不相干的产业门类，并以创意为核心实现齐头并进。

文化创意产业中的创意因素无所不在，占据产业价值链的高端。产品设计、建筑设计、手工产品的制作、艺术品设计与制作、广告创意等，创意活动与几乎所有的产业相关。发掘每一个产业中的文化创意因素，以文化创意来提升产品的附加价值，培育只属于自己的核心竞争力，这不仅是文化创意产业的题中应有之义，更成为体现文化创意产业价值的关键。

创意无限的迪斯尼集团是目前对这一观点最好的诠释。该集团不仅生产发行了动画片《米老鼠和唐老鸭》，还把这些卡通形象做成玩具、服装，建造迪斯尼主题公园。迪斯尼的许可产品 1 年在全球的零售额达 1120 亿美元，其中 290 亿美元来自于娱乐人物形象。

时下最炙手可热的“苹果”数码产品的成功之处就是当物美价廉的“中国制造”因低廉的劳动力成本进行规模化传统数码产品生产时，苹果公司却利用自身优势，摒弃规模化的工业设计老路，以创意为驱动力，在数码产品的时尚创新方面在世界市场上独树一帜。苹果公司作为一个电子消费品企业，始终坚持不变的是满足消费者的体验需求，不断推出能更好满足消费者体验的产品。即使在产品非常畅销的时候也依然推陈出新。从 iPod 到 iPod Touch，从 iPhone 到 iPhone4S，从 iPad 到 iPad2，苹果公司每一次产品升级，都大大提升了消费者的用户体验。在领导设计麦金托什电脑（Macintosh）时，乔布斯认为，顾客要买的其实不是产品本身，而是要用产品来完成任务或解决问题。麦金托什电脑（Macintosh）不应只是一个设备，它应该使客户喜欢使用电脑。乔布斯一贯强调，苹果公司应该开发出顾客看一眼就会喜欢上、酷毙了（insanely great）的产品。

对乔布斯及其开发团队的骨干而言，其设计的电脑应该既能帮助顾客完成工作，又能让顾客喜欢使用电脑。他们认为，对潜在的电脑使用者而言，如果他们能掌握复杂的电脑并且愿意花钱购买，苹果电脑的设计者就是要让他们喜欢上电脑，用户应该能够看到苹果电脑给他们带来的好处，也乐意享用这些好处。只有显著地简化电脑的复杂程度，才能使顾客相信电脑是有用的。因此，苹果特别推崇简单易用的设计理念。为了实现简单易用这一目标，苹果公司在产品设计时就专注于顾客的想法和需求，以及顾客如何与产品互动。当设计人员确信其抓住了客户的想法和需求时，再设法从工程技术上实现。重要的是，在设计阶段需要创造和创新，在工程技术上同样需要创造和创新。在这种理念的指导下，用户往往只需要按一个键，就可以完成其想要实现的功能，例如，iPod、iPhone、iPad 的操作均极为简单，以致销售的产品中不附带产品说明书。创新是苹果公司文化的灵魂。在苹果公司的历史上，似乎从未有过克隆其他公司产品的历史。从苹果Ⅱ开始，到乔布斯重返苹果公司的十几年时间，苹果在微机史上创造了许多第一，其中，苹果Ⅱ和麦金托什电脑对计算机行业产生了革命性的影响。

创新文化，使得苹果公司几乎每年都有新的产品问世。苹果公司推出的每一款产品，都能带给客户最新的体验，引领着时代的潮流。1978 年 4 月推出的苹果Ⅱ是当时最先进的电脑；1983 年推出的丽萨（Lisa）电脑也是当时世界上最先进的；1984 年推出的麦金托什电脑（Macintosh），设计精美、技术领先，是当时最容易使用的电脑。乔布斯回归苹果公司之后，先于 2001 年 1 月份发布了用于播放、编码和转换 MP3 文件的工具软件 iTunes，改变了流行音乐世界；2001 年 11 月推出了引领音乐播放器革命的 iPod，以及用于将 MP3 文件从 Mac 上传输到 iPod 上的工具软件 iTunes2；2007 年 6 月推出了改变智能手机市场格局的 iPhone；2010 年 4 月发布的 iPad 则让平板电脑成为一种潮流，极有可能改变 PC 行业的未来发展趋势。

即便在经营最困难的时候，苹果公司也不曾改变创新；即便在产品非常畅销的时候，苹果公司也依然推陈出新。对创新的热爱，以至于偏执，是苹果公司能够坚持到今天的一个关键因素。

日本动漫也是多年来国际上文化创意产业链成功发展的经典案例。作为世界上最大的动漫制作和输出国，日本享有“世界第一大动漫王国”的美誉。有统计显示，全球播放的动画节目有 60% 是日本制作的。从铁臂阿童木、花仙子到火影忍者、奥特曼、圣斗士，从机器猫、樱桃小丸子到网球王子、Hello Kitty，从《龙猫》到《千与千寻》，许多日本动漫作品和动漫形象为世界人民所熟识并喜爱。其动画发展的模式具有鲜明的民族特色。比如漫画里近乎逼真的亚洲人的美和各种鲜明特色的文化影子，这些都是其他国家动漫望尘莫及的。而且围绕动漫产业已经形成了唱片、游戏、时装、首饰、食品、彩妆等完整的后续产业链条，这得益于其精彩的内容创意和成功的营销创意。

可见，和传统产业的发展方式不同，文化创意产业是以创意驱动制造工艺，创新营销手段，开发衍生产品，形成多元整合、一次投入、多次产出的链条。在这个链条中，创意是核心价值，产业链通过创意的“价值扩散”来实现——原创企业通过合作开发、专利技术或者版权转让形式，把创意的核心价值扩散到周边关联产业中，形成长线生产能力，扩大产业链的规模。

## 思考题

1. 如何看待文化创意产业与创意产业、文化产业三者的联系？

2. 如何定义文化创意产业？

3. 传统文化产业与文化创意产业之间存在的根本性区别是什么？传统文化企业有无可能争抢文化创意产业的大蛋糕？

# 第二章

# 文化创意产业的特征

从全球范围来看，文化产业和创意产业仍是各国、地区的主要新型产业。但是，从时代要求，以及产业发展的科学性、合理性上来看，文化创意产业凭借其对文化资源和创意资源的完美整合，必将更胜一筹。就像创意产业超越了文化产业一样，作为文化产业和创意产业博弈的必然产物，文化创意产业也超越了文化产业和创意产业。这主要表现在两个方面：一方面，与文化产业相比，文化创意产业能够更充分地发挥创意思维；另一方面，与创意产业相比，文化创意产业拥有更浓郁的文化底蕴。

目前，学界对于创意产业的经济分析才刚刚起步。凯夫斯在其《创意产业经济学：艺术的商业之道》一书中，为创意产业归纳了七个特征：

第一，创意产品的需求具有不确定性。

第二，创意产业的创意者十分关注自己的产品，并会从创意产品中获得自豪感。

第三，创意产品不是单一要素的产品，其完成需要多种技能；复杂创意产品生产过程中的艺术喜好分歧等问题需要有专门的管理机构负责解决。

第四，创意产品的多样性由自身的独特性和差异性决定，差异性又分为纵向区别和横向区别。

第五，创意产品注重纵向区分的技巧，其中涉及产品排名和创意人员报酬决定等问题。

第六，时间因素对于一个创意产品的传播销售具有重大意义。

第七，创意产品的存续具有持久性与营利的长期性。一方面是对长期营利的制度保证——版权；另一方面涉及艺术品艺术价值的重新获得问题。

以上凯夫斯描述的七个特征，分别是从产品的诉求、生产取向、价值导向、区分技巧、供需平衡等方面来涵盖创意产业内的各种活动。1985 年，哈佛商学院教授迈克尔·波特在《竞争优势》一书中提出，一定水平的价值链是在一个特定产业内的各种活动的组合，价值链包括企业价值链、供应商价值链、渠道价值链、买方价值链。基于价值链在经济活动中普遍存在，上下游关联的企业与企业之间存在产业（行业）价值链，企业内部各业务单元之间的联系构成企业价值链，企业内部各业务单元内部也存在价值链联结，本书认为，可以从产业布局、产品供应、资源渠道、市场反应四个方面来讨论文化创意产业的特征。

## 第一节　从产业布局看文化创意产业的特征

### 一、文化创意产业具有特殊的组织模式

组织模式对于现代文化创意产业的生产和交易有着重要的意义，新的经济、技术背景使现代文化创意产业的组织模式不同于传统文化生产，创意主体和创意过程的特殊性则使组织模式不同于其他产业部门。当今社会，创意产业已经不再仅仅是个体设计师或

艺术家的灵感迸发，而是知识和社会文化传播构成与产业发展形态及社会运作方式的创新。创意产业的企业呈现出小型化、扁平化、个体化、灵活化的特点，“少量的大企业，大量的小企业”成为文化创意产业最普遍的组织模式。一个小的设计公司虽然只有几个到十几、几十个人，但是设计创意人员占据主导地位。

## 二、文化创意产业既属于知识性产业，又属于复合型产业

在文化创意产业中，内容创意在产品的整个生产过程中占据核心地位，创意投入是最重要的成本。所以，知识和创意是推动文化产业发展的关键力量，文化创意产业主要是以知识为基础的知识性产业。同时，文化创意产业也是复合型产业。在文化创意产业投入中，有的以无形的智力投入为主，有的以有形的资本和劳动投入为主。

因此，文化创意产业可以划分为：以劳动密集型和知识密集型为主的产业、以资本密集型为主的产业、以技术密集型和知识密集型为主的产业，以及劳动密集型、资本密集型、知识密集型、技术密集型四者并重的产业。例如，传统的印刷出版业就属于劳动密集型产业；数字娱乐业结合了传统的有形信息和无形的媒体内容，属于典型的知识密集型和技术密集型复合的产业；影视业所涉及的领域十分广泛，是一个兼有劳动密集、知识密集、技术密集、资本密集特点的行业。

文化创意产业以文化为源，如果说信息和网络为文化创意产业的发展提供了技术支持和发展空间，那么文化则是文化创意产业繁荣滋长的肥沃土壤与坚实根基。文化创意产业是将知识的原创性与变化性融入具有丰富内涵的文化之中，使它们与经济结合起来，发挥出产业的功能。这是一种使知识与智能创造产值的过程。文化才是创意产生的本源，只有将文化知识转化为创意，然后再附加到产品上去，才能体现文化的价值。也只有文化才能赋予产品创意，赋予产品更高的价值。创意产业以文化为魂，文化的独特性和多样性构成了创意产业的本质特征和无穷魅力。同时，技术也促进了文化传播形式上的拓展，例如在线广播、网上短信平台、电子书等。跨媒体集团可以最大限度地榨取不同媒体之间的协同效应，同样的内容元素可以根据不同用户需求进行多次创意、多次利用，跨媒体集团可以充分利用不同媒体平台所产生的现金流的互补性，降低财务风险。

## 三、文化创意产业呈明显的生态群落分布态势

根据生态学的观点，群落可以定义为在相同时间聚集在同一地段上的各物种种群的集合。生态系统就是在一定空间中共同栖居着的所有生物与其环境之间由于不断地进行物质和能量流动过程而形成的统一整体。生物群落各组成物种由食物链相互链接从而形成一定的群落结构。

与此类似，产业集群具有一定的生态特征。产业集群中各上下游之间的种群也通过或长或短的产业链相互直接或间接地形成不同的作用结构，从而表现出不同的作用关

系：由于利用同样的有限资源，导致适合度降低而形成的竞争关系；摄食另一个体的全部或部分而形成的捕食关系，如吞并、收购等；同时，产业集群中也存在类似生态系统物质和能量传输的链条——产业链，这使得企业间的关联更加紧密，如因具有利益而形成的互利共生关系等。处于集群中的企业由于不断与外界环境发生着物流、能流、信息流的交换，其生命特征较之一般的企业表现得更为突出。

正像自然界中每个生物群落都是由一定的植物、动物和微生物种类组成的一样，不同的产业集群其组成要素也是相异的，这也正是我们区分不同产业集群的首要特征。如汽车产业集群是由与汽车生产这一优势种群紧密相关的汽车研发种群、运输种群、零配件种群等组成；而蔬菜产业集群则主要由蔬菜种植种群、农药生产或销售种群、化肥生产或销售种群等组成。不同产业集群的组成种类大相径庭。文化创意产业企业生态群，不是众多企业的简单集中，而是以专业化分工与社会化协作为基础，大、中、小不同等级企业并存，不同类型企业共生互补的生态化企业群体，因而类似于生物生态系统。例如在日本的秋叶原动漫集群内，既有电视和出版等媒介，又有游戏、玩具、文具、服饰等衍生产品的生产者，还有围绕动漫提供版权交易、网络增值服务的公司，整条产业链非常完整。又比如北京大兴“国家新媒体产业基地”，也是令人鼓舞的文化产业集群之一。该“基地”以 20 多个大小不等的演播厅、现代化的设施设备、数据中心、新媒体国际传播与版权保护平台等物化条件，以及四星级酒店的大量客房、现代娱乐健身场所、全套为演播人员与观众的服务，共同创造出良好的产业生态。

文化创意产业集群与传统产业集群下企业之间的组织模式也不尽相同，传统产业集群下的同类企业之间更加偏向竞争关系，文化创意产业集群下的企业更加重视合作，而相同的文化则是合作的纽带。只有让集群内的创意人和创意企业相互信任，处于合作学习氛围中才能促进创新，才能使集群脱离最初简单的地理聚合，向智力聚合的高级阶段发展，相反就可能变成恶性竞争的温床。

## 四、文化创意产业的一体化特征显著

传统产业可以把工作和生活分开。特别是一些高新技术科技园区，一般会对产业集群发展的核心区、配套区、外围区做好规划：生产经营的主导区域要相对集中进行布局；而生活区一般是分布在配套和外围区域中，实现产业区、孵化区、生活区分开，形成不同的功能区。

对文化创意产业来说，创意既可以在工作中创造，同时也可以在生活中产生。文化创意产业的特征是生活和工作一体化、文化产品生产和消费结合、有多样化的宽松环境、有独特的本地特征，而且与世界各地有密切的联系。文化创意产业实体内部既可以是创意工作者的工作地点，也可以是生活地点，既可以进行文化产品生产，也可以进行文化产品消费。这也是文化创意产业集群（如奥斯丁的软件业、圣地亚哥和西雅图的生物科技研发、纽约的出版业和时尚业、东京的计算机游戏业）大多集中在市区的原因。

佛罗里达认为，创意阶层需要有新异刺激的环境，同时因为久坐和工作时间的不确定性，所以需要多姿多彩的夜生活，需要有能随时参与的街头文化，需要有能够与他人互动交流的场所，需要方便的休闲锻炼设施。所以咖啡馆、酒吧、小剧场、小广场、住家附近的小径或公园、有特色的餐馆、书店等，小规模的、有活力的、非正式的、街头形式的各种便利设施和各种艺术展等文化活动对创意人具有更强的吸引力。城市，特别是城市中心区域最能够提供创意阶层所喜欢的地点质量。一些有着优美的建筑和良好城市外观以及有着充实的商品市场及服务并且治安状况良好、交通便捷的城市容易吸引创意阶层。

## 第二节 从产品供应看文化创意产业的特征

### 一、创新性对文化创意产业发展的作用至关重要

文化创意产业以文化内容为核心价值，以创意为激活要素。面对同样的文化内容，创意的独特性、原创性越强，产品的市场影响力也就越高。如果没有新颖创意的激活，即使拥有再丰富的文化内容，也很难将其转化为具有市场竞争力的产品。包括中国在内的几个世界文明古国，其文化资源的丰富性无疑位居世界前列，但反观当今世界文化市场却不难发现，它们在世界文化市场上所占的份额却非常低。由此可见，创意或者说创新性对于文化创意产业的发展有着至关重要的决定作用。对创新性的过度依赖，是文化创意产业的重要特征，加强创新能力，也是提高文化创意产业竞争力的关键一环。

文化创意产业发展过程中的创新包括原始性创新、组合式创新、延伸性创新和再生性创新等不同的创新类型。在不同的文化创意产品中，对创新类型的选择也各不相同。比如，动漫产品对原始性创新的要求较高。动漫产品的表现形式决定了它很难通过明星制吸引观众，“非真人版”的图画也很难通过面部表情、肢体语言等影视剧中惯用的手法去深入刻画人物性格和内心活动。将这些可以用于吸引观众的形式性因素去掉之后，动漫产品唯一可以吸引观众的便在于其内容的新颖程度。在这种情况下，如果动漫产品所表现的内容是早为人们所熟知的故事情节，它的吸引力就会大大降低。因此，面向未来，以原创性的故事内容吸引观众，成为动漫产品获取市场成功的制胜法宝。荣获2004年奥斯卡最佳动画片的《海底总动员》自上映以来，在全球影视界获得了大量票房，它的后续产品包括图书、玩具、服装、文具等，它被评论界称赞为“在动画片领域中的一部大胆而新颖的独创之作”。它以拟人化的手法，表现了两条热带鱼马林和尼莫的父子亲情，折射出当代人类社会的强烈不安全感：战争、暴力、贪欲、污染、过度猎取野生动物等。它以动画片的形式讴歌了挑战困难的进取精神和仁爱人格，它以绚丽

的艺术手段，把海底世界表现得如梦如幻。随着尼莫不幸被捕捉，马林舍生忘死、千里迢迢寻找和营救的过程，银幕上展开了灿烂的热带海洋、奇妙的浮游生物、凶猛的虎鲨和章鱼以及充满爱心和合作精神的海洋生物们。这在动画片的拍摄史上具有强烈的创新意义。纵观具有世界影响力的动漫产品，绝大多数都是以原创性故事内容为依托才产生巨大的影响力和品牌效应，如米老鼠、唐老鸭、蜡笔小新、天线宝宝等。原创性创新不足，也是制约我国动漫产品国际影响力提升的重要因素之一。

较之于动漫产品，影视产品对原始性创新的要求要低得多。在影视产品中，很多早已被人们熟知的文化内容都可以拿过来为我所用，通过组合式创新、延伸性创新、再生性创新等各种不同方式，生产出具有市场竞争力的文化创意产品。《午夜凶铃》、《无间道》等影片，经过好莱坞的翻拍后，所获取的票房价值甚至远远超过原创产品。在美国很多高票房影片也大多是通过续集、翻拍或改编的方式进行创作。但是，这并不意味着电影产业中创新性因素变得毫不重要。续集、翻拍、改编的影片与以前影片或文学产品相比也会产生很大的不同，这种不同本身便是创新性要素对原有产品进行改编、激活的结果。只不过，相对于动漫产品来说，这些续集、翻拍、改编的电影产品对于故事原创性的要求要低一些。

无论对于何种文化创意产业门类，创新性都是其赖以发展的决定性因素之一，也是文化创意产业的重要特征所在。创新方式千变万化，但没有创新性的文化创意产品永远不可能获得市场的成功。

## 二、文化创意产业的产品具有较高的产业关联性

传统产业的专业化特征明显，即单个企业的生产与服务总是集中于有限的产品和过程，形成专业化的特点，即使形成了整个集群，生产与服务也具有趋同性，都是紧紧围绕着某一专业化生产过程。在一个地理区域的大部分企业基本围绕一个主导产业或者核心产业开展活动，或者只从事产业链条中的一个或几个专业环节；集群内各行为主体之间具有网络化关系，围绕产业链发生各种联系并形成配套关系。如上海嘉定区安亭镇，它就是一个汽车产业的产业集群，在安亭密布了几百家企业，这些企业基本都是围绕在汽车产业的价值链左右，它们基本上处于一个行业内部。在广东东莞，生产和销售电子产品的企业则占了绝大多数。再如在印度的班加罗尔，90%以上的企业以开发、生产和销售软件为主业。

文化创意产业有巨大的延伸性，其核心生产要素是信息、知识，是具有自主知识产权的高附加价值产业。推出的产品是新思想、新技术、新内容的物化形式，是数字技术与文化、艺术的交融和升华，是技术产业化和文化产业化交互发展的结果，可以延伸到许多产业部门。由于以上特点，文化创意产业的发展空间更加广阔。上海市首个文化创意产业基地——浦东张江高科技园区就是一个以动漫和网络游戏业为突破口，文化与高科技密切结合的文化科技文化创意产业区。基地总体规划面积达30万平方米，依托张江高科技园区雄厚的软件产业和芯片产业，着重发展动漫和游戏产业（包括网络游

戏)、影视制作产业、多媒体内容产业，其中包括多媒体的软硬件开发和制作、动漫画制作、游戏软件、高科技影视后期制作、产品工业造型设计等。张江文化创意产业基地涉及多个产业和行业，仅以动漫和网络游戏来说，就是两个不同的产业，但是它们能依托文化创意这种关键的生产因素有机地融合在一起。

文化创意产业的产品具有很强的渗透性和外溢效应。一个好的创意可以产生大量的衍生产品，进而产生巨额的经济效益。一个米老鼠的卡通形象创意，便衍生出迪斯尼乐园、迪斯尼邮轮、迪斯尼专卖店、百老汇迪斯尼、迪斯尼图书、电视、T 恤衫、家具、动物填充玩具等多种商品，使迪斯尼公司成为当今世界文化创意产业的巨头公司之一。

美国工业设计协会曾经做过一个调查，美国企业工业设计平均投入 1 美元，其销售收入为 2500 美元，其中全年销售额达 10 亿美元以上的大企业，工业设计每投入 1 美元，销售收入为 4000 美元。同样，英国的一项调查显示，过去 10 年里，设计驱动型企业的增长率超出了英国证券市场整体表现的 200%。日本日立公司提供的统计材料也许最具说服力，该公司增加的每 1000 日元销售额中，设计工作所发挥的作用约占 51%，技术与设备改造的作用占 12%。由此可见，创意具有极大的外溢效应，一个良好的创意，可以延伸至多种产品乃至行业门类，形成以创意为核心的相关产业链乃至产业群。

创意，也是文化创意产业的核心所在。在良好创意的激发和带动下，文化创意产业对其他相关产业乃至区域、国家整体发展也表现出强大的带动作用。很多国家和地区大力发展文化创意产业本身就是“醉翁之意不在酒”，以文化创意产业为龙头，进而带动后续产业链乃至国家、地区整体形象的提升才是其目的所在。

据韩国经济研究院 2004 年年底发布的《“韩流”现象与文化产业战略》报告显示，单单主演《冬季恋歌》的韩国演员裴勇俊所引发的“裴勇俊现象”，带来的经济效益就超过 3 万亿韩元（约 30 亿美元），其中旅游业等收入为 1 万亿韩元，产品输出日本收入为 2 万亿韩元。《冬季恋歌》在日本走红，使到韩国观光的日本游客大幅增加。裴勇俊的写真集每册要卖到 150 多美元，在日本一销就是 10 万册，仅此一项就入账 1500 万美元。《冬季恋歌》的小说在日本发行了 120 万本，VCD、DVD 更是供不应求。裴勇俊所用品牌的围巾与香水也十分走俏。韩国大型企业乐天集团聘请裴勇俊为形象代言人，在其酒店和商店都竖有其不同姿势的像板。许多游客，特别是日本女性在印有他形象的像板前合影的情景随处可见。

另外，风靡东亚的韩剧《大长今》，也整合了韩国美食、医药等传统文化，并将首尔及周边地区、济州岛、全罗道、忠清道等地的自然风光充分展现其中，以直观形象的方式对上述地区乃至“韩国”整体形象产生了强大的带动作用。随着《大长今》的热播，一股探寻“长今故乡”的韩国旅游潮如井喷般爆发出来，世界各国旅行社都专门开辟了“大长今”精品路线游。据韩国官方统计，在《大长今》的示范效应下，2006 年前往韩国的游客人数增加了 15%。《大长今》在南京热播期间，韩国服饰一度成为流行服饰，很多新装韩式服装款式均模仿《大长今》中传统的韩国服饰，南京很多韩国菜馆的生意都有了平均近一成的提高。《大长今》对服装、餐饮等后续产业链的强力带动，也是为文化创意产业的渗透性和外溢效应提供了生动直观的经验证明。

文化创意产业一方面是在过去总体的文化产业基础上发展起来的产业概念，另一方面又是不同于过去传统的文化产业的新产业形态，现代的文化创意产业与社会经济活动的联系更加紧密，与其他的传统行业关联性强。产品用途广泛，可以用于服务美学、广泛教育或娱乐目的。文化创意产业以大城市为主要据点，面向一般大众及市场，推出的产品具有强大的前后影响力和旁侧影响力。一部电影的拍摄、一个唱片的出版都涉及各行各业，如基础拍摄工具的需求、道具的投入、后期制作等，这都会带动相关产业的发展。文化创意产业可以通过“越界”促成不同行业、不同领域的重组与合作，可以通过寻找提升和融合制造业新的增长点，开拓艺术型、精神型、知识型、心理型、休闲型、体验型、娱乐型等新的产业增长模态，培育新的文化产品，涵养新一代创意消费群体，推动文化发展与经济发展，并且在全社会推动创造性发展。

## 三、文化创意产业极为依赖知识产权的保护力度

文化创意产业是知识经济时代和信息时代的产物，对科技与创新的依赖性极大。知识产权就是针对这些新技术、新设计、新形式或新思想孕育出来的产权机制，所以文化创意产业对于知识产权的保护力度要求非常高。不能产生知识产权的文化创意产业是没有生命力的，不受法律保护的知识产权是不利于文化创意产业蓬勃发展的。

由于知识产权的载体——创意产品的生产过程分为制作和复制两个层面，其复制成本远远小于制作成本，使得创意产品具有低成本、高利润的可复制特点，这就导致了侵权行为的发生，并使侵权行为成为世界各国关注的一个十分严重的问题。可以说，没有健全的知识产权法制体系作为文化创意产业发展的保障，文化创意产业发展将举步维艰，知识产权载体的创造也就失去了原动力。所以，对于文化创意产业都高度重视其知识产权的保护。同时，随着文化创意产业的蓬勃发展，势必会产生与之相适应的产权交易市场。如果有完善的交易服务体系，创意者可以用创意产品的知识产权进行交易。

现在很多中国元素已经成为了世界创意产业关注的重点，比如在20世纪90年代，日本曾经出现过以每集8000美元的价格购买《三国演义》的播映权；花木兰从军的故事被迪斯尼公司搬上银幕拍成了动画片；可口可乐公司采用中国生肖图案包装的产品受到了国际市场的普遍欢迎。由此可见，越是有着深厚文化底蕴的创意产品，其传播的价值越大，其知识产权的价值也会越大。知识产权的市场交易离不开对知识产权的评估。

我国十七大首次提出“实施知识产权战略”，表明我国的知识产权工作已经上升到了战略的高度，具有深远的战略意义。对于文化产业来说，文化创意以及文化创意的产业化是发展现代文化产业的重要措施，在此过程中就必须加强并完善文化创意产业知识产权保护制度，通过实施行之有效的知识产权战略，促进文化创意产业的持续、健康、稳定发展。

# 第三节　从资源渠道看文化创意产业的特征

## 一、文化创意产业是一种新型资源产业

在传统产业的发展过程中，以自然资源、物质资源和一般人力资源等为要素的传统资源有着至关重要的影响作用。而在文化创意产业中，文化、信息和教育等新型资源成为主导。换言之，文化创意产业是一种新型资源产业。

由“文化创意产业”这一词语本身，我们便可直观地看出：“文化”与“创意”是文化创意产业发展最为重要的资源。文化，是历史的沉淀，而创意则是当代智力资源的使用与开发，两者结合，形成一种全新的资源要素。这种资源不像石油、天然气等自然资源那样只能一次性开发利用，它是一种取之不尽、用之不竭的资源类型，随着教育、社会文化的发展而不断发展。在今天这样一个能源稀缺的时代，文化创意这种经济发展的资源和动力显得更为重要和宝贵。

文化创意产业是具有鲜明特色的新型资源产业，其特点主要包括以下几个方面：

首先，从资源的再生性看，文化创意产业的资源具有可再生性和不可穷尽性。煤炭、森林等自然资源或者是一次性不可再生资源，或者是再生性周期较长的资源。与这些自然资源不同，文化创意产业是以历史沉积的文化资本为基础，通过现代创意激活传统文化的精华，使其重新焕发青春，成为能够被当代受众所接受的文化产品。在这一过程中，传统文化资源得到复用，同时文化创意产业本身的发展也进一步丰富了文化的内涵与外延，呈现出可持续性发展的良性循环。

其次，从资源产业的服务内涵性看，文化创意产业不仅具有传统意义上的服务功能，可以作为资源元素输入到经济系统中产生效益，更重要的是，文化创意本身还能够产生需求，创造市场，具有放大效果。相关研究表明，人们在消费文化产品时，往往更倾向于那些自己对其文化内涵、价值观念等方面比较熟悉的产品。诺贝尔经济学奖获得者斯蒂格勒和贝克尔 1977 年在他们的《偏好无争辩》一文中，对音乐消费的特点进行了分析。他们指出，在消费音乐的过程中，消费者的“消费资本”会增加。受教育的程度越高，已经建立起来的消费资本越多，消费者的“消费资本”增长也就越容易。换句话说，消费资本的投入和消费是相互促进的。音乐消费的边际效益会随着时间增长。因此，相关的效用函数也就是包含了所消费的商品以及作为自变量的消费资本的函数。我们假定这个函数不变，那么，在价格及收入不变的情况下，消费资本的积累可能会导致消费者对音乐商品实际需求的变化。也就是说，如果受众对某类音乐制品上了瘾，欣赏能力越来越高，即使在收入和商品的价格没有发生变化的情况下，其购买行为也可能增加。当然，不仅对于音乐制品是这样，对于其他文化产品这一效用也适用。

最后，从资源的载体看，文化创意产业具有低成本、无污染的突出优势。文化创意

产业所依赖的不是海洋、矿产、森林等自然资源，而是文化传统、创意观念，等等。它在很少甚至不损害自然资源的情况下，能带来巨大的经济回报。

### 二、文化创意产业具有有力的资金带动性

当文化创意产业在区域内成为一个体系时，区域内的资源能被充分地利用，文化创意产业使得产业能够形成完整价值链条，形成一个完整的价值体系。这种价值体系具有强大的经济溢出效应和规模效应，其表现出来的辐射力和渗透力会影响区域经济的发展，使得区域经济具有更强的竞争能力。文化创意产业对区域经济的影响更加注重关联性，这种关联性对于推动区域经济的整合有着重要的作用，而区域经济的整合对于提高区域的综合竞争力则是有力的促进。

当然，从直接经济效益的角度看，可能文化创意产业的资金带动性尚难准确描述，有时候它们的场内交易额几乎不能与软件等产业同日而语。因为较之国外一些发达国家的文化创意产业，我国的文化创意产业只是刚刚起步，市场化程度并不高。然而，从传统文化与现代文明层面看，这些产业特别是产业集群确实能够为塑造文化市场中心、时尚文化之都等形象的综合社会效益添砖加瓦，在就业方面的吸纳力也发挥着重要的社会功能。

“宋庄当代原创艺术与卡通产业集聚区”以普通华北农村的身份，几乎没有成功规模产业的历史，吸引容留了约3000位艺术谋生者，带动了当地餐饮、服务业的蓬勃发展；北京798艺术区虽不能列入高收益之列，但是园区内400多家文化创意机构、万余名从业者，吸引了艺术谋生者数千之众，同样是可观的社会成就；北京潘家园古玩艺术品交易园区也属于就业密集型、产业拉动型集群，产值年均过亿元，光是集群拉动的就业人群，便关系着许多家庭和村落。

## 第四节　从市场反应看文化创意产业的特征

### 一、文化创意产业具有浓厚的人文根植性特征

根植性来源于经济社会学，其含义是行为主体的经济行为受当地社会关系的约束，嵌入社会关系中。

根据传统的产业布局理论的观点，传统产业集群特别是劳动密集型的制造业集群依靠劳务、地价等因素，传统产业主要考虑的是原材料、低成本劳动力资本的易获取性，例如我国绍兴的轻纺产业、福建晋江的鞋业等，同时一些技术含量稍高的制造业集群如美国的汽车业也主要是传统资本驱动、投资驱动型经济。

与传统产业不同，文化创意产业的形成对于物质性原材料和劳动力的依赖性并不

强，文化创意产业是一类知识密集型的新兴产业，其对客观环境的要求十分严格，所以文化创意产业对地方人文环境有着较强的根植性。

文化创意产业的形成一般起源于本区域独特的文化积淀和氛围，并对其进行创造性地开发和利用。历史传承和人文环境氛围为文化创意产业的集聚奠定了社会环境基础。无论是法国的葡萄酒、德国的设计还是意大利的时尚，这些在世界经济舞台上独占鳌头的产业背后依托的都是深厚的文化积淀。拿意大利的时装来说，因为依托于意大利丰富的艺术底蕴，所以即便是美国这样经济发达的国家在时装领域也难望其项背。

浓郁的艺术氛围、开放的文化元素、多元的城市文化气质、宽容的城市文化态度，对于创意灵感的迸发具有重要意义，是创意产业繁荣发展的基础。根据美国著名创意学者佛罗里达的观点，创意经济理论核心的要素是“3T”，即创意人才（Talent）、技术（Technology）、包容（Tolerance）。每一个要素都是创意集群形成和发展的必要条件。佛罗里达认为，城市发展的关键在于城市社会环境的多样性、宽容性和创造性所吸引来的创意阶层。一个开放的和低门槛的城市在吸引创意人才和人力资本中具有特殊的优势，可以产生和吸引高科技产业，实现城市经济繁荣。包容和多样性可以有利于高科技的集中和成长。有才干的人喜欢到开放和具有包容性以及能提供生活质量的地方去。一个地方越是具有多样性和多文化性，对他们越具有吸引力。

文化创意产业的发展需要与各地方的经济基础、文化背景、资源特色等相结合，包括文化、风俗、传统、价值、愿望等。通过分析文化创意产业发展所需要的环境，来唤醒局部区域的投资理性，使其客观地测评本地区的发展环境，并找到其自身基础与所需条件之间的距离，为是否确立区域文化创意产业发展规划做好决策准备。只有这样，才能有助于塑造地方特殊性与独创性，才能真正发展文化创意产业。

## 二、文化创意产业多由中小企业构成，商业价值难以估价

从规模上看，文化创意企业往往规模小、经营决策权高度集中，很多都是一家一户自主经营，且资产构成中知识产权占相当比重，单靠企业自身的资金积累难以实现创意产业化。在文化创意集群中，有很大一部分是个人、自由职业者、兼职工作者。这些雇主和个人的名单一般都不在国家计量系统中，而只见于大量协会和行会成员名单中。

文化创意产业常常与其他的产业融合在一起，许多公司的设计和艺术被归入更广泛的行业分类，其主要价值常常通过其他产业来体现。比如家具设计的文化创意价值就没有单独计算，纺织品和服装公司的优秀设计和优良的家具工匠所创造的价值，可能隐藏在其设计的服装家具制造中，只能够通过家具的价格来体现。所以，文化创意产业真实的价值难以精确统计，其商业价值常常被低估，甚至遭遇零评估。

## 三、文化创意产业具有消费差异性和不确定性

传统的工业产业强调规模化生产以降低成本，而规模经济在文化创意产业中不一定

是最重要的因素。文化创意产业生产过程的异质性，是由人类文化创造行为的特征所决定的，因为文化创意产业的原材料是每个创意者的思想和精神资源以及技术和灵感。创意过程的主体是具有想象力、判断力、品位的个体或团体，其心智模式往往各不相同。凯夫斯在《创意产业经济学：艺术的商业之道》中指出，创意产品的特性、基调、风格独立于购买者对产品质量评估之外，当存在横向区别的产品以同样的价格出售时，人们的偏爱程度是不同的。主要由创意决定的产品差异性，对创造高附加值的贡献，远远超过产品质量的贡献。文化创意产品的价值也随着时间发生变化，例如通过消费者的口口相传或专家评估，这就使得它们的价值取决于信息，会与它们的价格脱节。

就每一种文化创意产品而言，它的创造与开发都需要付出大量时间、精力、财力和创造者的知识、能力积累。创意的本质为创新，而创新就必然会面临着各种各样的风险，尤其是创意要得到目标消费者在主观思想和情感上的认同和共鸣。每一创意产品对于消费者需求来说，都存在着时尚潮流、个体嗜好、传播炒作、时机选择、社会环境、文化差异、地域特色等多种不确定因素，因而也大大增加了创意产品消费时面临的风险。

文化创意产业的核心虽然在于“原创”，但是文化创意产品主要是通过对原创文化符号大批量复制而生产出来的。这种可复制性保证了文化创意产业的产品消费方式日益呈现出全球性，以经营审美为特征的符号、图像、文字、设计、声音等文化产品具有全球的流动性。相对物质产品，文化创意产品及其创造过程具有易复制性、流动性、易逝性的特点，这使得文化创意产品的创造活动带有更大的风险性。由于科技文化严酷的挑战性，文化创意产业无疑具有消费需求的不确定性。从当代经济发展来看，文化创意产业无疑是风险产业，对文化创意产业的投资是一种风险投资。风险投资被认为是当代经济增长的发动机。它以知识创新与高新科技为支持体系，具有可能的高收益、高回报、高增长潜力的特性，但这种高收益也可能遭遇风险。即使是十分成熟的好莱坞电影，同一个著名导演也无法保证其每一部影片都能成功。成功与风险并存，这也是文化创意产业的魅力。

## 四、文化创意产业具有高风险的特点

前面提过，文化创意产品的创造开发是一种创造性的生产活动，是一种特殊的知识产品的生产活动。文化创意产业的优势在于其高附加值，这种高附加值带给文化创意产业强劲的经济势能。我们可以将文化创意产业的内部组织划分为核心和附加两个部分，核心部分即独特的文化创意的产生，附加部分是将创意产品化的过程——即以某种载体的形式将无形创意有形化、实体化，使之成为可供消费的产品，从而实现其产业价值。文化创意产业与资本密集型或劳动密集型的传统产业具有明显区别。对于文化创意产业来说，其核心部分高度依赖知识、创新等人类智慧的运用，其附加部分则可通过资本、劳动力等传统资源加以解决，并且，其附加部分以核心部分的发展为前提。换言之，没有知识密集型的核心创意，附加部分的资本、劳动力等难以实现其高附加值。比如，一个好的内容创意既可以拍成电影，也可以作为小说进行出版，无论以何种载体方式走向市场，其高附加值主要来自于核心的内容创意，而非拍摄、印刷等外围部分。

当然，在当今高科技日益发达的情况下，特技等当代科技的运用对于产品具有十分重要的影响，但高科技本身必须以良好内容创意为基础，并在运用过程中紧紧围绕内容创意展开，否则也难以获得市场成功。大投入、高成本的“高概念”电影票房惨淡的例子屡见不鲜，便是这方面的良好例证。

在发展文化创意产业的过程中，很多人看到了文化创意产业的高附加值特点，却往往忽略了它的高风险性。并且，在对文化创意产业高附加值的不断鼓吹与张扬中，为一波又一波的文化创意产业发展“高潮”摇旗呐喊。不可否认，所有的行业都有风险，并且利润越高的行业风险性也就越高，这是经济发展中最基本的一个规律，但是，导致风险的原因却因行业的不同而有所差异。我们认为，文化创意产业的高风险性的原因有两个：其一是源自文化创意产业以创意为核心的产品生产机制，其二是源自其以文本为交易主体的利润回收方式。创意何时产生？一个创意能否具有好的市场回报？这些都没有较为固定的标准，也难以预期。即使进行前期市场和社会文化心理调查，也难以保证“实体化”之后的创意产品能够满足人们的文化消费需求，因为“实体化”的过程本身也是对原有创意进行改造的过程。正如理查德·凯夫斯所指出的：“没有人能确定消费者如何评价新推出的创意性产品……新产品可能会得到消费者的认可，带来比它们高得多的巨额财富，也可能会找不到认可它的买家。”即使创意人员在创意产品投入生产之前进行调查和预测也“很少见成效”，“因为创意性产品的成功与否，很少能够根据过去的经济发展形势判断是否会满足现在的需要”。

另外，文化创意产业的载体化产品不具有保值性，产品本身缺乏风险分摊机制。办学校、开工厂，如果市场不好或经营不善，其教学设备、校舍、厂房、机器等有关投入还可以通过变卖等方式进行部分成本回收，而如果一部电影的市场不好或根本无法上映，所留下的就只有一堆毫无用处的胶片。

文化创意产业的高风险性特征，也早已被很多相关数据所证实。1998 年，美国发行了将近 3 万种专辑，但销售量超过 5 万张的不到 2%。纽曼早在 1991 年便指出了出版业的“二八定律”，即出版业 80%的收益来自于 20%的产品。贝蒂格的研究表明，美国每年大约制作 350 部电影，但只有 10 部左右卖座。卓沃尔和格里斯潘的报告表明，英国杂志中只有 1/3~1/2 达到收支平衡，1/4 能够盈利。莫兰引用的相关数据也表明，20 世纪 80 年代中期，美国平均每年出版的 5 万多种图书中，80%都存在财务危机。中国有关主题公园的数据也表明，在中国目前现有的主题公园中，只有 10%左右能够实现盈利。以上种种数据都表明：文化创意产业在具有高附加值特点的同时，其风险性更是不可低估。也因为如此，在文化创意产业生产过程中，很多公司或企业都是通过“过量生产”的方式，使盈利产品的利润与失败产品的亏损相互抵消。如果说每 9 种唱片中只有 1 种盈利，其余 8 种都是亏损产品，那么，只发行 5 种唱片的公司与发行 50 种唱片的公司相比，在市场竞争中失败的风险更多。这也是很多文化企业大规模扩张的原因之一。

## 思 考 题

1. 文化创意产业的特征表现在哪些方面？
2. 文化创意产品的市场影响力受哪些因素制约？
3. 文化创意产业的产业链等同于价值链吗？谈谈你的看法。

第三章

# 文化创意产业的功能和发展意义

# 第一节 文化创意产业的功能

## 一、文化创意产业的文化功能

文化创业是“文化”、“创意”、“产业”的高度融合，换言之，是“文化”通过创造性挖掘而实现其“产业”的经济功能。在创意的促发下，文化呈现出与以往传统文化所截然不同的特色。随着文化创意产业的迅速发展，当代文化格局也有所改变。

传统文化、精英文化、主导文化、民间文化、大众文化构成了一国文化整体格局的不同要素。在文化创意产业中，能够进行深入开掘的，大多是大众文化。当代文化创意产业的发展，使得大众文化成为当代文化格局中最主要的组成部分。其他各种文化类型，也都在文化创意产业的促发和推动下按照产业化的形态进行发展。比如，2006年以阿宝为代表的“原生态”唱法风靡全国。从文化形态来看，原生态民歌无疑属于民间文化的范畴，无论从发音方法、演唱技巧还是从舞台风格看，它都有着明显的民间特色。然而，当我们在电视媒体中看到阿宝的演唱时，却会发现，其中有着很多通俗歌曲、流行音乐的影子。当阿宝穿着羊皮坎肩、裹着白毛巾出现在荧屏上时，他更多地具有了表演的成分，在心中也难免会与他穿着黑色套装大跳现代舞蹈的画面互相比较。在电视等大众媒体的影响下，在背后商业利润的推动下，原本属于民间文化的原生态歌曲，正在逐渐走向大众文化，二者之间的界限开始模糊。再如，在电视剧《喜耕田的故事》中，我们看到的是大众文化与主导文化的互相吸引；在厅堂版《牡丹亭》中，我们已经难以分清哪些是昆曲的传统精髓，哪些是商业炒作的故弄玄虚。在产业的引导下，文化必须为市场服务，创意也不过是为了让文化能够更好地吸引眼球、创造“点击率”、“收视率”或“票房价值”。总之，各种文化形态的边界在文化创意产业中逐渐被模糊、消融了。文化创意产业的发展进一步推动文化的“全球化”步伐，模糊了世界各国之间的文化边界在全球化语境之中，文化也成为全人类的共同财富，传统的文化边界变得越来越模糊。好莱坞电影可以主动“拿来”任何一种人类优秀的历史文化遗产，如《埃及艳后》、《花木兰》、《斯巴达克斯》、《角斗士》，等等。从根源来说，这些文化遗产都不是美国的，“没有历史”的美国也很少有自己的文化传统可以挖掘、开发。但是，美国电影、动漫等大众文化产品却在没有文化根基的情况下雄霸全球，以至于欧洲国家从20世纪早期便对“美国化”问题惊恐不已。那么，其中的原因何在呢？其根源便在于美国在“文化”之外更为侧重了“创意”和“产业”，在后者的激发、调和下，美国大众文化产品以“世界性”的面貌出现，其中包含的“民主”、“自由”等所谓美国价值观也随着文化创意产品的输出而不断蔓延。

日本动漫产业在发展过程中，也进一步推动了文化全球融合的步伐。日本学者加藤周一认为，日本文化本身便是一种“杂交文化”，它具有天生的接收和融合能力，能在保护自身文化的同时，不断吸收和消化异域文化，“在自己的文化之树上结出本土和全球化兼容并蓄的果子”。日本动漫产品将东西方文化和审美情趣融会一身，在很多动漫产品中，具有东方价值观念和面孔的主人公生活在西方的世界里，“脱日化”的形象，如大大的眼睛、金黄的头发、白人的脸形以及曲线夸张的身材，有意为之的“全球性”和对人物、地域的“文化模糊”处理，使日本动漫能够迅速地被世界各地区的受众理解和接受。

## 二、文化创意产业的创意功能

（一）传播和传承创意，推进科技创新与文化结合

很多产业能不能有质的提升，其关键要有创意的引领。比如服装业不能固步于“扎缝纫机做服装”的原始状态。若以影视服饰、模特服饰引领时尚，则可能构建“服饰之都”。创意是催化剂和活性剂，企业如果能在文化和创意间找到结合点、突破点，实现产业融合，把对美学设计的理念和文化艺术交流与频度直观地体现在其精神产品与服务过程之中，就能使某种文化找到很好的传播载体。审美意识结合现代通信、网络、数字等技术的应用，在影视、演艺、动画等行业的作用显赫。如上海戏剧学院创建的剧场模拟实验室，创作者可以利用设备，任意模拟出各种剧情人物服饰、场景灯光、音乐效果、演出效果，甚至在2006年就可以模拟出北京奥运会开幕式、闭幕式的各个表演环节。平遥原本是山西省名不见经传的小县城，但以几千年来唯一保存完好的古城申报世界文化遗产为契机，通过国际摄影节的创意元素，将其成功推向世界，由此带动产生了著名品牌文化———晋商文化，把山西旅游文化、影视文化、演艺文化推向新的发展平台。这一系列的创意运作过程需要建立民族数据库、地方特色文化数据库、文化遗产数据库作为坚实支撑，以期最大限度地发挥文化创意的经济效益和社会效益。联合国教科文组织开展的“世界记忆”项目，就是要达到数字化保护世界遗产并最大限度的资源共享的目的，它与我国《中国知识资源总库》共同构成创意人的艺术宝藏。这就是科技创新与文化创意紧密结合的生动体现。

（二）塑造能力和意识，培养创意精品的摇篮

随着文化创意形成规模化产业，创意阶层势必应运而生。创意产业的核心由从事科学和工程学、建筑与设计、教育、艺术和娱乐的人们构成，还包括更广泛的群体，即商业和金融、法律、保健及相关领域的创造性人才。文化创意产业对从业人员的创新素质要求非常高，鼓励从个人独特知识结构、创作风格中归纳总结规律性，挖掘隐性创意增长点，为创意精品的数量和质量出力。

创意人在文化积淀深厚的环境中，长期积累知识与素材，不断体察社会与人文环境，才能达到厚积薄发的创作精神境界。就成型的创意作品而言，一定是在悠久而富有创造活力的自然与人文环境中成长锤炼出来的。传统皮影戏的夸张动作与舞蹈相结合，就成为2006年春晚的夺冠作品；杂技艺术与芭蕾艺术相结合的《天鹅湖》在国外盛演不衰，既获金小丑奖，又成为国家舞台艺术十大精品工程剧目；舞剧《风中少林》把

武术与舞蹈相结合同样入选十大精品工程剧目。

## 三、文化创意产业的经济功能

在文化经济时代，文化创意产业已经突破了单一的文化创意产业领域，渗透到国民经济的各个领域，影响到生产经营的各个环节。文化经济一体化是现代经济发展的显著特征，也是解放生产力和发展生产力的新动力。

### （一）文化创意产业对一国经济发展具有重要推动作用

对于一个国家的发展整体来说，文化创意产业在推动经济发展、增加就业机会等方面都有着十分重要的作用。英国《创意产业现状数据》（*Creative Industries Fact File*）中显示：2000 年英国文化创意产业的产值是当年 GDP 的 7.9%；该产业 1997—2000 年的平均成长率为 9%，而整体经济增长率则为 2.8%；截至 2001 年年底，文化创意产业在英国总共创造了 195 万个就业机会；1997—2001 年文化创意产业的就业成长率平均为 5%，而整体经济增长率则为 1.5%。根据英国 2001 年创意产业的官方报告统计，13 个产业为英国带来 1125 亿英镑的收入，创造就业人口 195 万人，其产生的出口贸易额为 102.5 亿英镑，出口值高达 103 亿英镑。

在韩国经济崛起的过程中，韩国文化创意产业的作用功不可没。据韩国官方数据显示，2002 年，韩国包括游戏、动漫、电影、音乐、出版、广告、广播等在内的 9 类文化产品销售规模为 327 亿美元，占韩国国内生产总值的 6.7%；2003 年达到 429.29 亿美元，其中出口额为 6.31 亿美元。2004 年韩国文化产品已经在世界市场上占到 3.5% 的份额，成为世界第五大文化产业强国。韩国电影出口从 1995 年的 21 万美元到 2001 年的 1100 多万美元，增长近 50 倍，2003 年，韩国向 56 个国家输出 164 部电影，电影产业已经超过传统产业，成为韩国增长趋势最强劲的产业。1999—2003 年，韩国四大娱乐产业的年平均增长率为 22.8%，而同期七大传统产业的年平均增长率仅为 3.3%。韩国广告收入与网络广告占的比例也发生了很大变化，韩国的网络广告市场规模基本保持稳步增长的趋势，1995 年占韩国总体广告市场的 0.12%，到 2003 年达到 3.8 亿美元。

### （二）文化创意产业有利于加速区域产业结构升级换代

对于区域经济发展而言，优势区域从来都是具有高附加值的产业逐步替代低附加值的产业，并将低附加值的产业向不发达的区域转移，这一点早被英国经济学家威廉·配第和克拉克发现并证实，即“配第—克拉克定理”。配第—克拉克定理的基本结论是：在区域经济发展的过程中，第一产业的就业比重不断降低，第二产业、第三产业的就业比重将逐步增加，即劳动力会由第一产业向第二产业与第三产业转移。这一定理的基本内容是威廉·配第在 1690 年出版的《政治算术》中首次提出的。在该书中，配第明确指出：“制造业的收益比农业多得多，而商业的收益又比制造业多得多。”这种不同产业间的收入差异，会导致劳动力从低端产业向高端产业流动。1941 年，克拉克研究了一些国家的劳动力就业资料，以实证的方式证明了配第观点的正确性。

从20世纪40年代起，著名经济学家库兹涅茨便致力于发掘各国的历史资料，并根据这些资料对产业结构变化与经济发展的关系进行系统考察。库兹涅茨把人均收入开始增长，并伴随有不同形式的经济进步的时期称为“经济时代”，把其后的经济发展称为“现代经济增长”。通过研究，库兹涅茨不仅证明了配第—克拉克定理的正确性，还发现了现代经济增长过程中产业结构演变的诸多规律。比如，伴随着现代经济增长，产业结构将发生变化，以农业为主的第一产业比重下降，工业比重增加；农业劳动力比重下降，且下降速度低于农产品比重下降速度，工业劳动力有所增加，但工业劳动力增长率低于工业生产增长率；在服务业中，商业的比重上升；生产技术变化对于产业结构的变化起到了很大的作用；种种变动会引发产业间、工种间、区域间的劳动力转移，特别是导致人口城市化，等等。

在威廉·配第、克拉克、库兹涅茨之后，霍夫曼、赤松要等人对产业结构变迁进行了更为深入的研究。种种研究结果都表明：随着经济的发展，区域经济都会逐渐向高端产业递进。高附加值产业替代低附加值产业是经济发展的必然趋势，新的高附加值产业将成为具有生命力的朝阳产业。今天，文化创意产业正以其高附加值的经济势能，成为产业结构调整过程中的重要产业支柱。比如，文化创意产业对德国的北莱茵西伐利亚邦的区域经济发展作出了重大贡献，该邦定期出版的《文化经济报告（第四期）》显示，北莱茵西伐利亚邦的文化经济自20世纪80年代以来，不管是在市场规模或是劳动人口方面皆有十足的增长。而且相较于该邦整体经济的发展，文化经济的表现更是相当出色：1996—2000年的文化经济增长率为26%，整体经济增长率为12%；1996—2000年文化经济的劳动人口增长近9%。2006年北京文化创意产业实现增加值812亿元，占全市GDP的10.3%，文化创意产业从业人员达89.5万人，文化创意产业已经成为北京经济发展的重要支柱。

### （三）文化创意产业能够提高企业知名度，增加其产品的附加值

对于企业而言，好的策划和创意，可以大幅度提高企业知名度，增加其产品的附加值，扩大市场占有率，并使许多传统产业和传统产品焕发新的生机。上海东方明珠建成几年后，就能取得接待1300多万名游客、年综合收入20亿元、年创利润近2亿元的业绩，关键原因在于建设之初，从构思、设计、命名、造型、定位到商标、广告、营销等，都进行了非常认真的策划。这座发射塔集广播电视发射、观光游乐、餐饮购物和展览功能于一体，极富创意。如果没有策划和创意，它很有可能只是一座孤零零的发射塔，同时还要承担巨额的运转和维修费用。

同时，文化创意产业的高附加值特点，会使得文化创意产品成为企业的重要利润来源。以电影产业为例，如今的很多电影公司都处于实力雄厚的跨国公司庇护之下，与其他产业资本有着千丝万缕的关系。正如《综艺》编辑彼得·巴特所说：“任何一个电影公司或者电影网络，如果说自己处于破产的边缘，那它们根本就是在说谎，因为，很显然它们处在财力雄厚的大公司有力的庇护之下。我的意思是说，它们甚至根本就不是公司，它们是某种形式上的帝国。美国在线时代华纳是一个帝国，维望迪也是。”作为庞大企业“帝国”的一部分，文化创意产业的表现往往引人注目，为母公司创造着极高

的利润来源。在沃尔特·迪斯尼、维亚康姆等跨国集团公司中，电影业务的总收入往往占有极高的比例。

日本索尼公司也是这方面的一个例证。1989 年，索尼公司以 34 亿美元收购哥伦比亚电影公司。当时，哥伦比亚公司负债累累，前景堪忧。很多人甚至暗地里嘲笑索尼公司成了好莱坞抓住的“冤大头”。由于人脉不熟、用人失当等方面的原因，索尼公司也的确遇到了种种艰辛和挑战，甚至为此付出了高达 30 亿美元的“学费”。1994 年年底，索尼公司宣布季度亏损 32 亿美元，成为当时日本企业史上最大的亏损数字，也是外国投资公司在美国的最大亏损案。但是，2002 年《蜘蛛侠》等卖座影片的推出使索尼公司开始走出困境，迎来自己的辉煌时期。2002 年索尼公司的总营业额为 623 亿美元，利润达 9.63 亿美元，其中电影业务的收入为 67 亿美元，利润达 4.91 亿美元；相比之下，电器销售额为 410 亿美元，但毛利润只有 3.45 亿美元。由此可见，电影业务对于索尼公司的贡献到底有多大！2002 年以后，索尼—哥伦比亚公司每年的收入都维持在 10 亿美元左右。在索尼—哥伦比亚公司 2006 年推出的 14 部影片中，有 9 部在上映首周票房收入超过 2000 万美元，其中 8 部成为当周票房冠军。截至 2006 年 8 月，《达·芬奇密码》的北美票房总收入达 2.17 亿美元，成为 2006 年度索尼—哥伦比亚公司最卖座的影片。在 MAPP 于 2008 年 3 月 6 日发布的 2007 年度电影报告中特别指出：索尼公司成为 2007 年最大的赢家，这一年，他们向全球发行了《蜘蛛侠 3》、《史瑞克 3》和《变形金刚》三部超级大片。

## 四、文化创意产业的社会功能

美国心理学家马斯洛把人的需求分为五个层次：生理需求、安全需求、爱和归属的需求、尊重需求和自我实现需求。这五个层次由低到高，随着人的发展而不断递进。生理需求是人类维持自身生存的最基本要求，包括饥、渴、衣、住、性的方面的要求。只有这些最基本的需要满足到维持生存所必需的程度后，其他的需要才能成为新的激励因素，而到了此时，这些已相对满足的需要也就不再成为激励因素了。安全需求是人类要求保障自身安全、摆脱事业和丧失财产威胁、避免职业病的侵袭等方面的需要。马斯洛认为，整个有机体是一个追求安全的机制，人的感受器官、效应器官、智能和其他能量主要是寻求安全的工具，甚至可以把科学和人生观都看成是满足安全需求的一部分。爱和归属的需求包括两个方面的内容：一是友爱的需求，即人人都需要伙伴之间、同事之间的关系融洽或保持友谊和忠诚；人人都希望得到爱情，希望爱别人，也渴望接受别人的爱；二是归属的需求，即人都有一种归属一个群体的感情，希望成为群体中的一员，并相互关心和照顾。感情上的需要比生理上的需要更细致，它和一个人的生理特性、经历、教育、宗教信仰都有关系。尊重需求可分为内部尊重和外部尊重。内部尊重是指一个人希望在各种不同情境中有实力、充满信心、能胜任、能独立自主。总之，内部尊重就是人的自尊。外部尊重是指一个人希望有地位、有威信，受到别人的尊重、信赖和高度评价。马斯洛认为，尊重需求得到满足，能使人对自己充满信心，对社会充满热情，体验到自己活着的用处和价值。自我实现的需求是最高层次的需要，它是指实现个人理想、抱负，发挥个人的能力到最大限度，完成与自己的能力相称的一切事情的需要。马斯洛的需求层次理论，在一定程度上反映了人类行为和心理活动的共同规律。马斯洛指出了人的需求是由低级向高级不断发展的，这一趋势基本上符合需求发展规律。

马斯洛的需求层次理论表明，当人们初级的、物质层面的消费需求得到满足之后，就会产生更高层次的精神文化消费需求。这是人类心理发展的必然趋向。目前，社会经济的发展，使得人们的物质生活极大丰富，生理需求、安全需求等人类基本的需求早已得到满足。在这种情况下，人们的消费重心开始转向教育、科技、文化、旅游等领域，社会进步的速度也随之加快，从而为文化创意产业的发展提供了更多的商机。反过来，文化创意产业的发展又进一步满足了人们对于文化、教育、娱乐、休闲等更高层次的心理需求，为维护社会稳定，推动社会进步起到了积极作用，其具有的社会功能也充分体现出来。简单来说，文化创意产业的社会功能可以分为以下几个方面。

**1. 文化创意产业的发展为人们提供了更多休闲、娱乐产品，满足了人们不断发展的文化需求**

文化创意产品是文化与创意的融合，也是文化与科技的对接，并在这种融合与对接中呈现出与古老文化样式不同的新特色。它以文字、影像、声音等通俗化的形式加以表现，在内容上更多侧重于大众化的情感表现。这样，文化创意产品便打破了在传统文化中泾渭分明的“雅”、“俗”界限，使得其产品真正能够“雅俗共赏”，从而更多地满足人们对于文化、休闲、娱乐的内在需求。

**2. 文化创意产业的发展使教育的普及、提高的途径更为多样**

文化创意产品不仅仅是娱乐的，在通俗化、大众化的形式之中，很多文化创意产品也蕴涵了大量科技性、教育性内容。人们在消费这些文化创意产品的过程中，往往也能学习到很多原本不曾了解的各种知识。比如，2008 年随着北京奥运会的临近，使得奥运知识普及成为一个十分迫切的任务。如果依靠传统的教育方式，有关部门即使耗费大量人力、物力，也很难较为全面地覆盖受众群体。同时，单纯地讲解也会使得对奥运知识并不了解的普通大众在面对枯燥的数字、概念时产生厌烦情绪。而《福娃奥运漫游记》则通过动漫的形式，将各种奥运知识、历届奥运会的举办情况等，全面、通俗地表现出来，使人们在轻松的娱乐消费过程中了解到更多的与奥运相关的知识。再如，湖南三辰卡通有限公司创作的我国第一部大型科普动画系列故事片《蓝猫淘气 3000 问》，以活泼可爱的卡通形象、引人入胜的故事情节，向少年儿童传播了大量的科技知识。

**3. 文化创意产业的快速发展，对促进卫生、体育等各项社会事业具有重要作用**

奥运会标和吉祥物的设计、体育彩票的发行，都能给体育、卫生等各项社会事业带来巨额回报，从而推动其健康发展。比如，2008 年北京奥运会吉祥物“福娃”相关商品直接销售额达 40 亿元人民币以上，其收入占奥运会总体收入的 15%左右。

总之，文化创意产业的发展推动了社会进步，促进了人的全面发展。文化创意产业的快速发展，满足了人民群众更高层次的消费需求，提高了人民群众的生活水平和质量。

## 第二节　文化创意产业的发展意义

### 一、民族文化意义

随着国民经济持续快速增长，我国人均GDP已经超过1000美元，居民消费结构升级换代、产业结构下游化发展，已经成为必然趋势。需求的高档化、文化化趋势，加之我国庞大的人口基数，导致了中国文化市场正在呈几何级数增长。长期的计划经济体制和传统文化观念束缚，使得我们目前面对文化需求的迅速增长束手无策，导致产品数量与需求之间的严重脱节。面对巨大的中国文化市场，任何发达国家都不会坐视不管，它们正虎视眈眈地紧盯中国市场，用尽千方百计要将本国文化产品推销到中国。大量国外文化产品成为大众日常消费品，受众（尤其是青少年）长期浸淫其中不但养成崇“洋”（美国货、哈日、哈韩）媚俗的口味，久而久之还会产生认同其价值观、以其为行事参照的思维意识，不自觉地抵消民族文化的影响。

除了借助全球化平台培育中国消费者，直接将其文化消费品倾销到中国市场，一些实力强大的文化创意产业集团和外资也瞄准中国市场。与直接倾销文化消费品不同，这些外资和文化企业集团为了长远利益和较大的利润空间，往往采取如寻求代理、合作等本土化策略。这样，悠久而丰富的中国文化资源就不再为中国文化企业独有，而是作为人类精神遗产和财富被来自世界各国的文化企业所开发。从积极的角度看，这种开发固然有利于中国文化和审美经验向世界范围的播散，扩大中国文化的国际认知度和影响力。但它也加剧了文化资源的争夺，强化了文化资源的有限性，尤其是，发达国家在科技、经济等方面占据优势，在对中国传统文化资源进行开发时更容易获得成功。这些成功的文化产品在进入中国文化市场时遭受到更低的文化折扣度，从而成为国外产品进攻中国文化市场的有力武器。比如，美国迪斯尼集团对花木兰的故事进行重新发掘、包装，投入中国市场，获得了较好的市场回报。

这些文化产品虽然表面上取材于中国传统文化，但在改造的过程中也产生了种种歪曲化的阐释和表现。比如，“迪斯尼制造”的《花木兰》虽然在故事梗概和形象来源上取材于中国古代经典故事，但在电影文本中，它已经脱离了中国传统文化中所宣传的孝道，而彻底成为具有美国式英雄主义的巾帼英雄。再如，《西游记》在日本光电视连续剧就有四个版本。其中，日本富士电视台推出的电视剧《西游记》获得了较高的收视率。但在这部《西游记》中，唐僧由女演员扮演，着白冠白袍，除了慈悲为怀，还不时表露出女性的柔美和细腻；孙悟空是“神经质超人”，乘滑板来去自由；猪八戒顶一顶红绿条纹相间的帽子，除了一对招风耳之外，外貌无异于常人；沙和尚好色、好斗……一部《西游记》被“恶搞”成这样，实在让大多数中国人难以接受，但富士电视台已经把电视剧卖到韩国等亚洲的四个国家和地区，甚至包括欧洲、澳洲等多个国家也对该剧充满了浓厚的兴趣。

在商业逻辑的指导下，传统文化中的严肃的主题往往被消解，崇高的价值常常被忽略。一旦人们习惯了种种“戏说式”或者“美式”、“日式”的文化产品，中国传统文化中的精神内涵和价值观很有可能随着产品的消费而大大削减，久而久之就会扭曲一个民族文化传承的价值观，对中国文化的国际形象产生负面影响。更何况，一些西方国家从未放弃对我国意识形态和价值观的“和平演变”，及其别有用心的“选择”与渗透，再加上其强势文化主宰世界文化产品的标准，以及文化产品生产与消费的单一性机制，从而在根本点上危及了我国的文化安全。尤为重要的是，丰富文化资源和庞大文化市场优势的丧失，以及国外资本和文化企业进入的结果，就是文化创意产业利润的巨大流失，这不仅危及中国文化创意产业领域，还有可能损害我国的文化安全。要改变这种状况，就必须大力发展中国文化创意产业。

## 二、经济结构意义

### (一) 发展文化创意产业有利于中国产业结构调整

产业结构升级换代是经济发展的必然趋势。全球化时代以前，产业结构的升级换代主要是以时间序列进行纵向递进，即随着一国经济的发展，就业人口、经济比重等沿着第一产业、第二产业、第三产业的顺序向前推移。随着全球化时代的来临，产业结构开始按照空间序列进行重新调整。发达国家越来越倚重知识密集型、资本密集型、技术密集型产业，而将劳动密集型、低附加值产业向发展中国家转移。在一定程度上说，中国“世界工厂”地位的形成便是国际产业分工的结果。

20世纪末以来，随着世界经济的发展和高科技的突飞猛进，全球产业结构调整的步伐进一步加快。面对迅猛而来的科技创新与产业革命，各主要国家和地区都在加速制定产业发展战略，以占据产业升级的制高点。依靠信息技术而获得巨大经济与社会效益的美国，继信息产业崛起后，又未雨绸缪地加快实施生物技术和纳米技术的产业化战略。日本也从2000年开始启动大型高新技术计划——“新纪元工程”，将信息技术和生物技术作为两大重点发展对象。欧盟在第五个科技发展和研究框架计划中，确定包括生物技术和信息技术在内的六大重点研究与发展方向。

在全球产业结构调整步伐不断加快的情况下，中国产业结构仍存在很多问题。如第一产业比重明显过高，第二产业比例不协调，第三产业发展落后，产业结构变化难以跟上市场需求，等等。在这种情况下，大力发展知识密集型、附加值高的文化创意产业，无论是对中国产业结构调整的整体而言，还是对中国文化创意产业的发展而言，都具有不可忽视的重要意义。

对中国产业结构的整体调整而言，文化创意产业有利于优化中国整体产业结构，提升第三产业在国民经济中的比重。对中国文化创意产业的结构调整而言，文化创意产业有利于提升文化产品的附加值，优化文化产业内部结构。目前，我国的文化产业仍以传统的演出业、影视业、音像业、广告业为主体，在发达国家已广泛开展的创意设计产业、动漫产业、网络游戏业等数字产业在我国仍处于起步状态。我国的文化产业结构还处于落后的传统文化产业阶段，要改变这种产业结构，只有大力发展文化创意产业，才能赢得文化产品的高附加值，赢得高额回报。

（二）发展文化创意产业有助于提升中国制造业的核心竞争力

无可否认，中国已是世界制造业大国。相关统计资料显示，中国“世界制造工厂”的地位已然确立。目前，中国已经有超过 170 多种商品的产量位居世界首位。但是，中国在成为世界制造工厂的同时，却并未实现利润的同步增长。缺乏自主知识产权产品，已经成为影响中国制造业核心竞争力提升的重要因素。中国人民银行于 2006 年 11 月发布的 2006 年第三季度货币政策报告有关数据显示：我国拥有自主知识产权核心技术的企业仅为 3‰，拥有商标的企业不足 40%，高技术含量产品 80%以上依赖进口，我国自主品牌产品出口不到 10%，在电子产品和设备出口中，大部分出口商品单位价值低于韩国、马来西亚和新加坡的同类商品。

缺乏具有自主知识产权的核心技术，不仅是中国制造业国际竞争力不足的软肋所在，也是影响中国综合国力提升的瓶颈。所以，尽管国人为“Made in China”风靡全球而沾沾自喜，为中国巨额的对外贸易顺差而骄傲自豪，但这些产品和巨额顺差并未给我们带来应有的实际效益。央行于 2006 年 11 月 14 日发布的 2006 年第三季度货币政策报告显示：加工贸易顺差是我国贸易顺差的主要来源，而我国加工贸易出口约 80%来自外商投资企业。也就是说，在我们的巨额对外贸易顺差中，有很大一部分利润是被跨国公司和外商拿走了。哈佛大学学者克雷格·范格拉斯特克的报告《美中服务业贸易往来的收益》也表明：美国从对中国的服务贸易中获取了巨额顺差和利润，2004 年美对中国的服务贸易出口和进口之比高达 11.3∶1。由于服务贸易在海关统计资料上不显示，而只在国际收支上体现，因此，所谓的中美贸易顺差，统计的只是货物贸易这部分，在服务贸易（包括大量无形文化产品贸易）方面，我们对外贸易逆差仍然十分严重。

在中国制造高歌猛进的同时，发达国家却正依靠其创意和对核心技术的占领，悄然对中国产业进行渗透，不仅对中国进一步发展成制造业强国构成冲击，而且还日益呈现出融入其他产业（如服务业、制造业）的趋势。由于文化创意产业的渗透和介入，传统产业业态发生变化，产业分工重新洗牌，创意产业以其处于价值链的高端地位，借助于新技术并以其分配利润的特权，对其所渗透的产业按价值链进行重组。处于价值链下端的服务或制造业将出现交易量最大但价值增长最小的趋势。中国经济的比较优势是廉价劳动力资源极为丰富，跨国公司对中国投资的战略目标是将中国置于跨国公司国际分工体系中低增值环节生产基地的位置。跨国公司实现这种国际分工的主要手段是创意产业，这就是为什么中国在向世界出口的产品生产规模急剧扩大的同时，中国劳动力工资水平并未获得同步增长的主要原因。这也充分说明，以廉价劳动力为优势的制造业大国地位，在当今国际分工体系中的位置是极为被动也是极具风险的。

文化创意产业的发展不仅能够带来巨额的直接经济利润，还能对良好创意形成孵化作用，通过创意的促发，增加产品附加值，获取品牌效应，对中国制造业核心竞争力的提升起到积极的推动作用。通过发展文化创意产业输出文化产品，借助中国文化推销中国“品牌”，并以增加产品中的文化和科技含量来提升产品品位，依托海外7000多万人的华人圈，培育消费中国“品牌”的消费者，树立消费中国“品牌”观念，培养对中国“品牌”的认同感和信任度，使得中国从“制造大国”向拥有自主知识产权的“品牌”地位提升，进而借助文化竞争力立足世界市场。在此进程中文化创意产业是否具有竞争力将对此进程起到不可低估的推进作用。

## 三、国际形象意义

### （一）发展文化创意产业，是变文化资源优势为产业优势的关键所在

在全球文化竞争日益激烈的今天，要提升一国文化的国际竞争力，必须将潜在的文化资源转化为文化资本。《辞海》对“资源”的解释是：“资财的来源。”作为财富的来源，资源仍然处在潜在的境况之下，只有将资源转化为资本，文化才能够带来巨大的直接经济效益。

文化产业如果不以创意为核心，文化资源再丰富，也不会成为文化创意产业大国。我国有五千年没有中断的历史文明，是传统文化资源大国，但由于缺乏好的创意，很多资源都在被闲置浪费，还有很多资源被外国利用。

在文化经济化发展的过程中，我们必须认识到：文化资源优势并不能天然地转化为产业发展的优势。要变文化资源优势为产业优势，必须经过创意的促发与激活。只有经过一定形式的再创造，才能成为具有丰厚知识产权的文化产品。创新、创意能力的强弱才是决定文化资源占有多寡和开发利用成效大小的关键。相反，文化资源相对缺乏，也不一定不会成为文化创意产业大国。比如，美国是一个只有200多年历史的文化资源小国，却能在文化生产和传播上有那么大的能量和影响，成为一个文化输出大国，其原因就在于它善于借鉴，不仅把整个从古希腊开始的欧洲文明作为自己的文化源泉，也积极汲取非洲和包括中国在内的东方文化的营养，如动画片《花木兰》取材于中国文化，赢得了巨额的票房收入。我们要将五千年的丰富文化资源转化为产业发展的资本，就必须大力发展文化创意产业。

### （二）在文化创意产业方面，我们可以充分发挥后发优势，实现与国际文化创意产业接轨

从世界范围来看，英美等发达国家在20世纪70—80年代就开始大力发展文化产业，率先进入知识经济时代。但在20世纪90年代以前，这些国家的文化产业发展以传统文化产业为主，90年代后，进入文化创意产业发展阶段。中国的文化创意产业在20世纪末起步时，世界传统文化创意产业的发展已趋于成熟。起步较晚的现实，让我们丧

失了部分市场和产品的优势，这在一定程度上影响了我们文化创意产业的发展速度。但如果辩证地看待这个问题，中国文化创意产业也可充分发挥后发优势，尽快实现与国际文化创意产业的接轨。

格申克龙在总结德国、意大利等国经济追赶成功经验的基础上指出，一个工业化时期经济相对落后的国家，其工业化进程和特征在许多主要方面表现出与先进国家的不同。后发展国家有可能充分利用在推动工业化方面所拥有的由后发国地位所致的特殊优势，以较快的速度和较低的成本实现工业化和现代化的目标。伯利兹、克鲁格曼等在总结发展中国家成功发展经验的基础上提出了基于后发优势的技术发展的“蛙跳”模型。指出后发国家的后发优势不仅体现于跟随性的模仿创新，而且体现于在一定条件下后发国家可以直接进入高科技领域，抢占经济发展的制高点，在某些领域或产业具有超过先发国家的可能性。

在文化创意产业发展方面，我们完全可以发挥后发优势，实现我国文化产业与发达国家的接轨。较之于传统文化产业，文化创意产业对科技、创意等要素的依赖更为明显。对科技要素而言，在全球化时代它们可以很容易地被中国文化创意产业利用。对创意要素而言，西方发达国家在传统文化创意产业的过程中，积累了大量相关经验，这些经验我们完全可以采用“拿来主义”的态度进行借鉴。

## 思考题

1. 简述文化创意产业的社会效益和经济效益。
2. 大力发展文化创意产业的意义表现在哪些方面？
3. 试比较我国与国际先进国家文化创意产业的理论和实践。

# 第四章

# 全球化时代的文化创意产业

“二战”以后，随着第三次技术革命和第四次科技革命的完成，西方发达国家显露全球化端倪。生产率的普遍提高，经济和产业结构的巨大变化，劳动方式的巨大改变，使发达国家掀起了一股开发文化创意产业的热潮。文化创意产业以现代产业的形态为基础，充分开发人脑中的创意，从而迸发出巨大的创造力和生产力。它不需要消耗过多的能源和自然资源，也不会产生大量的废气和废渣，不仅是知识经济的财富之泉，也是人类智慧的产业之火；它是在全球化的消费社会背景中发展起来的，推崇创新、强调文化艺术对经济发展的支持与推动的新兴思潮和经济实践。同时，文化创意产业的发展也为西方发达国家应对科技革命所带来的人口暴涨、生态恶化、资源短缺等负面影响和全球化背景下所面临的挑战提供了一条现实有效之路。它不仅仅是一个理念，也是巨大经济效益的直接体现，成为影响许多国家国民生产总值的重要杠杆。美国、英国、日本、韩国、新加坡、澳大利亚等国都是文化创意产业的典范国家，它们都有自己的发展特色，并产生了巨大的经济效益。

## 第一节　美国文化创意产业

在美国，文化创意产业没有统一的概念，而是有着多种不同的提法。比如，版权产业、创新产业、内容产业、信息产业、艺术产业、休闲娱乐产业等，而版权产业使用最多，其主要是通过版权产业的概念来表述商业和法律意义上的文化创意产业。美国是全球最大的版权产业国家，版权产业已成为当今美国最大、最富有活力并带来巨大经济收益的产业。从 1996 年开始，版权产品首次超过汽车、农业与航天业等其他传统产业，成为美国最大宗的出口产品。特别是美国的影视业和软件业发展迅速，在国际市场中优势明显。美国是世界电影业最发达的国家，其电影市场年销售总额高达 170 亿美元，占全球 85%的份额，仅米老鼠和史努比两个动画产品在全球范围内的收益每年就超过 500 亿美元。美国也是称雄世界的软件大国，其软件销售额约占全球软件销售额的 2/3，几乎垄断了全球的操作系统及数据库市场。美国版权产业在出口、增值和就业等方面的持续增长，巩固了版权产业作为美国经济发展的支柱产业地位。版权产业已成为国民经济的支柱产业和美国经济增长的主要动力，是美国知识经济的驱动力。

本章主要从分析美国的版权产业来探析其文化创意产业的发展。

### 一、美国文化创意产业——版权业发展概述

根据《美国经济中的版权产业：2004 年报告》提供的数据，在 1997—2002 年，美国核心版权产业增速是 3. 51%，超过同期美国 GDP 2. 4%的年均增长率；2002 年美国核心版权产业的增加值达到 6266 亿美元，占 GDP 的 5. 98%；总体版权产业增加值为 12500 亿美元，约占到美国 GDP 的 11. 97%。在就业方面，2002 年核心版权产业就业人口有 548. 4 万人，占美国就业总人数的 4. 02%。同年，全部版权产业就业人口为

1147.6万人，占美国就业总人数的8.41%。仅核心版权产业创造的就业机会就远多于飞机、汽车、钢铁、药品、纺织、食品加工和电子器件等传统知名产业。① 在当前美国对外贸易赤字继续扩大的情况下，美国版权产业作为美国出口最重要的部分，在出口和海外销售上持续快速增长。2002年，尽管遭遇到盗版和全球整体经济衰退等状况，美国核心版权产业中四个部分的海外销售和出口仍然增长了1.1%，达到892.6亿美元。

**表1　　2005年美国版权业发展概况**

| 版权产业分类 | 规模（亿美元） | 比重（%） |
|---|---|---|
| 核心版权产业 | 7605 | 58.5 |
| 有关版权产业 | 2486 | 19.1 |
| 部分版权产业 | 472 | 3.6 |
| 边缘版权产业 | 2445 | 18.8 |
| 全部版权产业 | 13008 | 100 |

资料来源：http://www.chinabaike.com/z/shangbiao/215216.html。

纽约是文化创意核心企业集聚的城市，主要包括广告业、影视业、广播业、出版业、建筑业、设计、音乐、视觉艺术以及艺术表演等行业。1998—2002年，纽约创意核心产业就业率增长了13.1%，而同期其他产业只增长了6.5%。纽约是美国创意资源最丰富的城市，集聚了美国8.3%的创意产业人员，其中包括美国1/3的演员、27%的时装设计师、12%的电影导演、10%的布景设计师、9%的建筑师和7%的画家。纽约创意核心产业覆盖全市，大到时代华纳和大都会艺术博物馆，小到小型组织和自由职业者。目前，纽约拥有约2000家非营利文化艺术机构，500多家艺术展馆，约2300家设计服务商，1100多家广告类公司，近700家图书杂志出版社和145个电影制片工作室及摄影棚。丰富的文化资源，浓郁的文化创意氛围，使纽约成为世界创意产业中心之一。②

## 二、美国文化创意产业的特点

冷战结束后，美国文化产业迅速发展，确立了世界文化产业大国的地位。从规模上看，1998年其文化产业产值就已超过了航天航空业，位居军事工业之后，是美国第二大产业。2001年，美国文化产业产值达1万亿美元，相当于我国1999年的GDP总量。美国拥有全球“文化巨无霸企业”的50%以上，控制了全球75%的电视节目的生产和制作，文化产品出口居世界第一位。

① 参见蒋三庚主编：《文化创意产业研究》，首都经济贸易大学出版社2006年版，第37页。
② 参见蒋三庚主编：《文化创意产业研究》，首都经济贸易大学出版社2006年版，第38页。

（一）自由发展

美国倡导自由主义理念，这也成为美国文化产业发展的基调。美国政府不设文化部，政府也没有文化政策。政府对文化产业的支持体现在提供宽松的外部环境与严格的法律保障。美国政府更注重的是文化产业发展是否合乎法律规范，凡是违法的依法给予取缔，对侵犯知识产权的行为更是严惩不贷。当然，美国这个法治国家对文化也有道德的监督，比如电影的分级制和 MTV 的监察制等。

（二）包容态度

美国是一个民族大熔炉，世界各个民族的文化共同熔铸着美国多元的“文化共同体”。在美国文化发展中，无论是来自非洲的美国后裔，还是来自拉美和亚洲的移民，都功不可没。如后来成为世界音乐主流的摇滚乐，就以黑人的节奏布鲁斯音乐为其最初的源头之一。在美国纽约的大都会博物馆，世界各种文化文明的顶级代表物都有其展示的空间。在美国文化产业的各个领域都可以看出对外来优秀文化汲取的痕迹。

（三）投资主体多元化

美国的文化艺术团体得到的主要社会资助来自于公司、基金会和个人的捐助等，其数额远远高于各级政府的资助。在商业机构的运作机制方面，美国文化产业依赖于跨国公司的投资，而这些跨国公司的大部分又都不以美国为主体。在好莱坞最具实力的电影制片厂之中，哥伦比亚三星是由日本的索尼公司控股，福克斯则是由澳大利亚的新闻集团控股。在流行音乐产业部门更是如此，在美国市场上获取利润的是日本的 Sony、荷兰的 Polygram、德国的 BMG、英国的 Thorn-EMI 公司等。这些跨国公司由外国商人掌控，却又受美国文化的支配，美国仍是最大的收益者。

（四）成熟的市场运作

按照市场经济的规律进行文化产品的生产、销售，形成成熟的市场运作模式，美国是其中的代表。首先，非常重视文化市场的调研。其次，在世界范围内建立庞大、细密的产品销售网络，文化产品一经推出，就可以通过这些网络迅速分销到全世界。好莱坞在世界范围内的成功，归根到底是市场营销的成功。

（五）科技支撑

高新科技的广泛应用，极大地促进了美国文化产品生产的发展和创新。如百老汇音乐剧生产中的科技含量之高，是许多传统表演艺术无法比拟的，其表演场景美轮美奂，辅之以高品质的灯光、音响效果，使人身临其境，大大增强了艺术感染力。

（六）人才支持

拥有丰富的人才是美国能够在文化产业领先的一个重要原因。美国从世界各国搜罗了大量的优秀艺术人才，仅 1990—1991 年，独联体各国就有 10 万文化界人士流向西方各国，旅居美国的就有 3 万多人，其中著名人士达 1500 多人。这些移民对美国文化艺术各个方面的发展作出了重要贡献。美国对文化管理学的研究和文化管理人才的培训也处于领先地位。全美有 30 所大学开办了艺术管理专业，培养本科生、硕士生和博士生等大量高质量文化管理人才，提高了文化管理水平。

## 三、美国文化创意产业的发展措施

20世纪70年代以后，随着美国版权产业的崛起，美国为了维护其经济利益，促进其版权产业的发展和全球竞争力的提升，开始全面实施版权战略，加强版权保护，促进文化创意产业的发展，具体来说包括以下几方面内容。

（一）重视版权保护

美国政府相当重视对版权产业的保护，政府机构中设有版权办公室——隶属于国会图书馆，主要负责版权的登记、申请、审核等工作，以及为国会等行政部门提供版权咨询；美国贸易代表署负责知识产权方面的国际贸易谈判；海关主要负责涉及知识产权产品的进出口审核等相关工作；商务部国际贸易局、科技局和版权税审查庭。此外，随着版权产业发展的需要，美国政府还成立了一些直属政府部门的工作小组，加强对版权的监督与保护，如克林顿政府设立的美国国家信息基础设施顾问委员会、信息政策委员会等机构。

（二）加强版权立法

美国政府先后通过了《版权法》、《半导体芯片保护法》、《跨世纪数字版权法》、《电子盗版禁止法》、《伪造访问设备和计算机欺骗滥用法》等一系列有关版权保护的法律法规，形成了全球保护范围最广、相关规定最为详尽的法律系统。美国近年来不断修改版权法，推出了包括数据库保护在内的众多立法议案，不断完善版权保护制度，为版权产业的繁荣提供了法律保障。

（三）实施数字化版权保护战略

美国是数字化技术及应用全球领先的国家，随着互联网、数字技术的进步，为版权产业国际化、数字化提供了广阔的发展空间。为了适应数字化时代对美国版权产业发展的要求，美国积极实施数字化版权保护战略。美国于1998年10月通过了《跨世纪数字版权法》，该法针对数字技术和网络环境的特点，对美国《版权法》做了重要的补充和修订，为大众和版权产业界提供数字化版权保护。

（四）推动版权保护国际合作

20世纪70年代以后，美国版权产业获得了巨大发展，逐渐成为世界最大的版权产品出口国，国际版权保护对美国经济的意义日益凸现。在美国版权产业界的积极推动下，美国开始积极加入国际版权保护体系，不断推动国际间版权保护的合作，为美国版权产品和版权产业在海外提供了更好的保护。美国经过多年努力，于1998年加入《伯尔尼公约》，为版权提供双边的保护。此外，美国还积极推动建立与国际贸易相关的新型国际版权保护体制，通过关贸总协定乌拉圭回合谈判的机会，最终形成了TRIPS协议，不仅提高了国际知识产权的保护水平，而且建立了有效的法律实施机制和争端解决机制。

# 第二节　英国文化创意产业

英国是世界上最早提出创意理念的国家，也是第一个利用公共政策推动文化创意产业发展的国家。为了更好地调整国内产业结构，为英国经济发展注入新的活力，英国布莱尔政府于1997年提出了“新英国”计划，提议并推动成立了创意产业特别工作小组，在全国推动文化创意产业的发展。1998年，英国创意产业特别工作组首次对创意产业进行了定义，并于1998年和2001年两次发布研究报告，分析英国文化创意产业的现状并提出发展战略。在政府的积极推动下，文化创意产业成为英国发展最快的产业。英国也是继美国之后的世界第二大创意产品生产国。

## 一、英国文化创意产业发展概述

1994年，澳大利亚以“创意的国度”（Creative Nation）为目标，公布澳大利亚第一份文化政策报告。英国此时则因为政府的产业政策未能刺激经济发展，某些产业的发展濒临危机。英国政府派团赴澳大利亚考察，回国后马上建立组织管理机制，政府成立了专门的研究指导小组，首相布莱尔亲任组长，投入了大量的资金及资源发展文化创意产业。1997年，英国文化、媒体和体育部成立专门任务小组，就文化创意产业的持续发展提出建议，提出把文化创意产业作为英国振兴经济的聚焦点，把推广文化创意产业作为拯救英国经济困境的有效方法。1998年出台的《英国创意工业路径文件》中更明确地提出了“创意工业”（creative industries）的概念，要求政府“为支持文化创意产业而在从业人员的技能培训、企业财政扶持、知识产权保护、文化产品出口等方面”作出积极努力。英国政府采取的主要措施包括在组织管理、人才培养、资金支持、生产经营等有关方面逐步加强机制建设，对文化产品的研发、制作、经销、出口，实施系统性扶持。在面临国内创业环境中关键的金融及投资问题时，英国文化、媒体和体育部出版了“*Banking on a Hit*”手册，指导相关企业或个人如何从金融机构或政府部门获得投资援助。逐步推动完整的创意工业财务支持系统，包括以奖励投资、成立风险基金、提供贷款及区域财务论坛等作为对文化创意产业的财务支持。英国政府的创意工业政策，是目前国际上产业架构最完整的文化产业政策。

文化创意产业是英国发展最快的产业，根据英国政府的官方统计报告，其13类文化创意产业在2001年产值达1120亿英镑，占英国当年GDP的8.2%，雇用4.3%的全国就业人口，成为仅次于美国的世界第二大创意产品生产国。1997—2001年，英国文化创意产业产值年均增长率都在6%以上，平均年增长率为8%，而同期整体经济增长率则为2.8%；1997—2001年文化创意产业的就业平均增长率为5%，而同期整体就业增长率则为1.5%。发展文化创意产业已成为英国政府推动经济增长与降低失业率的有效发展战略。①

① 参见蒋三庚主编：《文化创意产业研究》，首都经济贸易大学2006年版，第29页。

## 二、英国文化创意产业的特点

（一）国民经济中最富有活力的产业

英国文化产业年产值近600亿英镑，平均发展速度是经济增长的2倍，相当于本国汽车工业总产值。每年约有650个专业艺术节在英国举行，其中爱丁堡国际艺术节是世界上最为盛大的艺术节。英国有许多拥有世界声誉的剧作家、工艺师、作曲家、电影制作人、画家、作家、歌唱家和舞蹈家。这类创造性的产业在英国的国民经济中占据着重要地位，每年能产生810亿元人民币的利润，并解决140万人的就业问题。

（二）教育文化和文化旅游成为两大支柱

英国普及了高中教育，除了有剑桥和牛津两所世界名牌大学外，还有许多高等学校，近年来向世界各地招生，仅牛津大学每年就有1000多名中国的留学生求学，另外还有大批的预科生到英国就读。各国的留学生为英国的教育事业注入了新的活力，推动了教育产业的发展，给英国带来了一笔可观的收入，同时培育了一大批文化的消费者。另外，英国是一个有深厚文化积淀的国家，注重在发展旅游中对文化因素的开发和利用，旅游与文化保护相互促进、良性循环，使英国的旅游资源不断丰富。英国的旅游业年产值700多亿英镑，占世界旅游收入的5%左右，在世界旅游大国中名列第五。

（三）演艺产业在世界上具有相当的地位和知名度

英国有着悠久的戏剧传统。全国有300家左右的剧院供专业演出使用。其中约有100家位于伦敦，15家剧院永久性地属于由国家拨给经费的剧团，包括皇家剧院和总部在莎士比亚故乡艾玛河畔特拉特福的皇家莎士比亚剧团。

英国人喜欢各种各样的音乐，从古典音乐到各种形式的摇滚，乡村音乐和流行音乐，各取所好。爵士乐、民间音乐和世界音乐、铜管乐队，都拥有固定的追随者。流行音乐和摇滚乐产业通过唱片销售、巡回音乐会，为英国带来可观的海外收入。英国还有几个著名的交响乐团、室内乐团、合唱团和唱诗班。利兹国际钢琴比赛和加的夫世界歌唱比赛吸引了来自全世界的优秀青年艺术家。

英国的音乐产业给处于一片阴霾的英国经济带来一抹亮点。根据英国表演专利协会（The Performing Rights Society）的统计，2008年英国的音乐出口收入增加了近2000万英镑。英国音乐人在海外表演和音乐产品出口在2008年的收入超过1.396亿英镑，而前一年的音乐出口收入是1.212亿英镑。

英国是欧洲第四大音箱载体销售市场。音乐制品销售连续10年以10%的速度增长，其中流行音乐占2/3，古典音乐占7%，国外音乐占3.9%。人们对歌剧的兴趣正在升温，每年约有300万成年观众欣赏歌剧演出。全国大约有6万人从事舞蹈，使其成为英国人参与程度最高的活动之一。皇家芭蕾舞蹈剧团、伯明翰皇家芭蕾舞蹈剧团、北方芭蕾剧院以及兰伯特舞蹈团都是世界上顶尖的舞蹈团。

（四）文化基础设施现代化、多样化、普及化

英国的博物馆、图书馆、书店、艺术馆之多超乎想象。很多文化设施的文化品位

高、内涵丰富、外观独特，成为当地的一大景观。英国全国有2500多座博物馆和画廊，有5000家图书馆，仅牛津大学就有科学历史博物馆、牛津博物馆、庇特河博物馆和大学自然博物馆四大博物馆。仅在伦敦的博物馆就有200座之多，犹如百科全书。大英博物馆收藏之丰富闻名遐迩，还可以免费参观。英国较大的国家博物馆从2001年开始都免费开放，如维多利亚和阿尔伯特博物馆、国家画廊、自然历史博物馆、科学博物馆等。其他还有专项博物馆如战争博物馆、交通博物馆、扇子博物馆、玩具博物馆等也是免费开放。另外，还有200多个艺术中心给人们提供一系列参与活动的机会。

## 三、英国文化创意产业的发展措施

英国文化创意产业的发展和政府积极的推动政策相契合，是目前国际上产业架构最完整的文化产业政策。英国政府的推进措施主要集中在支持文化创意产业从业人员技能培训、对企业财政扶持、加强知识产权保护和扶植文化创意产品出口等方面。

### （一）加强文化创意产业的研究

1997年，英国首相布莱尔亲自担任创意产业特别小组主席，积极推动文化创意产业的调查、策划和推进工作，1998年出台《创意产业对策文件》，明确提出了文化创意产业的概念和产业分类，提出政府为支持文化创意产业而在从业人员的技能培训、企业财政扶持、知识产权保护、文化创意产品出口等方面应作出积极努力。1999年，英国发布的《地方的发展维度》（*Reginal Dimension*）研究了文化创意产业的地区发展；2000年发布的《未来十年》从教育培训、扶持个人创意及提倡创意生活等方面，研究如何帮助公民发展及享受创意；2004年的《创意产业经济评估》公布了文化创意产业产出、出口、就业等统计数据，并介绍了产业的发展现状。这些研究为英国政府制定创意产业政策提供了完整的信息支持，从而保证了政府产业政策的有效性、连贯性和一致性。

### （二）培养公民创意生活与创意环境

政府从产业发展角度来推动文化创意产业的同时，也意识到公民参与创意生活的重要性，因此采取了一系列的措施，包括开放更多的博物馆及将所有数据档案数字化等，通过教育培训、支持公民的创意发展，提供公民与创意接触的机会，使人们可以享受创意生活，并为文化创意产业的发展提供坚实的基础。

### （三）积极探索国际合作与交流

英国致力于寻求国与国之间的交流与合作。英国政府认为本着平等互利的原则，加强英国与其他国家在创意产业领域的合作，促进不同国家文化创意产业从业者之间的交流，可以消除国与国之间的贸易壁垒，产生互补的效果，有利于本国文化创意产业的发展。

### （四）为中小企业筹措资金

英国创意产业从业者多为中小企业，在发展过程中往往遇到资金缺乏、研发投入不足、无力开拓海外市场等问题。因此，政府积极支持拥有创新能力的个人或企业，提供发展所需的资金。1998年成立的英国创意产业局，是政府扶持的一个民间机构，下设有风险投资机构和咨询评估机构，在创意产业局的培育下，一些中小创意企业迅速成长。从成立至2005年，创意产业局在英国培育了12万家文化创意企业。

## 第三节　日本文化创意产业

长期以来，日本的产业政策以制造业为中心，其制造业在世界经济中具有重要地位。但是，20世纪90年代以来，由于泡沫经济的崩溃，日本经济持续低迷，制造业的出口竞争力渐弱，产业优势逐渐衰落，GDP增长幅度在1%左右的低谷徘徊，这一时期被称为日本经济失去的10年。但是在这10年中，日本的动画、漫画、游戏等产业日渐崛起，令世界瞩目。以影像、游戏、音乐等为主体的文化创意产业发展迅速，不仅扩大了国内外市场的份额，也带动了国内相关产业的发展。

### 一、日本文化创意产业发展的概述

在日本，文化创意产业被称为感性产业，包括内容制造产业、休闲产业和时尚产业（参见表2）。在日本各种文化产业中，动漫产业具有重要地位，日本是世界上最大的动漫制作和输出国，有“动漫王国”之称。目前全球播放的动漫作品中有六成以上出自日本，在欧洲更是达到八成以上。根据日本贸易振兴会公布的数据，2003年，销往美国的日本动漫片以及相关产品的总收入为43.59亿美元，是日本出口到美国的钢铁的总收入的4倍。广义的动漫产业在GDP的份额超过10%，已经超过汽车工业。日本的动漫产业以年营业额230万亿日元成为日本第二大支柱产业。

**表2**　　日本文化创意产业分类表

| 产业类型 | 内容制造产业 | 休闲产业 | 时尚产业 |
|---|---|---|---|
| 分类 | 一、个人电脑、工作站、网络<br>二、电视<br>三、多媒体系统建构<br>四、数码影像处理<br>五、数码影像信号发送<br>六、录像软件<br>七、音乐录制<br>八、书籍杂志<br>九、新闻<br>十、汽车导航 | 一、学习休闲<br>二、鉴赏休闲<br>三、运动设施、学校、补习班<br>四、体育比赛<br>五、国内旅游<br>六、电子游戏<br>七、音乐伴唱 | 一、时尚设计<br>二、化妆品 |

早在20世纪60年代，东映动画、虫制作、东京电影等卡通制作大公司不约而同地迁至东京，于是在东京周围集聚了很多承揽业务的中小型制作公司，由此逐渐形成了动漫产业集群。日本第一部彩色长篇卡通电影《蛇传》、日本第一部电视连续动画片《铁臂阿童木》，以及后来的《巨人之星》、《鲁宾三世》等动画片都在这里相继诞生。

日本的卡通产业以宫崎骏为代表，向世界输送了许多具有一定文化价值的优秀作品。日本卡通产业正式进军海外始于20世纪70年代，首先是《铁臂阿童木》，在北美和亚洲人气很盛，之后《魔术师沙利》、《机动战士高达》等作品在欧洲也引起了轰动。20世纪90年代以来，《龙珠》、《宠物小精灵》在美国和东南亚等国家和地区掀起了日本卡通热潮。《宠物小精灵》系列在全球45个国家和地区公开播映，为日本带来了380亿日元的收入，约为日本本土收入的2倍。仅卡通电影、电视的制作销售额一项，2002年就达到约1860亿日元，而形象专利产品的总生产额达到约2万亿日元。2003年4月至2004年3月，日本的动漫市场销售额，包括动漫电影票房、动漫电影以及动漫电视录像带、电视专门频道等的营业收入，达到3739亿日元，与2002年度的2135亿日元相比，增幅高达75.1%以上。①

电视和网络传媒的普及和发展、传播手段的不断完善，为日本动漫市场的发展和壮大奠定了良好的基础。快速扩张和高附加值使卡通产业成为推进资产增值的资本孵化器。日本动漫市场模式是：制片人制作卡通动画片，代理商销售，影视系统播放，企业购买卡通动画产品形象并开发衍生产品，商家销售产品。按照国际惯例，卡通市场分三个层次：动画本身的播出市场；卡通图书和音像制品市场；卡通形象的衍生产品，包括服装、玩具、生活用品等。其中，最后一个层次比前两个层次的周期更长，市场影响更为深远。动画片不仅是独立的商品，而且拥有完整的产业链。在衍生产品的营利模式下，日本在欧美动画市场甚至可以免费提供动画片给电视台播出。而随着一批日本动画片在国际市场的成功，日本的动画风格形象逐渐成为国际时尚。在世界范围内掀起的日本卡通热使得好莱坞的电影公司争相购买日本动画片的电影改编版权，使得日本卡通产业的出口额急剧扩大。

## 二、日本文化创意产业的特点

日本之所以能在比较短的时间内成为世界上文化创意产业的强国，除了特殊的历史传统和文化氛围外，实行政府主导型文化创意产业发展模式无疑是最主要的原因之一。日本政府主导型文化创意产业发展模式的特点是在政府强有力的干预和主导作用下，大力发挥市场机制配置文化资源的基础性作用，而政府干预的重要手段就是比较成功地运用宏观经济计划与产业政策。

---

① 参见蒋三庚主编：《文化创意产业研究》，首都经济贸易大学出版社2006年版，第41页。

（一）建立富有活力的文化创意市场组织结构

日本的创意企业结构有自己的特殊性。第一是企业经营集团化。自20世纪50年代中期以来，随着社会财富向文化产业的逐步集中，许多大企业互相结合，组建起文化企业集团。这些企业集团分为以银行和金融组织为中心集结而成的财团型企业集团，以及以一个独立的大垄断企业为中心、通过控股或其他形式将一大批企业纳入自己的生产体系而形成的独立型企业集团。第二是企业股权分散与法人相互持股。第三是经理决策与工人参与制。企业的经营者在企业中居于核心地位，成为企业事实上的决策者。除了经理决策外，日本企业的职工对劳动条件、生产计划、新技术引进、公司住宅等福利措施具有与经营者进行协议、共同决策的权利。工人参与决策还表现在“自下而上”的决策程序上，这种决策程序使得几乎所有的决策事项都能看到工人的意见。第四是活跃的中小企业与系列化生产。大企业与中小企业和平共处是日本企业结构的典型特征之一，创意产业内亦是如此。中小企业一般都被纳入大企业的系列化生产体系，就是以大企业为顶点，以中坚企业为骨干，以广大中小企业为基础组成的“垂直型”协作方式。第五是中介机构活跃，充当文化和市场高度融合的桥梁。在日本，文化行业协会几乎遍布每个行当，这些自律性的组织或机构都是社团法人，负责制定行业规则，维护会员的合法权益，同时进行行业统计，其作用十分突出，被看做政府职能的延伸。

（二）比较成功的市场动力机制

市场动力机制是指社会与个人的行为目标以及为达到目标所采取的激励机制。日本文化创意产业的飞速发展得益于市场动力机制的成功解决，在照顾国情因素和吸收西方文明的基础上创造出了一种物质动力与精神动力并重，奖励与惩罚、竞争与合作相结合的综合型的动力机制。在这种动力机制下，企业和劳动者的行为目标不仅是多元的，而且基本上是一致的，这就很自然地使所有者、经营者和劳动者的利益得以协调，并自觉地服从于社会目标，从而保证了企业和整个文化创意产业的长期稳定发展。与多元的行为目标相一致，所采取的激励机制也是多元的。这种多元的激励机制比之欧美的以物质刺激为核心，以惩罚与竞争为主的激励机制，比较典型的成功之处在于把物质刺激与精神刺激、惩罚与奖励、竞争与合作进行有机的结合，并形成了一种独特的符合日本国情与历史和文化传统的激励机制。日本企业对职工“感情投资”的程度，在世界上是独一无二的，日本企业的终身雇佣制和年功序列工资制在发达市场经济国家也是绝无仅有的，同时日本社会所极力提倡的“命运共同体”与“团队精神”都很自然地使个人之间形成了一种紧密的合作关系。

（三）比较严密的宏观经济计划

日本政府在宏观经济政策上发挥了巨大作用，从而形成了政府主导型的文化创意产业模式。宏观经济政策的主要功能是制定发展战略和经济计划，经济计划对企业起着“指导”、“引导”和“预测”的作用。1996年，日本确定了“文化立国21世纪方案”；1998年的“文化振兴基本设想”又提出，要把文化的振兴提高到国家最重要的位置；强调对文化进行重点投资，认为对文化的投资是对未来的先行性投资；2003年又制定

“观光立国战略”。对振兴地区和地方文化，日本政府明确规定：政府应支持地区文化活动，包括重新挖掘、振兴具有地方特色的文化遗产、民间艺术、传统工艺和祭祀活动等；制定长期规划，对具有地方特色的文化艺术提供全面支持；中央政府与地方政府联手举办全国规模的文化节。

（四）卓有成效的产业政策调控

产业政策是日本政府控制文化产业有序发展的又一重要手段。在日本，产业政策的制定和实施具体由通产省负责，就其内容来讲，主要是指以促进产业发展为目的，以产业和企业为对象，由政府推行的干预产业的政策总称。日本的文化产业政策是针对产业而不是针对个别公司的，它不以某一公司作为国家重点扶持对象，而是以产业作为扶持对象。其目的一是造成竞争的环境；二是使企业能达到规模经济，使这个产业中有足够的新公司加入竞争，并以在国际竞争中取胜为发展目标。另外，日本政府还通过健全法律法规的配套措施来保证产业合理化政策目标的实现。在推动文化产业发展的过程中，最具代表性的法律是1970年颁布的《著作权法》。该法经过20多次修改，于2001年更名为《著作权管理法》并开始实施。近年来，根据文化产业发展的新形势，日本又制定了多部新的法律，如《IT基本法》、《知识产权基本法》、《文化艺术振兴基本法》等。这些法律法规具有很强的可操作性，同时，还制定了更为具体的措施与之配套。

在文化创意产业的发展过程中，具有创意力的人是最革命、最活跃的生产要素。只要战略目标明确、宏观调控有力、体制机制得当、运行主体到位，数字化时代人类的智力和想象力能达到什么程度，文化创意产业就能发展到怎样的程度。发展文化创意产业，一方面要加速文化创意产业向传统产业渗透，即增加传统产业的文化内涵；另一方面要加强文化创意的商品化和产业化，以市场机制来促进文化创意产业的发展，从而满足人们日益增长的文化消费需求。

## 三、日本文化创意产业的发展措施

日本主要依靠市场机制发展文化创意产业，但政府主导的特点非常明显，不仅大力扶持文化产业，同时制定相关鼓励政策，促使日本文化创意产业得以迅速发展。

（一）政府积极推动并倾力支持

1995年日本确立了21世纪的文化立国方略，2001年，日本政府全力打造知识产权立国战略，明确提出10年内把日本建成世界第一知识产权国。2001年11月，日本发布了《东京观光产业振兴计划》，2003年又制定了观光立国战略。为振兴地区和地方文化，日本政府制定了一系列具体政策。例如：支援地区文化活动，包括重新挖掘、振兴具有地方特色的文化遗产、民间艺术、传统工艺和祭祀活动等；制定长期规划，对具有地方特色的文化艺术提供综合援助，中央政府与地方政府联手举办全国规模的文化节等。

杉并区是东京卡通集聚地，为扶持卡通产业发展，2000年，杉并区发布了《卡通森林杉并构想》，开始实施日本第一个卡通产业扶持政策。2001年4月，该区成功举办了“2001 杉并卡通节”。在卡通节期间召开了研讨会，对卡通作品进行评选及举行放映会等活动，两天内就吸引了 13000 人前来参加活动。该活动的成功举办获得了众多媒体的好评，由此，杉并区卡通产业集群的影响迅速扩大，并引起了业内人士及各地圈外人士的广泛关注。借助有利时机，杉并卡通节组委会又成立了杉并卡通振兴协会，并确立了调查研究卡通产业相关问题，促进产业发展，通过举办研讨会、普及卡通文化等活动以达到激活日本整个卡通产业的目标。

(二) 加强文化和市场的结合

在日本，企业是文化创意产业发展的主体，大型文化活动要靠企业的参与和赞助，更重要的是，在演出界、电影界、出版界、广告界等有一支成熟的文化企业队伍。日本的文化产业不是由政府包办，而是市场化操作。

(三) 中介组织发挥着重要作用

日本有很多文化行业协会，几乎每个行业都有自律性的组织或机构。行业协会是社团法人，负责制定行业规则，维护会员的合法权益，同时进行行业统计。日本文化行业协会的作用十分突出，被看做政府职能的延伸。对日本文化产品的审查，通常不是由政府直接负责，而是由行业协会把关。

(四) 积极开拓海外市场

日本经产省与文部省联手建立民间的内容产品海外流通促进机构，拨专款支持该机构在海外市场开展文化贸易与维权活动。

(五) 调整国家战略方针，制定相关政策并立法予以扶持和保护

2001 年，日本制定《文化艺术振兴基本法》；2002 年，制定《知识财产战略大纲》和《知识财产基本法》；2003 年，政府联合业界人士组成知识财产战略部，制定《知识财产推进计划》，成立内容产业专业调查会，公布《E-Japan 重点计划 2003》；2004 年年初，内容产业专业调查会发表《内容产业振兴政策——软力量时代的国家战略》和《知识财产推进计划 2004》的报告；2004 年 6 月，国会通过了关于促进内容产品的创造、保护以及活用的法案——《内容促进法案》；2004 年 12 月，设立影像产业振兴机构，制定内容产业改革的路线方针；2005 年 6 月，知识财产战略本部制定《知识财产推进计划 2005》，经济产业省制定《新产业创造战略 2005》。

《知识财产推进计划》集中体现了日本政府对内容产业的创造、保护和促进流通的新政策，具体表现为以下几方面内容。

首先，创造具有魅力的作品需要人才、资金和环境，针对国立和公立大学中几乎没有电影、动画、游戏等的专业和学科，政府加大对教育和研究机构在人才培养上的支持力度，包括国外研修、聘请国外一流的创作者；采取多渠道筹集资金，如依照《商品基金法》建立电影基金；建立依靠著作权信托的资产流动结构和保证制度，促进对文化艺术领域中的创意制作的融资、投资；支援和充实电影团体及影视中心、确保作品发表的机会、创造日本名牌产品。

其次，在内容产业的保护上，建立对专利持有者的利益回收制度，从技术和专利权益上给予实质性的保护；推进国际间版权制度的调和，加强版权教育，简化版权法。

最后，通过两种方式促进流通：第一，通过扩大流通渠道来扩大市场，开发和流通适应新型媒体特征的内容产品；推进有关文化遗产方面的创作和流通；开发数码技术的中介系统；研究开发能在网络上直接签约的流通系统。第二，整治流通的环境，整备内容产品流通系统；开发和普及使用内容产品的安全系统；促进合作者之间形成有关活用新流通路径的意向；支援商务模式的开发；进行内容产业界的贸易合理化及结构改革；有效利用现有的创意内容产品并促进地方创意内容产品的产生。

由于内容产业自身的魅力以及政府对相关产业的推动，内容产业成为日本的战略支柱产业。《内容产业振兴政策——软力量时代的国家战略》提出了3年内集中改革实施的基本策略，其主要内容是：消除对内容产业的不良评价，使其成为引导社会的重要产业；通过开拓国内外新市场全面扩大内容产业；整备资金、人才、技术等产业基础设施，进一步推进业界的现代化和合理化；发掘和鼓励文化产业人才，充实教育，加大启蒙力度，使内容产业能够引领社会；针对21世纪新形式的内容产品以及更为宽泛的内容产业发展的可能性进行深入探讨和研究。

从日本政府的国家战略和产业政策动向可以看出，日本政府正从重视制造业转向重视创意产业，并着力使其成为日本的支柱产业，从而实现文化立国。

## 第四节　其他国家的文化创意产业

### 一、韩国的文化创意产业

据韩国文化观光部《2004年韩国文化产业白皮书》统计，2003年，涵盖了韩国出版、漫画、音乐、游戏、电影、动画片、广播电视、广告、互联网及移动文化信息10个领域的文化产业的市场销售额为44万亿韩元（约370亿美元），占当年韩国GDP的60%。韩国文化出口主打产品为游戏、电视剧、电影。2003年，游戏产品出口额为1.81亿美元，占文化产品出口额的29%；2003年，电视剧出口额为3308万美元，占文化产品出口额的5.2%，2004年为7150万美元，增长116%；2003年电影出口164部，金额为3098万美元，占文化产品出口额的4.9%，2004年为194部，金额为5828万美元，增长88%。韩国文化产品出口最多的国家和地区是中国、日本、新加坡、越南等。2003年，在中国网络游戏市场上，75%的产品是从韩国引进的。2003年，韩国广播电视节目出口额达4213万美元，73%出口到亚洲国家和地区，其中中国台湾地区为24.5%，日本为19%；2004年，韩国电影出口额为5828万美元，出口到亚洲的占77.8%，而其中日本就占了69.3%。韩国政府把中国内地看做最有潜力的市场，大力推进韩国文化产品进入中国内地市场。①

---

① 参见蒋三庚主编：《文化创意产业研究》，首都经济贸易大学出版社2006年版，第46页。

虽然韩国文化产品出口比重总体不高，2003 年仅占文化产业销售额的 1.7%，出口总额 6.3 亿美元，但是产品出口带来的间接效应或者说波及效益，是无法用销售额来统计的。据韩国产业政策研究院分析，2004 年，韩国文化产品的出口对韩国其他产业如制造业、服务业的产值、附加值以及创造就业岗位的间接效益达 4.5 万亿韩元（约合 41 亿美元），其中由中国内地市场产生的经济效益为 3.3 万亿韩元、中国香港为 1.3 万亿韩元、日本为 0.83 万亿韩元、中国台湾为 0.62 万亿韩元。①

韩国文化创意产业发展的政策与法律详见图 1。

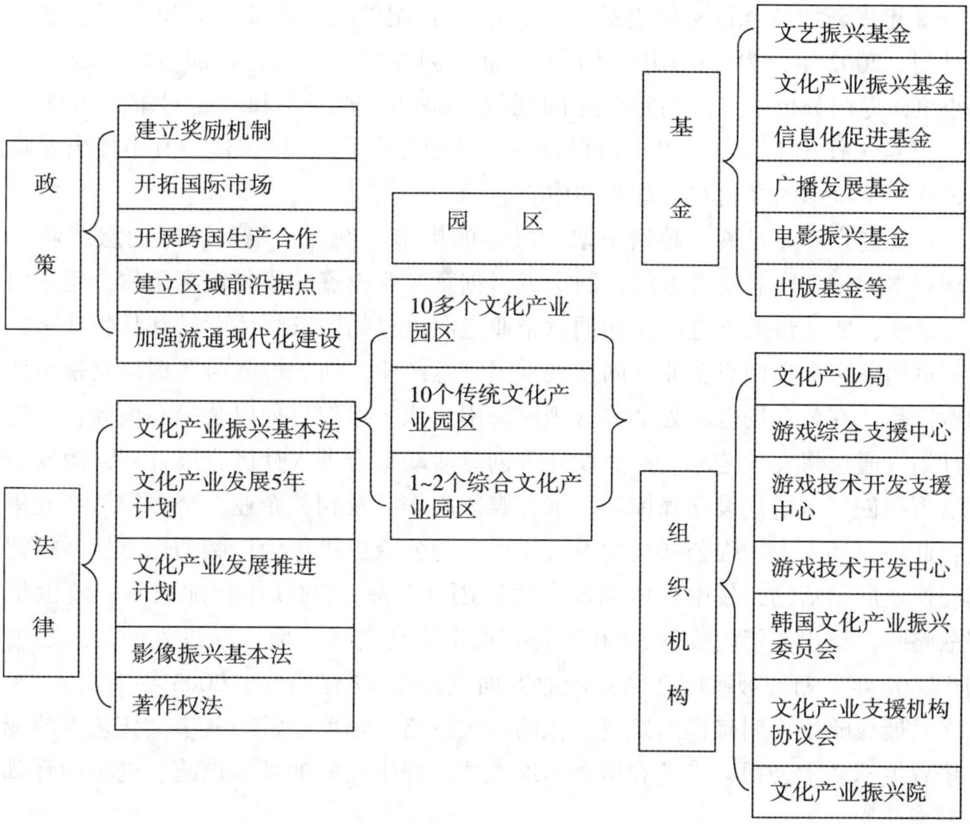


图 1

## 二、新加坡的文化创意产业

新加坡创意产业分成三大类：文化艺术、设计和媒体。2000 年新加坡创意产业增加值占 GDP 的 1.9%，约为 29.8 亿新币，总产值约为 50 亿新币，约占 GDP 的 3.2%。1986—2000 年，新加坡创意产业平均年增长率为 17.2%，高于同期 GDP 的 10.5%的增

① 参见蒋三庚主编：《文化创意产业研究》，首都经济贸易大学出版社 2006 年版，第 47 页。

长率。

长期以来，新加坡的繁荣得益于以传统制造业和服务业为主的投资引导型发展战略，随着文化产业发展战略的实施和知识经济背景下全球产业结构的调整，新加坡开始重视创意在经济中的地位，提出把文化创意产业作为21世纪的战略产业，将新加坡建成一个全球的文化和设计业的中心。新加坡信息通信艺术部积极响应“经济评估委员会”关于将新加坡建设成为一个多样化的、倡导性的、全球化的经济体的号召，带头提出文化创意产业发展战略，甚至将文化创意产业列为除教育与保健之外，要大力促进的第三大新兴的、最具发展前途的服务业。

1998年，新加坡就将文化创意产业定为21世纪的战略产业，并出台了《创意新加坡》计划。2002年，为了运用国家的力量推动创意产业发展，新加坡政府成立了创意工作小组，专门分析了文化创意产业的现状、确定发展战略和政府对策。2002年9月25日，创意工作小组公布了第一份报告——《创意产业发展战略》，其中提出要将新加坡建设成一个全球的文化和设计业的中心。

为推动创意产业发展，政府采取了具体的措施。例如，跟踪国际创意产业发展趋势，规划本国创意产业发展方向，制定吸引创意产业投资的税收优惠条款，建立内容产业开发基金，实施帮助创意产品和创意企业走向世界的国家整体营销和品牌战略，并且大力引进国际资本和创意企业共同发展本国创意产业。新加坡政府还提出要带头使用优秀创意产品，在公众场合和公众节日积极采用文化艺术作品加以装扮和设计；实施创意社区计划，通过将文化艺术、产品设计等创意活动整合进入社区发展计划，激发居民的创造潜力和创新激情；设立媒体城，聚合媒体制作以及相关企业，努力发挥产业集群的作用；此外，还大力加强公共文化设计建设，为公众提供更为广阔的创意生活空间；举办创意产业展示活动，集中宣传和推广优秀创意产品。2000年新加坡制定新世纪文化发展战略时，提出5年内拨款5000万新元投资文化艺术，但实际投入额远远超过先前计划。2002年，新加坡政府在文化产业方面支出2.97亿新元，2003年支出4.14亿新元。在发展战略中，明确提出发展文化的六大策略：培养欣赏与从事文化艺术的庞大群体、培育主干艺术公司、肯定和培育本地人才、提供良好的基础设施、进军国际舞台和发展创意产业。

## 三、澳大利亚文化创意产业

澳大利亚由于历史原因曾在很长的一段时间内受到英国的殖民统治，这就使得澳大利亚的本土文化发展受到制约，缺乏自己的独特艺术和文化气息一直是澳大利亚文化的致命伤。在这样的背景下，澳大利亚在发展文化创意产业之初就确立了以发展内容为导向的新科技产业，即以发展“数字内容与应用”为主。从中不难看出为了避开自己在文化上的缺陷，澳大利亚的文化创意几乎不在艺术文化方面展开而是转向了媒体。澳大利亚实行一种群聚策略使得各种信息得到共享，企业在相互竞争和学习中长期发展。在昆士兰的创意产业园就是这一策略的实体，昆士兰科技大学创意产业园区有着全球领先的设备和大学创意产业学院的优秀的人才，以及从事创意产业的相关企业，这三位一体的创业园体现着澳大利亚高新技术、文化创意和产业化相互融合、相互促进的发展观。

## 思　考　题

1. 简述美国文化创意产业的特点。
2. 英国文化创业产业的发展措施有哪些？
3. 谈谈你对日本动漫产业的认识与理解。

# 第五章

# 中国文化创意产业的发展现状

改革开放以来，中国社会经济发展取得了举世瞩目的成就。在经济全球化、知识经济时代的背景下，中国的文化创意产业也孕育而生。1991 年国务院在转批文化部的《关于文化事业若干经济政策意见的报告》中正式提出“文化经济”概念，拉开了中国文化创意经济发展的序幕。1992 年，政府的十四大报告中明确提出要“完善文化经济政策”，同年，国务院办公厅综合司编著出版了《重大战略决策——加快发展第三产业》一书，提出了“文化产业”概念。1998 年中国文化部成立了文化产业司，标志着我国政府把文化创意产业的管理纳入了政府工作体系。政府明确提出重点鼓励、支持文化创意产业发展的 15 个城市，包括北京、上海、天津、重庆、大连、南京、苏州、成都、西安、广州、深圳、青岛、杭州、长沙和昆明。随后，各重点城市纷纷出台推动文化创意产业发展的具体措施，将文化产业作为今后城市发展的战略目标。

# 第一节　中国文化创意产业的现状

## 一、中国文化创意产业现状

近年来，中国数字化的创意文化产业也正以前所未有的速度迅速崛起。1989 年，我国的手机只有 1 万部，到 2006 年年底，全国手机拥有量近 3 亿部。中国电子通信设备制造业在 39 个工业大类中排名第一。2002 年，中国网络游戏的市场规模接近 10 亿元人民币，付费用户达到 400 万户。据国际数据公司（IDC）数据显示，2003 年，中国网游市场突破 20 亿元，2006 年更达到 80 亿元。据悉，国务院信息化工作办公室宣布的一项旨在促进信息内容和服务产业的政策，赋予与软件产业同样重要的地位，并在税收、审批等方面享受相应的优惠政策。同期，文化部出台了《关于支持和促进文化产业发展的若干意见》，大力推动文化产业的发展。2003 年 10 月，首届中国国际网络文化博览会在北京举行，预示着我国网络产业做大做强的广阔前景。我国北京、上海、深圳、南京、杭州、重庆、长沙等大城市均依托各自人才、区位以及资源优势，将创意产业视为经济发展的新亮点和新举措，他们纷纷出台创意产业发展规划和优惠扶持政策，设立各种创意产业基地和园区，欲抢占创意产业发展战略高地。

作为全国政治经济文化的中心，北京市成立了文化创意产业领导小组，出台了 36 条扶持政策，启动 10 亿元创意产业专项资金，用于发展六大重点创意产业（全国文艺演出中心、出版发行和版权贸易中心、影视节目制作和交易中心、动漫和网络游戏研发制作中心、文化会展中心、古玩艺术品交易中心）；形成了六大文化创意产业集聚区（北京数字娱乐示范基地、中关村创意产业先导基地、德胜园工业设计创意产业基地、朝阳大山子艺术中心、国家新媒体产业基地、东城区文化产业园）。2005 年北京创意产业产值已超过 960 亿元，占全市 GDP 的 19%以上。在 2006 年的北京市两会上，创意产业首次被确定为未来新的经济增长点，正在成为北京的主要经济支柱。

上海多次开办国际电影节、电视节、音乐节、艺术节以及各类设计展，2003 年 12 月，以数字内容为主题的大型综合性展会“D+（D-plus）上海国际数字内容展”在上海浦东举行，2005 年年底举办了国际创意产业活动周。上海创意产业已被列入上海市“十一五”规划，上海建立了一批具有很高知名度的创意产业园区，聚集了一批具有创造力的优秀创意人才，吸引了 30 多个国家和地区 2000 多家创意类企业入驻，提供就业岗位 2 万多个。据统计，目前上海市文化创意产业产值已经占到全市 GDP 的 7.5%。

动漫产业是我国各城市发展创意产业的突破口。据相关统计显示，2006 年全球游戏、动画业相关衍生产品产值在 5000 亿美元以上。我国动漫产业有着每年总计 200 多亿元的庞大市场，动漫产业无疑将成为未来几年中国经济增长的热点。中国先后设立了 19 家国家级动画基地。深圳、杭州、宁波、无锡、长沙等城市也纷纷以发展动漫产业为突破口来发展本地创意产业。①

## 二、中国文化创意产业存在的问题

中国发展创意经济的兴起，其实是建立在严峻的经济现实基础上：制造业处于产业链的低端，中国外贸企业 200 强中，企业出口值有 74%是通过加工贸易方式实现的，资源严重匮乏、开发与规划无序……因此，从中央政府至地方企业，都迫切希望走出一条创意转化为财富的新路子。中国创意产业虽有一定的发展，但其所占比例还很低，在发展中面临一些亟待改进的问题。

### （一）创意概念亟待界定

基于创意产业在全世界的迅猛发展态势，国内知识界与政府部门热炒创意产业的概念，但遗憾的是，由于对相关概念的特定内涵与背景不了解，造成在使用上一定程度的扭曲。

首先便是对“文化创意产业”概念界定的问题。从英国的创意产业的概念发展来看，给人突出印象的是对于文化和创新精神全面发展的重视，然后进一步肯定其对于经济领域的意义。于是，把建设有利于社会整体福祉与创意人才培养的宜居城市与宜居社区作为发展创意经济的基础性条件来发展。

中国对于创意产业概念的大力提倡，主要是出于急欲发展经济的目的，从而忽视了创意产业发展的真正内涵与目标。创意产业的真正内涵不是让人们通过将文化商品化直接去获取经济利益，而是因为该产业对于人类的过去、现在和未来都负有深刻的文化责任。其对于人类过去的意义在于保护和开发人类的文明成果和文化资源，使其成为人类继续发展的动力和重要资源；对于现在的意义在于丰富人类的生活，提高人们的生活质量，建构和谐繁荣的文化生态，促进经济的发展和结构的升级；对于未来的意义在于，培养具有广泛人文关怀和良好精神风貌的新人，尽可能地减少对于自然资源的开采掠夺，依托日益丰富的文化资源和创意精神，建设人类可持续发展的未来与和谐社会。

---

① 参见孙坚、孙一帆：《中国创意产业发展现状分析及对策》，载《行业探讨》2007 年第 9 期。

（二）创意人才极度匮乏

创意产业是典型的以人为本的现代经济发展模式，人才是创意产业的灵魂。中国创意产业发展的瓶颈是创意人才的极端匮乏，我国创意产业人才总量、结构、素质还远不能适应产业发展的需要，急需大力引进和培养，其中急需两大类人才：既通晓创意产业内容又擅长经营管理的管理者；灵感迸发、创意迭现的创作者。据相关统计资料显示，在纽约，文化创意产业人才占所有工作人口总数的 12%；伦敦是 14%；东京是 15%。而目前上海创意产业从业人员占总就业人口的比例还不到 1‰。仅动漫产业我国至少需要 2.5 万专业人员，而目前只有 1 万名受过大学教育的动漫专业人员。

## 第二节 中国文化创意产业的分类

从传播内容上看，根据我国现今传播现状的分析，文化创意产业主要可以包含以下几类：广告；建筑设计；电影、电视、音乐等艺术创作；时尚设计；网站软件开发；书籍创作及出版；艺术表演等。台湾作为我国第一个提出文化创意产业概念的地区，它的成果较为突出，其传播内容分类也比较详细，包括“视觉艺术、音乐与表演艺术产业、文化展演设施产业、工艺产业、电影产业、广播电视产业、出版产业、广告产业、设计产业、数字休闲娱乐产业、设计品牌时尚产业、建筑设计产业、创意生活产业共 13 项产业”。借鉴世界各国文化创意产业分类，并结合我国的行业划分标准，可以将我国文化创意产业分为以下四大类，如表 3 所示：

**表 3　　我国文化创意产业分类表**

| 类　别 | 文化创意产业分类 |
|---|---|
| 第一类：文化艺术 | 包括表演艺术、视觉艺术、音乐创作等。其中，表演艺术的核心产业活动为内容创作，表演制作，舞蹈、戏剧、音乐剧等现代表演；音乐创作的核心产业活动为作词与作曲、录音产品制造、现场表演 |
| 第二类：创意设计 | 包括服装设计、广告设计、建筑设计等。其中，服装设计关联产业活动为平面绘图设计、时尚摄影、配件设计、时装模特塑造等；广告设计核心产业活动包括广告创意、促销活动、公关推动、媒体计划、广告素材的营造等 |
| 第三类：传媒产业 | 包括出版、电影及录像带、电视与广播等。其中，出版的核心产业活动为文学创作、书籍出版、期刊出版、报纸出版、杂志出版、数字内容出版等；电影及录像带的核心产业活动为电影剧本创作、制作、展演等 |
| 第四类：软件及计算机服务 | 包括软件开发、系统设计、动漫游戏设计、软件维护、信息服务研发等 |

资料来源：中国总部经济网。

这四大类分别为文化艺术、创意设计、传媒产业、软件及计算机服务。其中涉及新闻出版，广播、电视、电影，软件、网络及计算机服务，广告会展，艺术品交易，设计服务，旅游、休闲娱乐等。内容是多方面的，形式是繁多的，拓展面是非常广的，从整体上也表明了我国文化创意产业的全面发展。

而根据有关规定、研究实践以及我国行业标准又可以将文化创意产业划分为如下四大类：

## 一、影视文化类创意

中国影视产业的发展路径，基本上是在西方产业化模式理论的指导下，逐渐与民族文化融合的过程。从简单模仿到适应本土文化，中国影视产业走出了一条多样化的发展道路。随着 21 世纪的到来，世界将变得更加开放，不同文化的碰撞与融合也会变得更加频繁。但实事求是地说，我国目前在真正意义上适应中国现状的电影产业体系还没有完全有效地建立起来。特别是在我国加入 WTO 以后，在经济全球化的浪潮中，长期在政策保护下生存的中国影视业开始面临国外强势影视产业的冲击。因此影视产业作为文化产业的前沿也将面临前所未有的变革与创新。作为创意产业代表的当代影视业是文化经济领域的重要一环，影视产业应该在新一轮的文化竞争中捷足先登。影视从一开始就是最贴近群众的大众艺术，它是一种大众文化的媒介。它不仅影响、改变着我们的日常工作、交往、娱乐以及内在心理世界的活动方式，还担负着民族文化传承与发扬的重大责任。党的十七大报告明确提出要把建设创新型国家作为重要战略。如何提高自主创新能力、转变经济发展方式、提高国家竞争力，中心环节就在于建设国家创新体系。影视产业当然是这个创新体系中的一部分，它不仅包含了科技创新，而且更多包含着文化创新。对于具有丰富文化资源的我国影视产业只有坚持传承与创新的思路，将文化创意和科技更好地融合在影视产业中，才有可能真正改变中国影视产业的现状。面对新世纪的机遇与挑战，我们的影视人，要重新探讨影视业的文化特性，对中国深厚的文化底蕴进行重新定位，要在审美层次与消费习惯上适应现代观众的习惯，还要从宣传发行体制、品牌打造、规模化经营等多种角度研究影视产业的特性，从市场机制、文化环境以及新媒体技术的应用等方面对产业未来的发展进行深层次的探讨。

影视文化类创意大致包括以下几种：（1）电影文化创意；（2）电视类文化创意；（3）综艺节目类文化创意；（4）影视机构类文化创意。

## 二、新闻传媒类文化创意

在现代信息社会中，传媒业作为一种信息产业，是最具社会影响力的事业。它的存在和发展会直接或间接地影响到一个国家的政治、经济、文化与社会的发展。中国的传媒业自 20 世纪 70 年代末实行改革开放以来取得了较大的发展。2005 年在韩国召开的世界报业协会第 58 届年会公布的数字，中国共有 28 家报纸进入世界报纸销量的前 100 名（其中大陆为 23 家，台湾地区有 5 家）。虽然中国报纸的总数目和总发行量，都居于世界前列，但是与世界上一些发达国家相比，我们的传媒业在传播技术与手段上，在产业经营与管理上，在整体实力以及在国际影响力上，都还存在着不少差距。

从理论上而言，传媒有媒体特性，形成产业后，又有产业特性。如何确保媒体属性，在承担起媒体的社会责任的前提下，保持其企业属性，确保资本的保值增值，确保其在激烈的市场竞争中不断发展壮大。这既是微观课题，也是宏观课题。就我国传媒业来说，在跨国传媒集团大举进军中国之时，勇敢地迎接挑战，进一步发展壮大自己，在国门内与跨国传媒集团一争高低，这本身就是十分艰巨的任务。但是我们的传媒业者，不仅要在国门内做大做强传媒产业，还要走出国门，走向世界，办出在国际上有影响力、有分量、有话语权、受尊重的媒体。发展无止境，学习无止境，探索更无止境。

新闻传媒类文化创意大致包括以下几种：（1）报纸类文化创意；（2）期刊类文化创意；（3）广播电视类文化创意；（4）网络传媒类文化创意；（5）通讯社类文化创意；（6）新闻传媒集团类文化创意。

## 三、网络时尚文化创意

从世界范围看，互联网正以活跃的姿态和快速的步伐跻身于报刊、广播、电视等主流媒体之列，有“第四媒体”之称。截至2002年年底，中国网络用户的绝对数量已经超过日本，而仅次于美国，居世界第二位。几乎所有触及互联网络的人，都直觉地发现自己接触的不是网络技术，而是一种以信息、比特为标志的崭新的生活方式与文化现象。正如梅洛·庞蒂所描述的那样，当今信息时代是“比特对原子的节节胜利”，“计算不再只和计算机有关，它将决定我们的生存”。互联网的繁荣，提供了人机沟通、人机交流、人机互动的科学与文化的舞台，让人们超越时空，在网上相逢，互联网不仅创造着日新月异的技术，同时创造着富有人性魅力的数字化生存方式。电子信息网络正以惊人的速度发展并对人们的生产方式、生活方式和思维方式产生巨大而深远的影响。

互联网对于中国的文化创意产业有着重要意义。首先，互联网成为文化创意产业内容的发源地。随着Web2.0概念的盛行，互联网为“草根”的原创内容提供了广阔的舞台，低门槛及方便的上网条件，使每个人都可以轻松地将自己的创意展示给大众。而博客、播客、个人空间、文学原创、FLASH等互联网服务平台，不但聚集了具有创意头脑的人群，同时又为他们提供了交流和互相促进的条件。其次，互联网成为文化创意产业内容的试验场。把一个概念、一个创意，变成一个产品乃至一系列产品需要投入大量的成本，而大投入后是否可以被广大消费者接受，创造期望的商业价值，又成为投资面对的一个巨大的风险。有了互联网的存在，目前这些风险都好像被降低了很多。一个创意如果能够在互联网展示中被大众广泛地接受，被不断地传播，并创造点击纪录，那么投资商的风险就会大大减少。例如：出版企业正在把网络展示当成图书出版的路演，如果一部网络小说的网民反响热烈，那么出版就有了非常好的市场基础，投资风险可以降到很低。最后，互联网为文化创意产业提供有效的销售渠道。文化创意产业下的各个行业和领域都有自己垂直的发行、销售渠道，而互联网则为这些不同的领域带来了一个共有的发行或者销售渠道。同时这个渠道的作用被不断地放大，越来越多的消费者接受通过这个渠道提供的服务，如音乐、图书、影视等。这样的一个渠道既可以提高销售的速度，缩短周期，又可以降低渠道成本。互联网的快速发展将会极大地促进中国文化创意产业的发展，而文化创意产业也将促进互联网的应用普及和价值创造能力。

网络时尚文化创意大致包括以下几种：（1）互联网门户类创意；（2）网络游戏产业类创意；（3）时尚类创意；（4）网络文学类创意。

## 四、动漫产业文化创意

动漫产业对于中国而言还是一个比较新鲜的事物，无论是发展的规模还是产业化的程度都无法与动漫大国如日本、美国等相媲美。按照动漫产业的一般发展进程而言，其产业链应该是由“动画片的制作完成—报纸刊物连载或单行本—电视台或其他视频媒介播放动画片—动画片出版物上市—动画片相关衍生产品上市”五大部分构成的。当代动漫大国已经很好地把最后一个环节运作作为其利润的主要来源，同时也是最稳定、最持久的来源。

纵观欧美漫画业的发展历史，不难发现其经典的“四格漫画”的最初载体是报纸的娱乐版，这是人们在放松和休息时间最好的消遣品。随着大量的“四格漫画”和报纸一起绑定发行，其受众也就慢慢开始增加。当受众增加到一定程度的时候就形成了一种需求市场，即对于漫画全集的需求。因为大部分报纸是每日更新的，有时连载的漫画可能因为读者没有买到报纸而被漏掉了，这时人们就希望可以有一本连载漫画的全集，方便其在任何休息的时候拿出来消遣，于是漫画的纸质出版物应运而生。但是漫画书的致命弱点就是不能让读者“感同身受”，这时聪明的出版者就想到了把漫画“动画化”，以动态的形式演绎静态的情节，进而动画片开始成为人们休闲的新宠。当动画片中的人物形象为人们所喜爱时，这些动漫形象就具有一种独特的品牌价值，这种价值可以使其在市场上很好地被区分，形成一种特有的差异化。这时的买方市场开始主动需要带有自己喜爱的动漫形象的产品出现，动漫产业的下游厂商开始为这个市场服务，于是动漫周边产业开始形成规模和体系。这就是一个动漫产业发展的全过程。这个看似简单的过程，欧美的漫画也用了近一个世纪才发展到现在的规模，所以说中国的动漫产业还有很长的一段路要走。

在过去很长一段时间里米老鼠几乎成为动漫的代名词，很多人都是通过观看《米老鼠和唐老鸭》了解动画片，接触动画片的。但是迪斯尼并没有止步在米老鼠的成功中，而是相继推出了其他脍炙人口的偶像卡通人物，比如小美人鱼、小熊维尼等。这些经典的卡通形象被印制在了各种各样的商品上，成为一种品牌象征，吸引着一代又一代喜爱它们的人们的购买欲，同时迪斯尼也在这种品牌授权的周边消费品的销售上获得了稳定而又持久的资金回报。当然和迪斯尼的品牌周边产品一样为人们所熟悉的是迪斯尼主题公园，这个将刺激、魔幻的卡通世界和游乐场功能相结合的奇幻乐园，不仅仅是迪斯尼的赚钱机器，同时还使得所有喜爱迪斯尼动漫形象的人们有了和自己喜爱的动漫人物近距离接触的场所，加上新奇的游戏设施使得迪斯尼主题公园在开放后的游客数量持续走高。

同样也是漫画大国的日本在其动漫产业的运作上也有独到的见解，现在很多日本的漫画企业奉行的是一种产销分离的商业模式，即生产和宣传不是由同一家动漫公司进行，这样做最大的目的是规避风险，因为如果一个企业只负责动漫的一个模块的工作，其投入的资金就会相应减少，降低成本会使得企业所要承担的风险随之减小。同时这种分离模式也可以使得公司的专业化程度加强，所做工作的范围缩小了就会使得企业腾出时间来在精度和深度上下工夫。《宠物小精灵》就是一个典范。《宠物小精灵》的动画片是由赫赫有名的日本动漫出版巨鳄——小学馆制作出品的，而与其配套的游戏《口袋怪兽》则是任天堂的白金力作。两家企业同时运作使得产品投放市场的周期缩短，宣传力度加大，获得了很大的成功。

现在的中国正处在产业链发展的第四个阶段，即动画片的制作阶段，现在中国已经有一些比较优秀的国产动画片，无论是在大银幕上还是在小屏幕上这些动画片的出现都为中国动漫产业的发展起到了很好的作用。如《蝴蝶梦——梁山伯与祝英台》、《蓝猫淘气 3000 问》，在动画制作的水平、故事情节的把握和微机化程度上这两部漫画都可以说代表了国内动漫产业的高端水准，同时也是世界同行的典范，它们的成功都为现在中国的动漫产业提供了很好的指导思想。另外在影视方面，有越来越多的导演开始关注漫画剧这种题材的影视作品，像由畅销漫画《涩女郎》改编的影视作品《粉红女郎》，在电视剧市场就引起了很大的反响，好评如潮。无独有偶，在宝岛台湾，根据日本人气少女漫画《流星花园》改编的同名偶像剧也获得了空前的成功。同时，业内的人士也注意到了在传统的形式上创新的代价实在是太大了，于是聪明的中国人开始把目光转向了手机漫画这一新媒体，相信低成本的传输载体将成为中国动漫人最关注的方面之一。

众所周知，动漫周边产业是动漫最富有商业价值的一个环节，一个产业的核心就是商业价值。就现在中国的动漫产业发展而言，其还没有一个成熟、完善的动漫周边产业链，进而就没有与之相配套的商业运作模式，这对于一个行业来说是非常危险的信号。因为一个行业的营利模式不稳定或是不健全会引起整个行业的动荡，造成行业内的秩序混乱，这对于一个新兴的正在发展中的行业是有百害而无一利的。所以说就现在中国漫画产业的发展而言，当务之急就是创造民族动漫品牌，塑造具有中国特色的偶像动漫形象，完善和发展动漫周边产业的发展，为动漫产业的品牌化铺平道路。民族动漫形象的雏形来自于原创动漫作品，而创作优秀的动漫作品的基础来源于强大的资金后盾和优秀的人才，如此巨大的财力、人力支持要靠动漫周边所创造出的巨大的商业价值来提供，长此以往形成一个良性的循环。由此我们可以看出动漫周边产业对于整个行业起到至关重要的作用。中国的动漫周边产业一定会成为中国动漫行业的最重要的赢利点，同时也是中国动漫人最用心经营的环节之一。

就目前看来，全球的动漫产业已经发展得比较成熟了，作为新的加入者——中国，所面临的竞争对手是异常强大的。在这样一个局势中，只有创新才是唯一的利器，要独辟蹊径，寻找到符合中国国情，适应中国市场发展的动漫产业发展道路，让中国民族动漫形象成为中国市场的“领头人”。无论是形式的创新、内容的创新还是技术的创新甚至是传播模式的创新、周边产业链条的创新，只要是符合受众市场需求的创新就是有价值的创新。中国的动漫产业正是需要这样有价值的创新去不断地完善自我，最终真正地形成一条完整的动漫产业链。

与此同时，中国的动漫人还应该紧紧抓住世界消费市场的新趋势——符号消费，塑造出大量具有鲜明时代特色的符号性的动漫人物为市场所接受。毕竟动漫的起点还是动漫人物本身，其向下的一系列产业都是以此为基础的，所以说优秀的原创动漫作品将成为我们与动漫大国制衡的最基础也是最强大的武器。培养优秀的动漫人才，建立庞大的动漫资源库，投入足够量的资金用于动漫的研发，配备先进的动漫制作设备，等等，这些都是我国动漫人应该马上采取行动去做的事情。世界每分每秒都是在不断变化的，稍有懈怠就会落到别人的后面。创新是中国的动漫产业的关键。

动漫产业文化创意大致包括以下几种：（1）动漫创作类创意；（2）动漫出版物类创意；（3）动漫玩具等关联产业类创意。

## 五、表演艺术文化创意

表演艺术是通过演员的演唱、演奏或人体动作、表情等，塑造形象、传达情绪和情感，从而表现生活的艺术，其最具代表性的门类通常有戏剧、音乐、舞蹈等。作为人类精神文化的产物，表演艺术是人类文明、社会发展过程中历史最悠久、传统最深厚的文化产品。它形成于奴隶社会，进入商品经济社会后，又是所有艺术门类中开发最早、影响最大、最具专业性和市场化特点的艺术行业。尽管表演艺术行业是一门传统的文化产业，具有较长的历史，但在今天仍凭借其展示直观艺术形象的独特表现方式，凭借其创作演出产品所具有的或传统、或现代、或先锋时尚的多元文化承载与新颖别致的艺术形式，在运用高新科技装备起来的剧院舞台或其他特殊场地，让观众前所未有地获取视听兼备的舒适的精神享受，或者独出心裁地刺激观众激情、让其参与到平时难以形成的特定氛围或有趣的现场互动交流形式中，从而促使表演艺术在文化消费市场始终占有不可忽视的地位。

### （一）表演艺术文化创意内涵

表演艺术文化创意是指从事戏剧（剧本创作、戏剧训练、表演等）、音乐剧、歌剧（乐曲创作、演奏训练、表演等）、音乐的现场表演及作词作曲、表演服装设计与制作、表演造型设计、表演舞台灯光设计、表演场地、表演设施经营管理、表演艺术经纪管理、表演艺术硬体服务、艺术节等一系列的创意活动。表演艺术文化创意大致包括小品、戏剧类创意和音乐剧、歌舞剧类创意。

### （二）表演艺术文化创意产业发展现状

在影视播放、音像制作、图书出版等行业一路高歌的同时，舞台表演艺术的创作却逐渐陷入了无人喝彩的窘境。陷入窘境的原因有三：首先，是因为国有艺术表演团体体制性负担过多过重，使得大多数院团在面向市场的生产经营中力不从心，难以为继；其次，人民群众的文化消费方式发生巨大转变使得舞台表演艺术有效消费需求不足；最后，大量艺术院团及个人的艺术资源和艺术成果被无偿或“少偿”使用，得不到有效保护，损害了艺术院团自身的造血功能，阻碍了院团发展的良性循环。以上这些都导致了体制内国有艺术院团数量不断减少，生产经营缺乏竞争力；体制外民间职业剧团数量少规模小，生产和演出力量薄弱。与我国其他文化领域相比，与进入我国主流演出市场的国外舞台艺术相比，我国舞台表演艺术的生产经营呈现出零散、虚弱的态势。舞台表演艺术要从困境中突围，有赖于体制改革的进一步深化，面向群众、面向市场的体制改革和机制创新已成为新一轮艺术表演团体深化体制改革工作的重点；舞台表演艺术能否取得健康发展，还在于能否在市场经营与政府资助的合力中找到均衡点。只有这样才能让表演艺术真正走上市场化、产业化道路。

## 六、图书出版文化创意

改革开放以来的30年，中国图书出版业的进步是巨大的。从1978年的105家出版社发展到2005年的573家，在不知不觉中出版业的春天悄然而至，中国图书出版业走出了一条“朝阳产业”的道路。特别是中国加入WTO之后，不同的国家与不同文化之间的相互交流更加紧密与频繁，使得图书出版业在真正意义上涌入经济全球化的浪潮之中。中国图书出版业取得的成绩是肯定的，但并不意味着图书出版业在发展的过程中不存在问题。例如，中国图书出版业的规模仍然停留在数量规模上。换句话说，中国年出书品种虽然名列世界前列，但是平均每一种书的印数却很低。在西方发达国家，书刊出版已经成为一大重要产业，和世界上的出版大国以及大的出版集团比较，中国出版的总体实力不强。也就是说，摆在中国图书出版人面前的问题仍然很严峻。如何提高出版社的自主创新能力，如何进一步完善出版业的创新思路，是每一位出版人的义务与责任。胡锦涛在十七大报告中明确指出要大力发展文化产业，繁荣文化市场，增强国际竞争力，运用高新技术创新文化生产方式，培育新的文化业态，加快构建传输快捷、覆盖广泛的文化传播体系。图书出版业当然也在其中。江泽民同志曾指出：“创新是一个民族进步的灵魂，是一个国家兴旺发达的不竭动力。”故步自封，创意乏力，民族的发展就无前途而言。这一点对于出版社也不例外。中国已经进入文化创意产业时代，图书作为文化传承的重要载体，当然离不开创意。如何把创意融入图书出版产业之中，是图书出版人所要研究的重要内容之一。图书出版需要创意，所谓创意出版是指出版社或个人凭借其知识、智慧和创意，对出版活动或出版活动的某一环节进行创新，通过为社会创造精神财富，赢得经济效益的过程。创意出版的核心是创意，没有创意，出版就如同失去了灵魂，创意只有运用于出版，才能充分发挥其创造的力量。

图书出版文化创意大致包括以下几种：（1）图书选题的创意；（2）图书市场发行的营销创意；（3）畅销书的出版创意；（4）常销书的出版创意。

## 七、项目策划与管理文化创意

在社会上，随着文化创意概念的流行和媒体的大力宣传，人们对文化创意的了解也越来越多，文化创意发展与成功一次又一次地激发起人们通过创意来创业的热潮。然而，任何一个成功的文化创意都是经过合理的项目策划与严格的项目管理，按步骤进行的。

项目策划与项目管理文化创意大致包括以下几种：（1）品牌营销类创意；（2）娱乐产业项目类创意；（3）节庆会展类创意；（4）活动类创意；（5）设计类创意。

## 八、广告文化创意

在我们生活的这个商业社会中，广告充斥着每个角落。这些广告有的平庸无奇，有的却表现独特、新意怡人，从而给人们留下深刻的印象。成功的广告战略首先来自不同凡响的卓越创意。现代广告业大师大卫·奥格威指出："如果没有精彩的创意，你将永远无法赢得名望与财富。"

广告文化创意大致包括以下几种：（1）广告设计类创意；（2）新媒体类创意；（3）新市场类创意。

## 九、艺术品投资收藏文化创意

艺术品特别是文物类艺术品，是解读历史的一把重要钥匙，以其深厚的文化积淀成为发展文化创意产业的重要力量。经过多年来的培育和成长，中国艺术品市场逐渐成为中国经济最有活力的组成部分，并在世界艺术品市场中崭露头角。艺术品流通对于中国社会乃至世界经济的影响不可忽视。

由于艺术品鉴定标准置信度低，法规缺失，鉴定真伪困难，给当今的艺术品市场带来了两股热浪，一是假画突然好卖了，大量仿造的假画被市场吸纳。击鼓传花，赝品盛行，这在艺术品交易中犹如病毒传播。市场上究竟有多少赝品？众说纷纭，无法作确切统计。有的说多达90%，有的说超过一半，有的说占1/3。二是艺术品市场的泡沫，几乎所有当代的画家不论水平高低都在市场进行交易。大量"热钱"急于进入艺术市场，由于其对艺术的不了解，对艺术的发展趋势无从判断，其投资选择不免盲目。大量画家这两年十分注重包装自己，主动找投资人合作，开拓市场，一时间乱花渐欲迷人眼。有艺术品投资顾问认为，目前专业认定的主流画家，也就是当代艺术核心部分的价位基本还是正常的，泡沫出现在一些非主流的项目上，一方面是画家、经纪人攀比、炒作，另一方面也有部分盲目入场的资金炒作。

艺术品投资收藏文化创意大致包括以下几种：（1）投资收藏类创意；（2）艺术品经营品牌创意；（3）艺术品交易和服务类创意。

## 十、体育休闲文化创意

文化有狭义和广义之分，狭义的文化主要是指人类社会意识形态及与之相适应的制度和设施；广义的文化，指的是人们所创造的一切文明成果，是物质财富和精神财富的总和，文明成果的积累和增值就是社会的不断进步。作为人类文明成果的文化可以分为物质文化、制度文化、精神文化三个层次。无论从哪一个层次来看，体育休闲都是人类文明的重要成果和社会进步的显著标志。

体育休闲文化创意大致包括以下几种：（1）体育赛事类创意；（2）文化旅游类创意；（3）体验消费文化创意。

## 十一、知识产权与文化创意

文化创意中的智慧、技术、知识、信息等是无形资源，只有公开才能体现其存在意义，但公开的同时如果没有对它进行保护，则会伴随着发明创造者失去了对它的拥有权利，这不仅是发明创造者个人价值的丧失，打击了创作者的创造欲望和积极性，更重要的是带来科技文化产品的贬值、假冒商品的充斥、国际贸易特别是技术、版权等无形贸易的损失以及对人类创造和创新的挫伤，造成文化创意无商业价值，阻碍社会经济发展的后果。

因此，当人类进入后工业时代，文化和科学技术深刻地影响人类社会生产和生活，世界文化科技与经济贸易不断融合时，智慧与智力资源和财产通过产权形式得到保护的这一动力机制就开始出现。美国致力于长期发展战略，于独立后即在其宪法中提出知识产权的概念，并于18世纪末率先制定了专利法和版权法，极大地推动了美国社会经济的发展，保障了美国的文化科技持续繁荣和国力的持续增强，对于美国长期占据世界经济首位起到了至关重要的作用。同样，19世纪80年代，世界主要贸易国家出于对本国文化科学技术以及工业设计、商业权利的保护需要，用公约形式通过各国政府组织机构利用法律协调手段逐渐形成统一的法律制度。最早的典型的知识产权法律包括1883年的《保护工业产权巴黎公约》、1886年的《保护文学艺术作品伯尔尼公约》、1994年的《与贸易有关的知识产权协定》等代表性的国际公约。这些公约、协定成为当今知识产权核心法律。应该说，产权制度的确立和有效保护，维护了工业时代世界的社会经济稳定和各国间贸易文化交流交易的秩序，极大地推动了工业时代全球经济的高速发展和一体化进程，促进了近现代文化、科学技术的高度繁荣和创新，确立了近代西方国家成为经济发达国家的持久地位。

知识产权大致包括以下几种：（1）专利类；（2）商标类；（3）设计类；（4）版权类。

# 第三节　中国各地的文化创意产业特点

## 一、上海文化创意产业

### (一) 上海文化创意产业的发展状况

20 世纪 90 年代以来，影响全球经济发展的重要力量是跨国公司的经营活动。这一时期，跨国公司通过对外投资和跨国兼并，推动了全球新一轮产业结构的调整和国际分工体系的重组。同一时期，上海开始实施“三二一”产业发展战略，为产业结构的优化升级和城市能级提升明确了方向。传统制造业全面退出中心城区，为服务业的发展腾出空间。在消费类服务业实现恢复性增长之后，服务业内部结构也酝酿了新的变化，包括金融、物流、会展、教育、医疗、文化、旅游等在内的现代服务业市场需求不断扩大。虽然上海的制造业退出了中心城区，但由于近年来外商对制造业投资的持续增加，上海的制造业发展增速超过服务业，围绕制造业的生产服务需求不断上升。另外，随着市场化进程不断深入，高端要素进一步向经济中心城市集聚的趋势日趋明显，这些因素为上海发展现代服务业提供了强大动力。

创意产业是现代服务业的类型之一。在现代服务业发展背景下，创意产业也随之发展起来。虽然上海的制造业进行了空间转移，但是在其转移过程中同时伴随着制造业产业内部的结构分化。现有制造业的生产基地大多选择在成本较低的郊区，但是一部分适合于在城市内部发展的生产、管理和销售环节却仍然保留在城市中，这是因为城市本身具有产业发展的基础优势，配套设施比较齐全，获取信息、专业人才以及各种生产服务比较便利的特点。在产业空间转移的过程中，从制造业中分化出来的一部分产品开发设计、技术发展活动，与城市中快速发展的服务业相融合，独立成为新的创意产业，这就是创意产业产生的原因之一。从 20 世纪 90 年代起，上海一些从事艺术、设计的创意者们已经开始自发地集聚起来从事文化创意活动。

上海是中国近现代工业的发祥地，具有丰富的工业文化和大量珍贵的工业历史建筑。2004 年下半年，上海市看到了创意产业的前景，积极寻找国外发达国家在发展创意产业方面的经验，结合上海特色，成立了“上海创意产业中心”，从而使创意产业在上海有了专业机构，这也标志着上海创意产业的正式起步。

上海市的创意产业集中分布在莫干山路、泰康路、昌平路、福佑路的老厂房和仓库地段（见表 4）。位于莫干山路 50 号的春明创意产业园区是苏州河畔仅有的一家保存完整的老纺织厂，占地 4.1 万平方米，吸引了法国、英国、瑞士、加拿大等 15 个国家和地区的艺术家和创意设计人才，创建了 103 个工作室，从事当代艺术、绘画、影视制作等创意活动。除此以外，“田子坊”、“8 号桥”、天山软件园、传媒文化园、时尚产业园、工业设计园等一大批主题型创意集聚区也建立起来。2005 年 4 月 28 日，上海市首批18家“创意产业集聚区”正式授牌，约30个国家和地区的800多家各类设计创意企业入驻园区。而第二批17家创意产业集聚区的基本建设也已完毕，占地达60多万平方米。截至2005年12月，上海已经获批的创意产业园共计30余个，除已经建成的建国路8号桥、长宁时尚产业园外，海上海、2577创意大院等项目正在招商或建设中。

**表4　　上海文化创意产业基地和园区分布**

| 城区 | 创意产业基地和园区 |
| --- | --- |
| 黄浦区 | 利用豫园的旅游资源，成立上海市工艺品旅游纪念品设计展示交易基地 |
| 卢湾区 | “8号桥”、广告湾、泰康路艺术街等综合性体验经济园区和以创意设计产业为主的创意产业基地 |
| 静安区 | 昌平路990号和1000号，上海市新型广告动漫影视图片产业基地 |
| 徐汇区 | 依托周边高校，建立创意设计工厂、乐山软件园和虹桥软件园等 |
| 长宁区 | 天山路时尚产业园，以时尚艺术、服装设计、品牌发布等为主要特色 |
| 普陀区 | 莫干山路50号，入驻了60多家画廊和艺术工作室，形成了别具一格的“春明文化都市园区” |
| 杨浦区 | 黄浦江沿岸15.5公里区域内，崛起集环境设计、建筑设计、工业设计、软件设计等原创设计于一体的现代服务业集聚区上海滨江创意产业园 |
| 闸北区 | 上海多媒体谷，已吸引了飞利浦（中国）投资公司、凤凰数码科技等40余家软件设计企业入驻 |

资料来源：北京国际城市发展研究院数据中心。

目前，上海比较成熟的创意产业的集聚地有如下8个：（1）位于杨浦区赤峰路的城市规划、建筑装潢设计一条街。这是上海形成最早的，伴随上海城市建设迅速发展，依托同济大学土木建筑专业的人才技术优势而形成的产业基地。（2）位于普陀区莫干山路50号的以画廊和艺术家工作室为主要特色的春明创意产业园区。（3）位于静安区昌平路990号和1000号的上海市新型广告动漫影视图片产业基地。（4）位于黄浦区福佑路35号的豫园商城内上海市工艺品旅游纪念品设计展示交易基地。（5）位于卢湾区泰康路的以创意设计为主的创意产业一条街。（6）位于虹口区大名路原商业储运仓库的以现代绘画设计展示为特色的大名仓库。（7）位于长宁区娄山关路依托上海市服装研究所、东华大学和上海工程技术大学服饰学院，以时尚服装设计、展示为主要特色的产业基地。（8）位于杨浦区杨树浦路，利用原有工业厂房改建的滨江创业产业园区。

上海市的创意产业园区可以分为以下几种：

第一种，依托名牌大学的创意产业园区，建立大学与创意产业的直接联系。如依托同济大学建立的建筑设计园区，年销售额达到26亿元；依托上海交通大学的设计园区和依托东华大学的时尚设计园区也都发展迅速。这一类园区有比较强的科技和文化背景，依托大学强大的科研实力与文化底蕴，使创意产业得到了深厚的文化支持。

第二种，依托旧厂房仓库改造而成的创意产业园区。在上海的泰康路艺术街、春明工业园等都是将旧仓库、旧厂房改造以后形成的创意产业园区。

第三种，在政府支持下新开辟的园区，特别是在浦东新区，在高科技园区专门建立了文化科技创业园区。

第四种，依托过去的市场，在原有产业基础上建立起来的创意产业园区。如豫园商城内的创意产业一条街。

上述四种创意产业园区的形成具有以下主要特点：一是创意产业园区形成时间不长。除赤峰路建筑工程设计一条街有 10 年历史外，其余都是在 1999 年以后陆续形成的。就形成历史来看，形成越晚，企业的创意特征越突出。二是创意产业园区都分布在中心城区。就其区位特点而言，既是创意产业的核心区域，也是市场交易中心。三是创意产业以产业集群方式集聚。创意企业规模虽然不大，但规模效应显著。赤峰路设计一条街汇集各类企业 500 余家和近万名从业人员，平均每家不到 20 人，但该街的城市规划、建筑设计及相关产业一年的产值达 10 亿元。四是创意企业在生产环节上占据价值链高端，同时具有广泛的产业关联性。其核心业务创意设计为众多行业生产提供服务，表现出对多种行业或产业的渗透和融入。五是创意产业具有多元社会文化互动融合的特征。多个国家、地区的企业及外籍从业人员为上海的创意产业园区带来多种社会文化的互动融合。六是创意产业的集聚正在成为影响和带动周边地区发展的重要因素，成为所在地区经济增长的支撑力量之一。

（二）上海文化创意产业发展的特点

上海文化创意产业发展的一个突出标志就是建立了一批创意产业集聚区，集群化发展态势明显。这一模式充分发挥了集聚区的群体竞争优势和规模效益，使上海的创意产业迅速发展。

上海文化创意产业集聚区在发展过程中主要表现为利用老工业厂房和规划新文化创业园区相结合的特点。上海在对城市产业结构进行调整的过程中，城市的空间形态也在发生变化，二者的结合形成了上海文化创意产业的一种特定类型。当制造业退出中心城区之后，城市面临改造。如何处理原有工业建筑及制造业用地对于城市空间形态的变化影响很大。最常见的方式是大拆大建，即把旧建筑全部拆除，按照新的用地功能进行建设。这种方式在目前的中国城市建设中十分普遍，但实际上却对城市文化和历史风貌造成了巨大破坏，不少具有历史文化价值的建筑在旧区改造中被拆除，造成不可挽回的损失。上海的一部分创意产业却利用城市原有的工业建筑，形成新的创意园区。这种模式既保护了城市的历史风貌又创造了新的价值，如泰康路艺术街、莫干山路的老厂房仓库和杨树浦路的滨江创意产业园区等都是利用旧厂房仓库改建起来的文化创意产业园区。

除了利用原先的旧厂房、仓库，将其改造成具有新生命活力的创意产业基地之外，上海市政府还成立了专门的机构来规划、设计、建设新的创意产业园区。到 2005 年年底，上海市已经批准建立 30 多个文化创意产业集聚区，粗具规模。

文化创意产业集聚的作用在于发挥出产业集群辐射的效应，形成相对比较完整的文化创意产业链，带动周边地区发展。文化创意产业本身是一个高附加值产业，同时还可以大幅度提高传统制造业的产品技术含量和知识文化含量，提高工业产品的附加值，提升传统产业的产品品牌知名度和国际竞争力。

（三）上海市促进文化创意产业发展的举措

上海文化创意产业发展迅速，而且已经初步显示出集聚效应和辐射效应，具有良好的发展前景。在上海“十一五”规划中，积极发展文化创意产业已成为上海市科教兴市战略的重要组成部分。按照上海“十二五”规划，到2015年，上海文化创意产业的贡献将占到全市GDP的12%，这将无可争议地成为上海经济的支柱产业之一。为实现上述目标，上海市政府相关主管部门提出了发展文化创意产业的六大举措。

**1. 把推动文化创意产业作为实施科教兴市主战略的重要内容**

上海目前正处在产业结构升级、经济体制转轨、社会结构转型、城市功能转换的关键时期，上海将文化创意产业作为现代服务业的重要组成部分，以文化创意产业园区为载体，把发展文化创意产业作为挖掘文化内涵、树立城市品牌形象、提升城市综合竞争力和增加城区就业的重要途径。

**2. 文化创意产业发展要紧紧围绕产业升级和结构调整**

文化创意产业的发展目标是要实现“创意产业化、产业创意化”，使文化创意产业发展与工业发展有机结合，互相促进，使其成为上海第二产业和第三产业发展的新亮点。

**3. 文化创意产业发展要融入城市文化与城市建设**

上海是一座具有上百年工业发展历史的城市，拥有大量的老厂房、老仓库等优秀历史建筑资源，这些工业文明遗产和文化创意产业相结合，形成了具有上海特色的文化创意产业集聚区。在推动文化创意产业园区建设的同时，要将文化创意产业布局与现代城市建设相融合，满足城市总体规划的要求。

**4. 通过政府引导与市场配置相结合的方式推进文化创意产业发展**

政府积极搭建公共服务平台，通过组建上海创意产业中心、上海设计中心，引导和支持有积极性、有能力的地区、企业和社会其他组织参与文化创意产业园区建设。鼓励和引导高校、企业、各类协会等社会资源，发挥专业优势，参与上海文化创意产业的建设和发展。

**5. 发展文化创意产业与上海世博会相结合**

2010年上海世博会是上海文化创意产业发展的难得机遇。筹备世博会的过程本身就是提高上海文化创意产业规模、水平和能力的过程，同时也是推动上海文化创意产品消费、扩大上海文化创意市场和促进上海文化创意产业国际化的过程。

**6. 注重文化创意知识产权保护**

中国之所以在创意设计领域落后于发达国家，重要原因之一是知识产权没有得到应有的重视，没有保护好文化创意知识产品，特别是原创产品。因此政府通过采取措施加强对文化创意产品的知识产权保护，促进文化创意产业发展。

## 二、北京文化创意产业

北京作为全国的文化中心，其文化产业在全国居领先地位。2003年，北京市文化产业实现增加值 246.1 亿元，占全市 GDP 的比重达到 6.7%。2004 年，文化产业增加值为 328.7 亿元，比 2003 年增加 82.6 亿元，产业规模进一步扩大，经济实力进一步提高。文化产业已成为北京市重要的经济支柱产业之一，成为经济增长最快的行业之一。北京的文艺演出、新闻出版、广播影视、文化会展、古玩艺术品交易在全国文化产业中具有明显优势；其中，艺术表演团体、演出经纪机构的数量均居全国之首，各种出版物品种、电视剧出品集数、电影产量和会展数量约占全国总量的 1/2。

北京市政府有关主管部门编制的《2004—2008 年北京市文化产业发展规划》指出，到 2008 年，北京通过打造六大文化中心，发展六项文化产业，使文化产业产值在北京市国民生产总值中所占比重提高到 9%，使文化产业在北京市经济发展中的作用进一步加强。北京市正着力建设以下六大文化中心：

### 1. 全国文艺演出中心

将统筹规划、合理布局营业性演出场所，以长安街沿线现有国家大剧院等密集的文化资源为基础，构筑辐射周边街区的相对集中的文艺演出功能区。

### 2. 全国出版发行和版权贸易中心

将加大力度推进北京发行集团等单位的体制改革，同时大力发展音像、电子和互联网出版，使北京成为全国的出版中心、最主要的出版物集散地、最大的零售市场。

### 3. 全国影视节目制作和交易中心

重点培育和扶持大型影视文化企业，大力发展移动电视，在朝阳区建设北京影视城和影视节目制作基地。调整影院布局，形成“总体分散、相对集中”的影院群落。

### 4. 全国动漫和互联网游戏研发制作中心

将设立专项扶持基金和奖励基金，构建动漫和互联网游戏产业链，推动北京派格数字文化创意产业基地建设，推动网吧连锁和品牌经营。

### 5. 全国文化会展中心

充分发挥国家博物馆、美术馆、中华世纪坛艺术馆等标志性文化设施的功能，进一步推进文化会展的国际化、专业化、品牌化，力争使文化会展总收入年均增长 20%以上，固定品牌文化会展达 100 个。

### 6. 全国古玩艺术品交易中心

北京将在王府井步行街、西单商业街等繁华街区设立艺术家展示区，建设京城百工坊，形成国内最大的工艺美术品研发生产基地；以琉璃厂大街、南新华街为主体，建设琉璃厂文化产业园区；以地摊特色的潘家园旧货市场为核心，建设包括北京古玩城等在内的潘家园文化产业园区。目前，北京初步形成的文化创意产业集聚区有以下 6 个：

（1）北京数字娱乐示范基地。位于石景山 CRD（首都休闲娱乐中心区），以小山子研发基地、万商大厦、雕塑公园、石景山游乐园、室内主题公园、八大处公园和科技馆为主体，是科技部批准设立的四个数字娱乐产业基地之一。

（2）中关村文化创意产业先导基地。该基地以图书城为中心，辐射北京大学科技园、清华大学科技园、中国人民大学文化产业园、北太平庄动漫画设计中心和甘家口地区建筑创意设计街区，到 2005 年年底已吸引软件、游戏、动漫、音乐、出版等领域

200余家创意企业进驻。

(3) 国家新媒体产业基地。该基地位于亦庄开发区西边的大兴区魏善庄。已经集聚了星光影视集团、北京金日新事业技术有限公司等新媒体产业的骨干企业，“十二五”期间，国家新媒体产业基地形成以新媒体产业为核心，以出版印刷业、设计创意业、影视制作业、文化休闲业为重点发展领域的“一核四重”的文化创意产业体系。

(4) 东城区文化产业园。该产业园由歌华集团整体运作，主要优先发展数字内容产业，树立动漫网游产业基地品牌，以歌华创意产业中心为平台，建设北京动漫网游研发制作中心及版权贸易和进出口交易中心。

(5) 朝阳大山子艺术区(“798”艺术区)。该艺术区是利用北京朝阳区大山子地区的七星华电科技集团的闲置厂房（包括原“798”工厂等）发展起来，独特的厂房建筑结构和高大的内部空间等，吸引了一批文化机构和艺术家陆续入驻。这个自发形成的文化艺术区已成为北京和中国文化创意产业的时尚标志之一。

(6) 德胜园工业设计创意产业基地。该基地坐落于西城区德胜科技园区，一期工程总面积约为7000平方米。基地包括设计技术、材料展示、交流培训、机构培育、基础研究等五大功能板块。

## 三、湖南文化创意产业

### (一) 湖南文化创意产业发展现状

新世纪以来，湖南省委、省政府制定了一系列促进文化创意产业发展的政策措施，优化了文化创意产业发展环境，文化创意产业得到了持续、健康、快速发展。一是产业规模不断扩大。以2006年为例，湖南省文化产业增加值为337.89亿元，增长21.9%，文化产业对经济增长的贡献率为7.5%，拉动GDP增长0.9个百分点，湖南文化产业正处于快速发展时期，成为湖南经济增长的新亮点。二是产业实力颇具影响。湖南省在支持引导文化创意产业发展的过程中，大力实施精品名牌战略，初步形成了在全国颇具影响的“广电湘军”、“出版湘军”、“动漫湘军”等品牌，湖南卫视收视率在全国各电视频道中常年居第4、5位。品牌竞争力居全国第4位，在中国文化企业50强中排第23位。湖南出版投资控股集团进入中国企业500强，在中国文化企业50强中排第7位。《体坛周报》周发行量在450万份以上，占据了全国体育类报刊60%以上的发行和广告份额。① 湖南原创动漫产量稳居全国第一，三辰卡通的《蓝猫淘气3000问》，宏梦卡通的《虹猫蓝兔七侠传》等，打造了全国知名的动漫品牌。三是产业结构多元发展。在产业门类构成上，湖南省基本确立了以广电、出版为龙头的产业框架，初步形成了包括广播影视、出版、报刊、文娱演艺、动漫、网络、文博等在内的产业体系，实现了文化创意产业资源的初步整合，相继组建了湖南广播影视集团、湖南出版投资控股集团、《湖南日报》报业集团、《湖南晚报》报业集团、湖南广电集团等企业集团。在所有制

---

① 参见李航：《湖南文化创意产业发展研究》，湖南师范大学2010年硕士学位论文。

结构上，湖南省积极鼓励多种社会力量办文化，呈现出国有、集体、民营企业相互促进、平等竞争、共同发展的格局。一方面，国有经济在媒体传播、出版发行等领域优势明显，优势企业具备了相当规模；另一方面，民营文化企业蓬勃发展，在动漫、文化娱乐、休闲产业等领域，民营资本成为投资的主体。2003 年的数据表明，在产业单位数量上，民营企业占湖南省文化产业的 80.3%。在产值上民营企业占全省文化产业总产值的 64.6%，这说明民营企业已占据整个文化产业的主导地位。2005 年湖南省文化企业法人单位的实收资本总额为 180.81 亿元，其中，国有资本为 95.84 亿元，占 53%；集体投资为 9.25 亿元，占 5%；民营和外商投资 75.75 亿元，占 42%。①

### （二）湖南文化创意产业发展特点

纵观湖南省文化创意产业发展情况，以 2006 年湖南省文化创意产业统计数据分析，大致有以下几个方面的特点：

#### 1. 文化创意产业内部结构进一步优化升级

2006 年，湖南省以新闻、出版、广电和文化艺术为主的“核心层”实现增加值 100.94 亿元，占全省文化产业增加值的 29.9%，比 2005 年提高 1 个百分点。而以网络文化、休闲娱乐、旅游文化、广告及会展等为主的“外围层”实现增加值 105.01 亿元，占全省文化产业增加值的 31.1%，与 2005 年持平。在“文化服务”的 7 个行业类别中，“文化休闲娱乐服务业”2006 年实现增加值 84.93 亿元，占全部文化产业增加值的 25.1%，所占份额最高；其次是“出版发行和版权服务业”，实现增加值 62.08 亿元，占 18.4%；居第三位的是“广播电影电视服务业”，实现增加值 33.47 亿元，占 9.9%。②

#### 2. 文化创意产业在结构优化的同时，经济效益也在不断提升

湖南文化创意产业无论是“核心层”还是“外围层”的行业部门结构都在进一步优化，而且在行业部门结构优化的同时，湖南文化创意产业的经济效益也在不断地提升，当然，文化创意产业经济效益的提升主要还是得益于规模的扩张，其结构的良性互动效益也是其中的重要方面。2006 年，湖南省文化产业从业人员人均创造增加值为 3.93 万元，这个指标在 2005 年是 3.27 万元，2004 年是 2.61 万元。可见，经济效益呈逐年提高的态势。

#### 3. 文化创意产业涌现出诸多“新业态”

湖南“国家动漫游戏产业振兴基地”在长沙挂牌成立。在 2006 年召开的中国动画学会年会上，湖南省宏梦卡通传播有限公司全线胜出。同年，湖南电视台创办“快乐购”频道，成为省广电集团旗下的国内第一家全国连锁、电视直播的购物公司，这一创举，不仅为广电集团找到了新的盈利模式和经济增长点，而且在文化创意产业界衍生出新的产业形态，并为文化创意产业集群发展开辟了新的道路。

#### 4. 文化创意产业投资的重点在文化服务业

2006 年，湖南文化产业固定资产投资（城镇）达 96.63 亿元，占全社会固定资产

---

① 参见李航：《湖南文化创意产业发展研究》，湖南师范大学 2010 年硕士学位论文。

② 参见中国文化产业网：http://www.cnci.gov.cn/content/2008826/news_29231_p3.shtml。

投资的3%。从投资结构看，“核心层”实现投资额27.14亿元，占全部文化产业投资的28%，“外围层”实现投资额42.38亿元，占全部文化产业投资的43.9%。整个文化服务业投资占文化产业投资的比重达到71.9%。此外，湖南文化创意产业投资日益呈现出多元化特征。①

### （三）湖南文化创意产业的发展举措

纵观和对比近些年来海内外文化创意产业的发展轨迹和成功之路，湖南文化创意产业虽然谈不上非常成功，但还是取得了一定的成就，概括起来，湖南主要有以下四点成功经验值得借鉴。

#### 1. 敢于解放思想、不断开拓创新和与时俱进

文化创意产业是知识密集型和智力密集型产业，它强调“点子”、创意和创新。湖南人的敢为人先的精神在文化创意产业的发展上得到了极大的体现。在发展文化创意产业上，他们不断打破旧观念，敢为天下先、放手搞产业、创新求发展，开创了文化创意产业的繁荣发展局面。为了扶持文化创意产业的发展，长沙市拿出6000亩土地，用于文化创意产业园区建设，这些土地大部分采用无偿划拨的形式，通过设立专项引导资金，对符合政府重点支持方向的文化创意产业给予扶持。

#### 2. 加大政府扶持力度，推动文化创意产业快速发展

政府的大力支持，是湖南文化创意产业加速发展的重要原因之一。湖南各级政府文化创意产业发展的积极扶持主要体现在资金支持、政策扶持和环境营造三个方面。在“十五”期间，政府对文化产业的投资高达300亿元。从2006年开始，湖南省委、省政府决定，省级财政连续5年每年拿出1亿元，建立文化产业发展引导资金。在政策扶持方面，政府出台了一系列鼓励文化创意产业发展的优惠政策，鼓励个人、企业、社会团体以多种形式创办国家政策许可的各种文化企业；在国家政策允许范围内，吸引国外、境外资本投入文化产业项目，举办中外合资文化企业。更为重要的是，湖南正在进一步优化经营环境，提高服务质量，为文化创意产业积极营造良好的发展环境。

#### 3. 发展文化创意支柱产业，优化和整合高端产业价值链，努力构建文化创意产业品牌

湖南省着力在把文化资源优势转变为文化产业优势上下工夫，倾力打造优势特色品牌，出现了具有湖南文化特色的“广电现象”、“出版现象”、“体坛周报现象”，这既阐释了湖湘文化的精神内核，又突显了湖南文化产业的品牌特色。在努力构建特色品牌的过程中，湖南也在试图发展自己的具有支柱性的文化创意产业，并在适应经济全球化条件下由纵向一体化向横向一体化转变过程中，不断优化和整合高端文化创意产业价值链。如长沙重点文化创意产业的发展，带动了相关产业的发展。动画片《蓝猫淘气3000问》风靡全国后，带动了其系列产品的发展，形成了研发、制作、教育培训、播出、衍生产品开发等比较完整的文化创意产业体系，成立了金

① 参见中国文化产业网：http://www.cnci.gov.cn/content/2008826/news_29231_p3.shtml。

鹰卡通卫视频道。

4. 深化文化体制改革，为文化创意产业的发展注入活力

虽然不是全国第一批文化体制改革综合试点省，但湖南在文化体制改革中却起步较早，早就发现了文化创意产业的发展前途。他们积极推进政府职能和管理方式的转换，积极深化对艺术表演团体和文化企业事业单位的内部机制改革、积极推行艺术院团的拨款和经营机制改革、把财政性拨款按人员编制核拨改为与院（团）的演出场次挂钩核拨，积极探索多元文化投入方式的改革，大力实施电影发行、放映体制改革，逐步放开全省电影放映、发行市场，推行规模经营和规范经营。一系列文化体制改革的不断推进，为文化创意产业发展提供了强大动力。

## 四、杭州文化创意产业

### （一）杭州文化创意产业发展现状

近年来，杭州市围绕建设“文化名城”、“生活品质之城”和打造“全国文化创意产业中心”的目标在发展文化创意产业上取得显著成效。2009 年，杭州市获得了“中国大陆最具软实力城市”荣誉称号。在“中国文化创意产业年度高峰会”上，杭州市文创办获“2009 中国创意产业推动奖”。在 2009 年度中国游戏行业年会上，杭州市被评为“2009 年度支持中国动漫游戏产业发展——模范政府”、市节展办被评为“2009 年度中国动漫游戏行业——全国促进产业发展先进单位”。近 3 年来，杭州市文化创意产业增加值年均增速高于 GDP 增速 6. 4 个百分点。

2010 年，全市文化创意产业实现增加值 702 亿元，占全市 GDP 比重达 11. 8%，同比增长 16. 2%。2011 年，杭州市文化创意产业实现增加值 843. 3 亿元，高于同期全市 GDP4. 2 个百分点，高于全市服务业增加值增速 3. 3 个百分点，占全市 GDP 比重 12. 03%。文化产业从业人员超过 28 万人。

在信息服务业方面，以电子科技为主的文体休闲娱乐市场健康发展，新的消费热点逐渐形成。目前杭州市围绕打造中国电子商务之都目标，充分发挥国家电子信息产业基地、国家服务外包基地等国家级基地的集聚与辐射带动作用，全面推进电子政务、电子商务、数字社区、数字城市等信息化建设。杭州已经拥有一批如“阿里巴巴”等以提供电子商务信息服务为主的电子文化商务产业。2008 年，在阿里巴巴、恒生电子、浙大网新等龙头企业的带动下，以互联网信息服务业、广播电视传输服务业和软件服务业为主要内容的信息服务业，实现增加值 68. 61 亿元，同比增长 47. 2%，占杭州市文化创意产业增加值的比重达 11. 8%。2009 年上半年信息服务业一枝独秀，以 49. 6%的增速远远超过其他行业。目前杭州集聚了全国 2/3 以上的专业电子商务公司。在《互联网周刊》组织开展的“2009 网商城市竞争力排行 TOP100”评比中，杭州得分居全国省会城市首位。

在动漫产业方面，目前，杭州拥有 5 个国家级动画基地、5 家国家文化产业示范基地和 135 家动漫企业，逐步形成了产业体系相对完整、结构布局日趋合理、整体技术水

平先进、市场导向作用明显的杭州动漫产业格局。2009年上半年，在全球金融危机的背景之下，杭州动漫产业依旧呈现出逆势上扬的良好态势，动漫游戏产业的营业收入达15833万元，其中衍生产品收入为1620万元，相当于上年同期的近2倍。2009年杭州市生产原创动画片35部、1477集、27409分钟，产量超过广州、长沙、深圳等城市，首次跃居全国第一；获得国家广电总局推荐的优秀动画片共8部，推荐数量同样位居全国第一。西湖国家数字娱乐产业基地创税1344.09万元，同比增长97%。在国家广电总局2009年度第一批推荐的10部国产优秀动画片中，浙江中南卡通集团的《天眼神牛》、《郑和下西洋》和浙江华人卡通集团的《绿树林的故事》榜上有名，杭州获推荐的动画片数量位居全国第一。2009年国际动漫节有78万人次参加了包括动漫产业博览会、动画片交易大会、动漫高峰论坛、“美猴奖”大赛、动漫人才招聘会等20多项活动。动漫节累计成交额达65亿多元人民币，其中签约项目35个，成交额达55.3亿元人民币；现场交易额近10亿元人民币。

在设计服务业方面，随着杭州制造业产业转型升级和城市建设的有机更新，带动了杭州市工业设计、服装设计、建筑设计的快速发展和环境规划设计、园艺设计、城市色彩设计等新兴设计业态的兴起。杭州具有发展设计服务业的优势，杭州的园林设计和建筑设计已处于全国一流水平。2008年，以建筑装饰业、工程勘察设计、其他专业技术服务（工业设计、服装设计）和广告业等为主要内容的设计服务业，实现增加值74.71亿元，同比增长21.7%，占文化创意产业的比重为12.9%。杭州设计服务业可以带动工业产品附加值增加，提高杭州产品的竞争力和知名度。2009年上半年，杭州设计服务业实现增幅16.3%。467创意联盟自成立以来，主要吸引了动漫设计、旅游产品设计、建筑景观设计、软件设计、工业设计等设计类企业，现入驻企业近70家，拥有设计人才1200余人，创地方税收201万元。

在现代传媒业方面，2009年上半年，以广播影视、新闻出版、书报刊印刷和图书报刊批发、零售等为主要内容的现代传媒业实现增加值24.47亿元，比上年同期增长3.7%，占文化创意产业比重为8.6%。杭州的电视、广播人均综合覆盖率均达到99.8%。全市有线电视入户数184.9万户，其中数字电视为96.43万户，农村广播电视“村村通”工程实现全覆盖。“西湖之声”继2008年、2009年之后，第三次蝉联“金长城传媒奖——2010中国最具影响力广播电台”荣誉称号。西湖之声总监孙俊明荣获“2010中国传媒年度创新人物”奖。西湖之声品牌栏目《金手指乐翻天》同时获得“2010中国最具创新广播电视栏目”奖。继获得“2010中国最具投资价值媒体”称号后，交通91.8广播台又在第三届中国传媒学院奖评选中获得“2010年度营销传播机构奖”。

在艺术品业方面，以中国美术学院、浙江大学和西泠印社为主体的美术教育研究力量，为杭州发展艺术品业提供了强大的学术与人才支撑；浙江画院、杭州画院等众多艺术单位和众多艺术家，形成了强大的艺术品创作和生产力量。2008年，以工艺品制造、文物及文化保护、其他文化艺术等为主要内容的艺术品业，实现增加值23.91亿元，同比增长6.8%，占文化创意产业的比重为4.1%。按照市场规模、成交份额、质量水平和辐射力综合评估，杭州艺术品市场已经成为中国排名第三位的艺术品市场，但是与北京、上海国内一流艺术品大市相比，杭州还有不小的差距。

在教育培训业方面，在杭州的高端教育培训业也开始悄悄流行，这让许多在校、在职的学员放下后顾之忧，开始了对自己教育“投资”的历程。积极依托在杭高校和职业技术培训学校雄厚的师资力量、良好的教学设施和丰富的办学经验，坚持高起点、差异化、多元化，大力发展教育培训业。2008 年，以普通高等教育、职业技能培训以及其他教育业等为主要内容的教育培训业，实现增加值 105.09 亿元，同比增长 16.2%，占文化创意产业的比重为 18.1%。

在文化休闲旅游业方面，旅游产业是杭州文化产业的主体，2008 年，以娱乐健身、旅游休闲、美容保健、文化创作与表演、群众文化活动等为主要内容的文化休闲旅游业迅速发展，实现增加值 13.39 亿元，同比增长 17.8%，占文化创意产业的比重为 2.3%。在文化旅游方面，杭州市涌现了宋城集团、金海岸等一批重点企业，打造了《宋城千古情》、《西湖之夜》、《印象西湖》等一批优秀的旅游文化产品。另外，杭州旅游综合配套设施日渐完善，综合接待能力也显著提高。一批新的历史文化保护区和纪念馆、博物馆等也开始进入规划和建设，成为杭州一张闪亮的“文化名片”。

在文化会展业方面，杭州会展也发展迅速，形成了完整的产业链，成功举办了中国国际动漫节、中国网商大会、中国国际丝绸博览会暨中国国际女装展览会、西湖国际烟花大会、西湖艺术博览会等一批富有特色的重大会展。2008 年，以会议及展览服务为主要内容的文化会展业，实现增加值 8.25 亿元，同比增长 11.6%，占文化创意产业的比重为 1.4%。第三届中国杭州文化创意博览会，展场总面积超过 10 万平方米，参展企业数达 500 余家，为期 4 天的展会先后接待参观人数达 30 万人次，其中专门来杭寻找商机的达 10 万多人次，仅主会场实现贸易成交额达 2.5 亿元，意向成交额达 3.5 亿元，重大产业项目落实资金达 16 亿元以上。杭州文博会已经成为继中国国际动漫节后，又一个文化创意产业发展的重要会展平台。①

（二）杭州文化创意产业发展特点

### 1. 以健全的组织机构为保障

强化综合协调指导能力完善健全的组织机构是杭州市文化创意产业近年来飞速发展的重要因素。文化创意产业指导工作做到了“顶天立地”，既有文化创意产业指导委员会对文化创意产业发展战略和重大事项的高层决策，又有下设 13 个区、县（市）的文化创意产业办公室做具体规划指导工作，从高层决策到具体工作贯彻落实环环相扣、层层把关、扎实高效，为文化创意产业发展战略、规划的贯彻落实提供了强有力的组织保障。

### 2. 以完善的政策体系为后盾

2008—2010 年，杭州市出台了 30 余项关于扶持文化创意产业发展的政策文件。其内容涵盖园区建设、人才培养、财税政策、文化创意企业创业板上市、融资服务等多项

---

① 参见翁旭青：《杭州文化创意产业发展现状及存在的问题》，载《商业经济》2011 年第 5 期。

内容。这些政策出台为文化创意产业发展起到引领、扶持和助推作用，为全市文化创意产业的发展提供了有力的政策保障。

### 3. 以人才队伍建设为核心

为产业发展集聚后发优势丰富的创意人才储备，是文化创意产业发展的核心和灵魂。杭州市十分重视文化创意人才队伍的培育。一方面通过打造“文化人的天堂”，积极引进一大批文化名人和文化创意产业领军人才；另一方面坚持以自主培养人才为主，大力实施文化产业紧缺人才培训，通过建立大学生实训基地和创业孵化基地，培养多层次的文化创意人才，为文化创意产业的可持续发展提供了充足的人才储备。

### 4. 以发展重点行业为突破口

带动产业整体实力提升结合文化创意产业发展实际，杭州市坚持“有所为有所不为”原则，确定了文化创意产业发展的 8 大重点行业，这对于集中人力、物力、财力，放大行业优势，提升文化创意产业整体实力起到了积极作用。2009 年上半年，杭州市文化创意产业的 8 大重点行业增加值占全市文化创意产业的 61. 8%，实现增加值 175. 52 亿元，比上年同期增长 18. 1%。

### 5. 以园区建设为载体

杭州市有大小不等的文化创意产业园区 40 多个，这种发展模式被称为“10+X”模式，其中“10”为首批认定的 10 大文化创意园区，“X”为新兴发展起来的文化创意产业园区，新老园区一样重视，同步发展。截至 2010 年年底，杭州市 10 大文化创意产业园区使用面积为 52. 77 万平方米，同比增加 11. 54 万平方米，增幅达 27. 99%；企业数量为 1437 家，同比增加 600 家，增幅 71. 68%；就业人数为 23074 人，同比增加 8042 人，增幅达 53. 50%，文化创意产业集聚效应不断得到提升。①

### 6. 以建立统计调查制度为基础

杭州市早在 2008 年就印发了《关于做好文化创意产业统计调查工作的通知》和《杭州市文化创意产业八大重点行业统计分类》的通知，建立了杭州市文化创意产业统计调查制度，全面开展文化创意产业统计调查工作。统计调查制度的建立，为进一步明晰产业发展态势，及时反映产业发展状况，有针对性地制定政策措施和科学决策提供了重要依据。

## （三）杭州文化创意产业发展举措

### 1. 注重顶层设计

2007 年，为抢抓文化创意产业发展机遇，杭州市委、市政府作出打造全国文化创意产业中心的重大决策；2008 年提出明确目标，把杭州打造成为以文化、创业、环境高度融合为特色的“国内领先、世界一流”的全国文化创意产业中心，打响“创意杭州”品牌。在杭州市市委十届四次全会上，提出实施“服务业优先”、“软实力提升”的战略，对“3+1”现代产业体系进行部署（其中“3”是指第一、二、三产业，“1”是指文化创意产业），进一步确立了文化创意产业的战略地位。在《杭州市国民经济和

① 参见杭州时政：http://gov-hzrb.hangzhou.com.cn/system/2011/05/261011356909.shtml。

社会发展第十二个五年规划纲要》中，将文化创意产业确定为十大产业之一进行重点扶持发展。

**2. 健全组织机构**

建立杭州市文化创意产业指导委员会，负责产业发展战略及重大事项的决策，成立隶属市委宣传部的正局级全额事业单位——市文化创意产业办公室，负责制定规划、完善政策、培养人才、综合协调、检查考核等工作。八大行业牵头部门均落实具体责任处室推动所辖产业的发展，组织协调作用进一步加强。全市13个区、县（市）文化创意产业办公室的组建工作基本完成，新设立的文创办均为当地正局级事业单位，人员编制均在5人以上。

**3. 完善政策体系**

2008年至今先后制定出台了《中共杭州市委、杭州市人民政府关于打造全国文化创意产业中心的若干意见》、《杭州市文化创意产业发展规划（2009—2015年）》、《杭州市人民政府办公厅关于统筹财税政策扶持文化创意产业发展的意见》、《关于利用工业厂房发展文化创意产业的实施意见》、《关于加快推进我市文创企业创业板上市工作的实施意见》等30多项政策文件；设立市文化创意产业专项资金，资金规模根据实际需要逐年递增，2011年达4.11亿元，切实解决发展文化创意产业“有人办事、有钱办事、有章办事”的问题。

**4. 界定产业内涵**

在借鉴国内外经验与结合杭州市文化创意产业发展实践的基础上，杭州市将文化创意产业定义为：以创意为核心，以文化为灵魂，以科技为支撑，以知识产权的开发和运用为主体的知识密集型、智慧主导型战略产业。

**5. 突出发展重点**

坚持“有所为有所不为”的发展原则，立足杭州比较优势，重点发展信息服务业、动漫游戏业、设计服务业、现代传媒业、艺术品业、教育培训业、文化休闲旅游业、文化会展业等八大重点行业，着力打造西湖创意谷、之江文化创意园、西湖数字娱乐产业园等为代表的10大文化创意产业园区。

**6. 建设人才队伍**

杭州出台了《关于加快文化创意产业人才队伍建设的实施意见》，实施“青年文艺家发现计划”等专项计划，采取合同聘用、项目合作，以及开办工作室、创作室等多种形式，引进了一批创意名人，着力打造“文化人天堂”。与有广告界奥斯卡之称的美国OneShow合作，成功举办杭州中国青年创意营活动，来自全国24个省市及海外的200多所大学的学生参赛。开办4期杭州市文化创意企业家孵化工程培训班，为240名文化创意专业大学生创业者提供了专业培训。创办“创意力量大讲堂”，为“草根”创意阶层和大学生创业、成长提供广阔舞台。其中，创意力量大讲堂荣获“2011年中国创意产业推动奖”。

**7. 建立统计制度**

杭州市在国家统计局2004年《文化及相关产业分类》的基础上，建立了《杭州市文化创意产业统计调查制度（试行）》，并将文化创意产业划分为核心层和外围层两个层次，根据年报、半年报、季报的统计报表，按照限上企业挨户调查、限下企业抽样调查的方法，对2007年以来的产业数据进行了测算和发布。

## 五、深圳文化创意产业

深圳发展文化创意产业的一个突出特点是提出了建设“设计之都”的发展目标，这与深圳经济发展的历史轨迹相吻合。深圳经济从发展外向型加工贸易开始起步，在服装加工、机械产品加工、电子产品装配等工业生产和对外贸易发展基础上，逐渐向产品设计方面发展。

深圳的文化创意优势产业包括旅游业、传媒业、印刷业、广告业、会展业、发行业、平面设计、动漫与网络游戏、娱乐业。20世纪80年代后期，深圳印刷业的技术水平达到了我国的最高水平，其代表作之一是设计和印制了我国向国际奥委会正式递交的申办2008年北京奥运会的书面申报材料。1992年，深圳第一次平面设计专业展确立了深圳设计在国内的领先地位并产生了较大的国际影响。1995年，中国第一个平面设计协会在深圳成立，在其后10年间，深圳的设计师几乎获得过世界上所有顶级设计赛事和国际展览的奖项，如法国肖蒙海报节、墨西哥国际海报双年展、日本富山国际海报展、纽约字体指导协会大赛、巴黎国际海报展等。目前，深圳的平面设计师队伍大约有2万人。深圳的平面设计与印刷业相互联系、相互依托，形成了相对完整的产业链。另外，深圳在展示设计、工业设计等方面也显示出独有的特色。深圳设计师的代表性作品包括“2008北京申奥”标志、纽约时代广场的三九集团标志、深圳发展银行行徽等。“深圳设计”为中国特别是深圳经济建设与企业发展作出了杰出贡献，产生了较大的经济价值与社会价值。

深圳还是我国的动漫影视制作基地之一。20世纪80年代中期，深圳的动画加工业开始发展。当时具有相当规模的太平洋动画、翡翠动画、彩棱动画落户深圳，带动深圳的动画加工产业盛极一时，每年形成的加工出口产值过亿元。尽管在90年代中后期深圳的动画优势开始弱化，但是近年来，随着三维动画、数字动画等先进技术手段的发展，深圳的动漫产业重新崛起，一批科技含量高、技术手段先进且颇具规模的动画公司相继在深圳诞生，大量原创动漫产品相继问世，呈现出欣欣向荣的局面。目前，深圳的影视动画业已经形成一定规模，据粗略统计，三维动漫制作公司有千余家，具有影视动漫制作能力的企业有百余家，从业人员近万名，每年为深圳创造约2亿元产值。

近年来，深圳市的文化产业取得长足发展，已经形成了新闻出版业、广告业、文化产品制造业、文化娱乐业、体育业、文化旅游业、广播影视业等一批骨干文化企业，其中一些产业在全国处于领先地位。据有关部门统计，深圳市骨干文化企业实现的增加值在全市GDP的比重已接近5%。2003年，深圳全市文化产业实现增加值135.3亿元，占当年全市GDP总量的4.73%，比上年增长19.65%；同年深圳GDP比上年增长

17.3%，文化产业的增长率明显高于 GDP 的增长。①

## 六、台湾文化创意产业

在台湾，“文化创意产业”是在 1994 年被提起的。1994 年，为应对工业化转型所产生的城乡失衡和振兴地方产业，台湾“文建会”提出“社区总体营造政策”，并提出了“文化产业化、产业文化化”的政策和发展文化创意产业的理念。目前，台湾文化创意产业由“文建会”、“新闻局”、“经济部”和“内政部”四个部门齐抓共管，具体范围包括：由“文建会”主管视觉艺术产业、工艺产业、音乐与表演艺术产业、文化展演设施产业；由“新闻局”主管电影产业、出版产业和广播电视产业；由“经济部”主管设计产业、广告业、设计品牌时尚产业、数码休闲娱乐产业和创意生活产业；由“内政部”主管建筑设计产业。文化创意产业的范畴包括三个方面：第一，文化艺术核心产业。即以精致的艺术创作与发表为主，如表演（戏剧、音乐、舞蹈）、视觉艺术（雕塑、绘画、装置等）以及传统民俗艺术等。第二，设计产业。即以文化艺术为核心，并建立在此基础上的应用艺术类型，如服装设计、广告与平面设计、流行音乐、影像与广播制作、游戏软件设计等。第三，创意支持与创意周边产业。支持上述产业的相关部门，如展览设施经营、展演经纪、策展专业、出版行销、活动规划、广告企划、流行文化包装等。

为了推动产业结构升级，台湾“行政院”在 2009 年 3—5 月，陆续推出六大战略性新兴产业，包括绿色能源、生物科技、观光旅游、健康照护、精致农业及文化创意产业等，并指导及吸引民间投资，开拓新的商机及协助产业快速升级。文化创意产业政策也随之有了新的发展。在马英九团队的文化政策体系中，文化创意产业政策占据十分重要的地位，是“产业再造与全球连结”经济政策的重要组成部分。该文化创意产业政策的核心内容是成立“文化观光部”，制定“文化创意产业旗舰计划”。在北中南东地区皆设置数字内容产业专业园区和文化创意产业园区，并在南部地区设立“孔子主题园区”，拨付 100 亿元以创投的方式投资文化创意产业。并且制定“新时代创意人才发展方案”，以提供创业贷款来帮助青年文化创意工作者创业。该文化创意产业政策的特点在于以下几点：第一，以“观光”引领文化创意产业的全球布局；第二，推动“文化创意法”的出台，为台湾文化创意产业的发展提供法律支持和保障；第三，通过海峡两岸文化交流，促进文化创意产业发展；第四，将文化创意产业纳入“智慧台湾计划”，由文建会统筹策划、制定和实施“文化创意产业六大旗舰计划”。“文化创意产业六大旗舰”包括工艺产业、设计产业、创意生活产业、流行音乐中心、电视剧产业和故宫文化创意产业。第五，提高文化创意产业的研发能力，并且透过数字科学营销，打造台湾新经济形态，发展出以在地文化为特色的国际性发展商机。

① 参见《深圳商报》，2005 年 1 月 21 日。

## 思 考 题

1. 概述中国文化创意产业的现状。
2. 简述表演艺术类文化创意的内涵。
3. 谈谈你对“文化是土壤，创意是种子，产业是果实”的理解。

# 第六章

# 国内外文化创意产业案例集锦

# 案例一　国家文化产业示范区——西安曲江新区

## 一、园区概况

曲江新区位于陕西省西安市，前身是1993年依据国务院文件精神设立的以发展文化旅游为核心产业的省级开发区，2003年更名为西安曲江新区，一期规划达15.88平方公里，二期规划达47平方公里。曲江新区内有大雁塔、青龙寺、汉宣帝杜陵、唐长安城遗址（部分）4个国家级文物保护单位和秦二世陵1个省级文物保护单位。

2002年以来，曲江新区先后建成大雁塔北广场、大唐芙蓉园、曲江国际会展中心、曲江池遗址公园、大唐不夜城等一批重大文化项目，组建了曲江文化产业投资集团、曲江影视集团、曲江会展集团、曲江演出集团、曲江文化旅游集团、大明宫投资集团等六大产业集团、形成了以文化旅游、会展创意、影视演艺、出版传媒等产业为主导的文化产业体系，跃升为西部最重要的文化、旅游集散地，陕西文化、旅游产业发展的标志性区域。西安曲江文化产业投资集团已成为我国最大的文化产业投资类企业之一，跻身西部文化产业“巨无霸”行列。2006年5月，曲江文化产业投资集团成为国家级文化产业示范基地；2007年8月，曲江新区成为首批国家级文化产业示范园区；2008年5月，曲江新区又荣获首届中国文化产业创新奖。2010年2月，曲江新区被国家住建部授予“中国人居环境范例奖”。2011年曲江新区成为国家5A级景区和生态区。

## 二、发展定位

曲江新区是陕西省西安市确立的以文化产业和旅游产业为主导的城市发展新区，依托西安大文化、大旅游、大文物的优势，以盛唐文化为品牌，以资源整合为手段，坚持“国际化、市场化、人文化、生态化”的发展理念，着手打造文化产业门类最齐全、规模最大、效能最优的国家级文化产业示范区，大力发展以文化产业为主导的生态经济模式。

## 三、空间布局

在总体布局上，曲江新区既考虑区域所处位置和周边环境，又体现园林风景区特色；既注重历史文化资源的保护、利用和开发，又满足现代旅游度假需要；既考虑各个项目开发建设的需要，又合理利用现状地形、地貌。曲江新区在规划格局上形成了“一心、两带、三轴、四个板块”的机构形态。

“一心”：以大雁塔为整个曲江的核心；

“两带”：贯穿整个新区的宽100米的唐城遗址保护绿带；分布在绕城高速两侧共100米宽的绿化景观带；

“三轴”：雁塔南路旅游商业发展轴线、芙蓉东路生态休闲发展轴线和曲江大道景观轴线；

“四个板块”：唐风商业板块、旅游休闲板块、科教文化板块和会展商务会展板块。

### 1. 唐风商业板块

该板块位于曲江新区的西北部，占地约 2 平方公里。依托大雁塔、大慈恩寺历史风貌区及大雁塔南北广场，由大唐不夜城、大唐商业广场、大唐通易坊、慈恩镇、芙蓉坊、秦汉唐等以唐风为主题，涵盖历史文化、民俗文化的大型综合性商业板块，是西安特色鲜明、规模最大的文化商业区。

### 2. 旅游休闲板块

该板块占据整个曲江区域的核心位置，占地约 7 平方公里。依托 70 公顷的曲江南、北湖水面，利用起伏变化的地形地貌、优美的生态环境和丰富的历史文化资源，营造规模宏大、配系齐全的旅游休闲板块。主要包括大雁塔景区、大慈恩寺、陕西民俗大观园、陕西戏曲大观园、唐歌舞厅、唐代艺术博物馆（三唐工程）、大唐芙蓉园、曲江海洋世界、西安广电世纪园、丝路风情园、大唐爱情谷、大唐文化艺术长廊等人文特色的旅游休闲观光景点。

### 3. 科教文化板块

该板块位于曲江新区的东北部，占地约 3 平方公里。依托西安交通大学、西安理工大学、西安国际旅游学院、西安电影制片厂等资源优势，形成以教育为龙头，以影视、动漫、创意、传媒、广告、出版为核心的文化产业园区。

### 4. 商务会展板块

该板块位于曲江新区西南部，西安中轴线长安南部西安未来 CBD 核心区，占地约 3 平方公里。在现有西安国际会议展览中心的基础上，建设 15 万平方米的展馆、60 万平方米的建筑群、5500 个国际标准展位、3. 5 万平方米 30 个不同规格的国际会议中心，同现有的曲江国际会议中心、曲江宾馆、惠宾苑酒店、曲江行政商务区一起构成具有国际一流水准的会展产业集群和商务港，整个区域包括展览中心、会议中心、会展商务写字楼、星级酒店、餐饮娱乐、商业超市、商务公寓、停车场、物流中心、展览总部基地、会展科技产业园、会展旅游中心。

## 四、产业布局

曲江新区内无工业项目，产业结构主要以文化产业为主，形成了以文化旅游、会展创意、影视演艺、出版传媒等产业为主导的文化产业体系。

## 五、发展优势

### （一）区内历史文化积淀深厚，名胜古迹众多，是自然风光、人文景观、民俗风情及现代都市文化的荟萃之地，旅游资源十分丰富

曲江新区位于西安城区东南部，以闻名中外的大雁塔和曲江皇家园林遗址为中心，拥有悠久的历史文化，曾是唐代长安最具魅力之所，被誉为中国古典园林的先河。一期辖区面积为20.57平方公里，拥有4个国家级文物保护单位（大雁塔、青龙寺、汉宣帝陵、唐长安城遗址），3个省级文物保护单位（秦上林苑宜春宫遗址、曲江池遗址、唐城墙遗址），4个国家AAAA级景区（大慈恩寺、大雁塔景区、大唐芙蓉园、曲江海洋世界）。

（二）区内配套基础设施完善

曲江新区自1996年启动建设以来，先后投入资金30亿元用于基础设施建设，基本完成了10平方公里区域的市政配套，具备开工建设的条件。修建开通了雁塔南路、雁南一路、雁南二路、雁南四路、雁南五路、芙蓉东路、芙蓉西路、芙蓉中路、春临路、曲江路、曲江二路、环湖路等城市道路，其中，雁塔南路是贯穿度假区南北的景观大道，其北端连接闻名中外的大雁塔风景区，南端至长安区杜陵东路，道路两侧规划高尚住宅区和旅游商贸设施。目前，这一区域已成为中外客商投资的热点。

区内的曲江水厂和南郊水厂，日供水120万吨，是形成曲江千亩水面的水源保障。区内的曲江南变电站、曲江北变电站共同保障曲江新区的用电。

（三）项目审批、规划定点、建设管理、土地出让、企业管理一条龙

西安曲江新区管理委员会是西安市人民政府的派出机构，在辖区范围内履行市级管理权限，实现项目审批、规划定点、建设管理、土地出让、企业管理一条龙服务，为投资者提供高效、优质的服务。同时设有曲江新区发展有限公司。2006年12月，陕西省人民政府决定，委托曲江新区管理委员会承担9平方公里的法门寺佛文化展示区的开发任务。西安市人民政府委托曲江管理委员会承担22平方公里的楼观台道文化展示区的开发工作任务。2007年5月，西安市政府又决定，由曲江新区管理委员会承担大明宫国家遗址公园及周边地区24平方公里的改造建设任务，以曲江新区为核心的由曲江新区管委会负责的文化产业园区总面积已达到73.38平方公里。

## 六、成功经验

（一）文化产业、公共文化事业和城市新区建设齐头并进、协调发展

曲江新区坚持开发思路创新，坚持运营模式创新，完备城市基础设施，完善城市服务功能，实现了文化产业、文化事业、文化工程和城市新区建设的协调统一，走出了一条跨越式发展道路。曲江新区位于西安市东南，其核心区域面积为40.97平方公里，同时辐射带动大明宫遗址保护区、法门寺文化景区、临潼国家旅游休闲度假区和楼观台道文化展示区等区域，发展区域总面积近150平方公里。

2006年以来曲江新区进一步加强公共文化服务设施体系建设，先后投资10亿元，开工建设曲江池遗址公园、寒窑遗址公园、唐城墙遗址公园、秦二世陵遗址公园；投资10亿元，开工建设陕西现代艺术馆、西安歌剧院、西安音乐厅、曲江电影城等公共文化场馆。截至2009年年底共投资近300亿元用于基础设施建设、生态环境和绿化美化

工程，做到了开发建设和环境保护同步，并陆续建成了集历史遗迹保护、园林绿化、水系景观为一体的大唐芙蓉园、曲江池遗址公园、唐大慈恩寺遗址公园等景观，基本实现了社区公园化、道路景观化、设施人性化、景观国际化。同时，曲江新区还先后开展了“节能减排进社区”、“绿色单位创建”、“生态新区建设”等环保工作，广泛普及了环保知识，有效提高了区内群众的环保意识，为实现国家级生态区的创建打下了坚实的基础。

（二）以盛唐文化为品牌，以资源整合为手段，实施重大文化项目带动战略

自2003年以来，曲江新区坚持以“文化产业立区，文化旅游兴区”为宗旨，先后建成了大唐芙蓉园、大雁塔北广场、曲江海洋世界、曲江国际会展中心等多项文化工程，策划开展了“曲江国际唐人文化艺术周”、“盛典西安文化活动”、“曲江国际文化论坛”、“曲江国产电影新人新作展”等一系列重大文化活动，建立了自己的非物质文化遗产保护基地，逐步形成了独特的曲江文化品牌。

（三）创造曲江模式

曲江模式，是一种文化经济模式，是以文化为推动力，以城市经营为手段，达成文化、商业、旅游的契合；是中国城市化初期文化经济与城市发展的成功范式；是盛世中国背景下的文化理想和文化自觉；是世界主流语境下的文化坚守与文化责任担当。“曲江模式”可以归纳为“文化+旅游+城市”，通过企业的聚集做大产业集群，做长产业链，培育大集团。具体地说，就是要挖掘土地的文化资源，通过市场化运作、国际化手段，通过大项目带动战略，把这种资源通过文化演绎、文化创意的方式，转化为文化产品。具体的执行模式如下：

**1. 区域发展模式**

曲江以“文化立区、旅游兴区”，大融资、大投入、大策划，践行着项目集群、成片开发、运营城市、自我平衡的开发总路线。

以城市运营为手段，超前规划建设体系完备、功能完善、具有国际水准的城市基础设施框架，促进城市资源的扩张和价值提升。

依托人文、区位优势，建构一批内涵丰富、影响巨大、示范性强、市场前景广阔的文化旅游项目，促进城市资源价值再提升。

整合优质文化资源，积极拓展文化产业门类，形成相互依托的文化产业体系，缔造强势品牌。

**2. 投融资模式**

西安发展文化产业资本资源严重不足。曲江融通大资金、实施大开发，问题迎刃而解。

土地经营，流程再造，一次性征地、配套、规划，分批次招商拍卖。这是曲江投融资的源动力。资本运作、资源整合是曲江的制胜“法宝”。资产商品化流动化，土地资本化市场化，运作公司化效益化，曲江文化产业集团5年资本翻几番（由6000万元上升到33亿元）。

#### 3. 招商经营模式

风车从来不主动找风。在曲江经纬线上，众多项目要依靠社会力量来补给和填空。曲江坚信：造环境就是招商，突破传统招商模式，实施“两结合”，把文化资源和项目结合起来；把公益性和企业利益结合起来，形成自己独特的价值取向，即服务是基础、经营是灵魂、机制再造是核心、流程重组是关键、品牌共享是招牌，花香蝶自来。

#### 4. 文化产业运营模式

曲江文化产业模式不同于深圳华侨城、浙江宋城的“旅游+人居”；不同于涿州、横店的“影视+旅游”。不同于单一企业的外溢式发展，不同于多个产业类型独立运行，走出“文化+旅游+人居+商业”的新路。

曲江文化产业集团有 14 个子公司，涵盖旅游、会展、影视、演艺、商贸、餐饮等 10 余门类，共举同一文化品牌，共用统一文化符号，集群发展、多元互补，产生了强大的聚集效应。

#### 5. 文化事业发展模式

曲江文化事业和文化产业，情同“鱼水”，深度依存。产业反哺事业，事业滋养产业，公共文化事业政府投资，公共文化服务政府提供，产业责任企业承担。

曲江勇为文化产业创新的先行者，创办五大节会，城市居民共享发展成果。老西安博物馆为古城存续文化根脉；陕西民俗大观园、戏曲大观园荟萃秦风；长安古乐等非物质文化遗产落户大唐芙蓉园。秦腔剧院划归曲江，曲江管理委员会“只予不取”，“百戏之祖”古木新生。

## 七、园区启示

### （一）以规划为指导构建生态大格局

2002 年以来，曲江新区坚持“文化立区、旅游兴区、生态建区、产业强区”的发展观念，依托西安大文物、大文化、大旅游的优势，以资源整合为手段，以《曲江新区区域环境规划》为蓝本，开展系统的生态环境建设，先后建成了大雁塔北广场、大唐芙蓉园、曲江池遗址公园、唐城墙遗址公园、唐大慈恩寺遗址公园等集历史遗址保护、园林绿化、水系景观为一体的生态绿地公园，恢复了 1000 亩的曲江湖面，基本形成了曲江新区“一心两带四轴”的生态格局。

曲江新区先后完成了《曲江新区区域环境规划》（2003）、《曲江新区区域环境影响评价》（2003）、《曲江新区总体规划》（2008）、《曲江新区控制性详细规划》、《曲江大略》、《西安曲江新区文化产业发展纲要》和《西安曲江新区生态区建设规划》等一系列重要规划的编制、审批及建设实施。

### （二）有明确的项目执行主体，并赋予其极大的自主权

西安曲江新区管理委员会的设立，实现项目审批、规划定点、建设管理、土地出让、企业管理一条龙服务，为投资者提供高效、优质的服务。在生态区创建过程中，曲江新区管委会各部门也组织有力、制度健全、分工明确、措施到位、重点突出。

西安曲江文化产业投资（集团）有限公司是西安市政府批准成立，由西安曲江新区管理委员会投资设立的国有独资有限公司，成立于1995年，前身为管理委员会投资设立的西安曲江旅游建设开发总公司，截至2009年年底，公司注册资本金达到42亿元人民币。自成立以来，集团以资本为纽带，以产业为导向，立足曲江，辐射全省，实现了从单一的文化项目投资向多元化的文化产业投资的转变，构建了以文化旅游、影视、会展、出版、传媒、演艺、动漫、重大文化开发工程等为核心的文化产业集群，已成为涉足多个文化产业领域的大型国有企业，旗下多家公司在业界均享有极高的知名度与美誉度。2006年5月，国家文化部授予西安曲江文化产业投资（集团）有限公司“国家文化产业示范基地”荣誉称号；2009年，西安曲汇文化产业投资（集团）有限公司被中国企业联合会、中国企业家协会评为“中国服务业企业500强”和“新闻、报刊、图书的出版发行与销售和广播、影视、音像、文体等文化产业9强”称号；2010年荣膺陕西省国有企业“四好领导班子”荣誉称号。

（三）政府的政策支持是园区成功的重要条件

为促进本地文化产业的快速发展，在文化旅游、影视演艺、会展创意、传媒出版等多个领域形成产业链和产业集群，曲江先后成立了曲江文化产业投资集团公司、曲江影视集团、曲江会展集团、曲江演艺集团，目前正在筹建曲江出版集团；分别出台了12条鼓励和扶持影视产业、会展产业的优惠政策；设立3000万元文化产业扶持资金，并设立1亿元国产影视新人新作助推基金。

近年来，西安市坚持可持续发展战略，在大力发展经济的同时，积极推进生态文明建设，努力营造“天更蓝，水更清，地更绿，城更美”的生态环境。在西安市委、市政府的正确领导下，在省、市环保部门的大力支持与指导下，经过曲江新区的全力建设，在生态文明建设上，曲江新区走在了全市的前列，创造了有目共睹的“曲江模式”。

（四）坚持走生态建设与经济发展并举、环境保护与产业开拓并重的路子

2010年4月23日，西安曲江新区通过了国家级生态区省级考核验收，这标志着曲江新区国家级生态区建设取得了阶段性成果，也为曲江新区通过国家环保部的考核验收奠定了基础。

新区坚持以“文化立区、旅游兴区、生态建区、产业强区”为发展战略，坚持统筹发展、科学发展，突出抓好生态、历史、文化、旅游四大优势，积极推进城市化进程。曲江新区在保护曲江特有地形特点的同时，利用曲江水厂退水，恢复了芙蓉园300亩水面和曲江池700亩水面，同时利用主干道两侧15~20米绿化带将大雁塔景区、曲江池遗址公园、唐城墙遗址公园、唐大慈恩寺遗址公园等景点相联系起来，形成了曲江生态大格局，经过多年的生态区建设，曲江生态人居形成品牌，同时还取得了显著的生态效益、社会效益和经济效益，初步建立了适应新区经济可持续发展的良性生态系统。

资料来源：人民网文化产业频道，http://www.people.com.cn

【案例分析】

西安曲江新区是首批国家级文化产业示范区，是西部文化产业发展的先锋。其成功之处在于：

首先，注重生态环境的保护，以《曲江新区区域环境规划》为蓝本，开展系统的生态环境建设，建成了“一心、两带、三轴、四个板块”的形态。

其次，发展文化产业，挖掘文化内涵。曲江新区内无工业项目，园内依托西安大文化、大旅游、大文物的优势，以盛唐文化为品牌，以资源整合为手段，初步形成了以文化旅游、会展创意、影视演艺、出版传媒等产业为主导的文化产业体系。

再次，创造了曲江特有的发展模式，体现差异化优势，提高核心竞争力。“曲江模式”可以归纳为“文化+旅游+城市”，通过企业的聚集做大产业集群，做长产业链，培育大集团。即挖掘当地的文化资源，通过市场化运作、国际化手段，通过大项目带动战略，把这种资源通过文化演绎、文化创意的方式，转化为文化产品。

最后，也是非常重要的一点，政府的政策支持是园区成功的重要条件，而且园区有明确的项目执行主体，并赋予其极大的自主权。西安曲江新区的成功与政府的正确领导和优秀政策的扶持是分不开的。

## 请思考

1. 国家文化产业示范区西安曲江新区的建设给你哪些启示?

2. 请结合你家乡的资源，为当地的文化部门提供一些关于文化产业园区规划的对策和建议。

## 案例二　“给我一天，还你千年”
## ——《宋城千古情》对文化产业发展的启示

上演12年，至少2600万人次观看过这台演出，近年年均观看300万人次以上，堪称目前世界年演出场次最多和观众接待量最大的剧场演出。这就是被国外媒体誉为世界三大“名秀”之一，与法国“红磨坊”、美国拉斯维加斯“O秀”齐名的东方大型歌舞《宋城千古情》。

《宋城千古情》系浙江杭州宋城集团打造的大型歌舞，源自杭州的历史文化传说，分为“良渚之光”、“宋宫宴舞”、“金戈铁马”、“西子传说”和“魅力杭州”五部分；其结构采用一张一弛的演艺方式，演出过程跌宕起伏、大气恢弘，使观众在不同的感情漩涡里回味不已，酣畅淋漓之感油然而生。

## 一、剧情简介

（一）序《良渚之光》

早在新石器时代，“断发文身”的先民们就已在吴越大地上创造了无比灿烂的史前文明。序中的太阳之祭和原始的献祭舞、采摘舞、插秧舞、狩猎舞，见证了文明演进的足迹，让我们仿佛看到历史的脚步正款款走来。

（二）第一场《宋宫宴舞》

“山外青山楼外楼，西湖歌舞几时休”，南宋时期的杭州是四方辐辏、万物所聚的著名大都市。这一天，位于凤凰山麓的南宋皇宫内正在举行宋皇寿宴，各种歌舞、杂技此起彼伏，笙歌管弦，热闹非凡，一派国泰民安、歌舞升平的景象。

（三）第二场《金戈铁马》

公元1127年正月，金兵攻入汴京，俘徽钦二帝，史称“靖康之难”，宋室被迫南渡。宋徽宗的第九个儿子康王赵构建立南宋王朝，史称宋高宗，最后定都杭州。宋高宗继位后，推行了一条屈从金国的投降政策。从此黄河两岸、江淮之间的人民纷纷起兵反抗，掀起了波澜壮阔的民族战争的巨浪。岳飞就是这时期的民族英雄。岳飞一生曾四次从军，一直奋战沙场，精忠报国，他率领的岳家军身经百战，收复了建康和中原的大片土地，直抵汴京。

（四）第三场《西子传说》

“江南好，风景旧曾谙。日出江花红胜火，春来江水绿如蓝，能不忆江南？”荷花仙子舞翩跹、断桥相会、梁祝化蝶……这是一幅幅流动的画面，这是一首首动人的歌，这是一个个美丽的传说……“欲把西湖比西子，淡妆浓抹总相宜”，忆江南，最忆是杭州。

（五）第四场《魅力杭州》

今天，勤劳智慧的杭州人民，书写了杭州历史上最辉煌的篇章。每年数百万游客相聚在宋城，体验杭州“东方休闲之都，生活品质之城”的无穷魅力。目前，杭州正形成西湖观光、宋城怀古、杭州乐园休闲度假游的主流旅游线路。让美丽的西子姑娘们，以曼妙的舞姿、轻盈的脚步，捧出沁人心脾的龙井茶，迎接来自五湖四海的宾朋。

## 二、背景介绍

“给我一天，还你千年”，这是一句宋城十分创意的广告语。杭州宋城旅游景区，是中国人气最旺的主题公园、首批国家文化产业示范基地。“建筑为形，文化为魂”是宋城的经营理念。

杭州宋城旅游景区位于西湖风景区西南处，北依五云山、南濒钱塘江，是中国最大的宋文化主题公园，由杭州世界城宋城置业有限公司于1994年投资2亿多元兴建的。

宋城旅游景区依据宋代杰出画家张择端的《清明上河图》画卷，严格按照宋代营造法式，再现了宋代都市的繁华景象。怪街、佛山、市井街、宋城河、千年古樟、九龙广场、城楼广场、文化广场、聊斋惊魂、南宋风情街等景点一步一景。城内斗拱飞檐车水马龙，还原了宋代都市风貌。市井街内打铁铺、棉花铺、酒坊、染坊、陶泥坊、特色小吃等七十二行老作坊鳞次栉比，越剧、木偶戏、皮影戏、布袋偶、铜锣说书、街头杂耍、燕青打擂、捉拿武松等表演此起彼伏，尤其是王员外家小姐抛绣球招婿表演更是闻名遐迩，新春庙会、火把节、泼水节、桂花节四大节庆活动精彩纷呈。

文化是宋城的灵魂，它在表现自然山水美、园林建筑美、民俗风情美、社会人文美、文化艺术美上进行了自己的探索。它模糊了时空概念，缩短了时空距离。宋城是我们对中国古代文化的一种追忆与表述，它应该成为一座寓教于乐的历史之城。

2003 年杭州世界城宋城置业有限公司投资了 6000 万元修建的宋城大剧院建成，打造了《宋城千古情》。现在，宋城集团每年只需注入 1000 万元到《宋城千古情》，就有 2 亿多元的票房收入，并形成一票难求的局面，令业内同行羡慕仿效。宋城集团“主题公园+旅游文化演出”的模式，创造了中国主题公园的奇迹，其“建筑为形，文化为魂”的经营理念塑造了业内难以逾越的行业标杆，同时《宋城千古情》每年带动宋城景区及周边旅游消费达几十亿元。

## 三、成功因素

### （一）文化与旅游的深度融合

宋城项目启动之初，其决策层就清醒地认识到：旅游的背后是文化。所以，宋城主题公园以建筑为形、文化为魂，把文化和旅游紧密捆绑在一起，使两者有机融合，形成互补、相互拉动，并以《宋城千古情》为引擎，通过“主题公园+旅游文化演出”模式搞活市场。

现在，游客为了观看《宋城千古情》而到宋城，因为宋城，大量游客在杭州逗留时间至少延长一天。按照惯例，景区产品带动相关消费产业比为 1∶7。从这个角度说，《宋城千古情》为杭州创造了许多边际效应，带动了相关产业的发展。

宋城集团还适时抓住机会，推出不同民俗浓郁的传统文化节庆活动和旅游相关联的娱乐活动，如针对杭州天气炎热特点推出的“泼水节”，深受游客青睐，让游客在等候观看《宋城千古情》时可以参加这些活动；同时，看完《宋城千古情》后仍可以参加这些活动，从而把“主题公园+旅游文化演出”模式推向成熟。

宋城的最大优势就是整合力，这种整合是对资源、对理念、对文化的整合，其产生的裂变效应非常巨大。如今《宋城千古情》已不仅仅是一场演出，而成为杭州的城市标志和文化符号，既是文化精品，也是一个全新的旅游产品，又是对杭州这个千年古都的悠久历史和深厚文化的全面而生动的总结。透过《宋城千古情》，人们可以触摸到杭州这座城市的灵魂。

（二）整合多种元素制造意外效果

《宋城千古情》的成功是它打破了一般室内舞台演出的常规，带给观众意想不到的视觉冲击。如在“美丽的西子、美丽的传说”板块，断桥在观众席间合拢，当白娘子和许仙正要在桥上牵手时，桥又从中间断开，突然间雷电交加、大雨滂沱，雨雾喷向观众，许仙被一道电光吸入金山寺，霎时间整个舞台变成一片汪洋，白蛇青蛇在波涛中显现，水位翻滚升高，法海在金山寺上拼命施法，白娘子困在空中的雷峰塔里挣扎，之后洪水滔天的舞台忽然又平静下来，观众个个目瞪口呆。又如在“宋宫宴舞”板块，除了展现我国各地民族特色的舞蹈精华外，还巧妙合理地加入了美国“百老汇”、法国“红磨坊”的舞蹈元素，极尽华丽。

《宋城千古情》的题材是古代的，但表现出的却是最现代、最流行的时尚元素。如第一场《良渚之光》，就是在舞台中央放置一张巨大的蹦床，演员们不断在蹦床上腾空穿梭，作出各种惊险动作，将舞蹈、杂技、体育项目等整合在一起，使得整个演出非常饱满。又如第二场《金戈铁马》，则采用电影电视的特技拍摄手法，让观众仿佛是在欣赏电影。在服装设计上，又融入了国际最新理念，在粉红色的荷花演出服上配以三朵同色调争奇斗艳的荷花装饰灯，使古典美丽与现代风韵在每一件演出服里完美融合，令人耳目一新。

此外，收缩、移动、升降等世界先进的舞台机械，观众移动席、LED 高清大屏幕、旋转式三棱柱、摇臂、吊篮等设备，强化了舞台效果，这场声光视听盛宴，让观众在心灵深处极为震撼。

（三）创新不断是艺术的根本

宋城集团 12 年打造《宋城千古情》的实践，就是一个不断创新的过程。其董事局主席、《宋城千古情》总导演黄巧灵，做过记者，当过基层文化单位领导，又是个学者，熟知文艺市场魔棒的运行规律，深知观众对文化产品的心理需求。所以，《宋城千古情》上演之初，黄巧灵就定下一条硬性指标：这台节目必须一月一小变，半年一中变，一年一大变。宋城艺术团从上到下，把注意力的焦点都集中到创新上来，从硬件设施入手，全方位对节目细节进行挖掘和创新，吸纳各国各地演出的闪光点，通过不断提炼整合变成自己的创意，想方设法在舞台上实现。经过 10 多年的千锤百炼和不断创新，《宋城千古情》已逐步走向成熟，成为演艺界的艺术精品，赢得了广大观众的认可。

（四）整合营销　集约竞争

宋城的营销模式是“统一策划、统一营销、统分结合、相互分工”，它以杭州旅游市场为核心，以上海及华东地区为目标，积极扩大在“西湖一日游”市场中的占有率，在华东建立 500 家旅行社的委托代理网络，使长期客户占旅客量的 50% 以上。注重企业公共关系，组织各种有冲击力的社会公关活动，扩大影响，提升注意力。把在景区举办各种大型节庆活动和文体竞赛作为营销的重要手段。通过举办活动既更新了景区文化，又丰富了文化内涵，活动本身也成为吸引旅客的一大亮点。

宋城集团的这种营销模式被称为“整合营销”，其特点是信息的横向传播，双方是平等关系，用“沟通”来取代“促销”，使产品反映消费者的需求。在实施过程中，更注重不同传播工具及手段优势的整合，降低企业宣传成本，使企业的价值形象与信息以最快时间传达给消费者。通过这些措施，宋城的营销计划得以顺利实施，达到了预期效果。

(五) 创业板成功上市

经过多年的发展，宋城已在品牌和效益上成为同行业领跑者之一。2010 年底宋城股份在创业板上市。目前在已上市的创业板企业乃至中小板企业中，没有一家是以旅游演艺为核心的企业，宋城股份的上市将是“旅游演艺第一股”。文化产业发展时不我待，公司将抓住利用募集资金全面拓展、并购的大好时机，以资本市场为杠杆夯实主营业务基础，整合资源，不断丰富主题公园内容；继续“常演常新”，投入资金创作剧本和培养人才，改善场地、购置服装道具、灯光音响等设备器材，不断提升文化演艺形式和演出质量。

据了解，宋城股份的主题公园和文化演艺、经营团队，已具备向国内外发展的条件，宋城将通过股权融资、并购重组等资本运作方式，收购国内 1~2 台具有市场影响力的旅游文化演艺节目，通过品牌连锁商业运作模式，不断扩大市场占有率。

## 四、情难却，演绎再谱新乐章

杭州宋城集团作为中国文化企业 30 强之一，为中国的旅游经济的健康成长与飞速发展起到了不可取代的促进作用。经过多年的探索，宋城集团成功打造了“宋城”、“千古情”的旅游品牌。它坚持创新和持续创新，深化旅游行业文化内涵，开创旅游晚会最终实现旅游与演艺的联姻，成就了其中国旅游产业领军企业的核心地位。其“景区+主题公园”模式异地复制项目也已成功开展，自此宋城集团“主题公园+旅游文化演艺”的主营模式正式拉开向全国输出的序幕。

(一)《吴越千古情》

继大型歌舞《宋城千古情》之后，宋城集团携其舞美设计老搭档，国内舞美设计专家数虎舞美乘胜斥资 2 亿元巨资打造另一力作《吴越千古情》。

如果说《宋城千古情》是对南宋文化的一次提炼，那么《吴越千古情》就是对吴越文化的一次升华，作为世界首创的大型室内实景演出，宋城集团再次携手金牌搭档数虎舞美，从舞台营造、编创手法、视觉特效等各个方面大胆突破。它的独创之处在于将真山真水的秀丽美景搬入剧院之内，以全景环绕演出方式，将战鼓连天的战场风云、美轮美奂的飞天浣纱、富丽堂皇的吴王宫殿、气势磅礴的湘湖水战、平安祥和的佛光圣境，变换于整个剧场中，动静相宜，音画一体，让观众身临其境地感受地动山摇、狂风呼啸、大雪飘零、万箭齐发、烈焰冲天的场景，给观众带来震撼的视听体验的同时展示出中国文化博大精深的意境。

该剧围绕杭州历史，分为《湘湖渔火》、《风雪囚途》、《西施浣纱》、《惊艳吴宫》、《复国之战》、《和平颂》六幕，以吴越争霸、西施范蠡的爱情故事为主线，演绎了一曲荡气回肠的春秋绝恋。

吴越文化是唯美、诗兴的，同时又是阳刚、血性的。在吴越的历史记忆里，有家仇国恨的悲愤忧患，有血洗国耻的卧薪尝胆，有越甲三千的壮怀激烈，有巾帼红颜的坚忍执着，更有倾国倾城的慷慨从容。《吴越千古情》的推出将那段埋没在萧山湘湖三万顷碧波下的吴越文化带入大家的视野，它让杭州的文化属性更加鲜明。

（二）《泰山千古情》

泰山千古情城项目作为杭州宋城集团重点的投资建设项目，主要建设内容包括《泰山千古情》大剧院、文化及游乐公园和旅游配套设施等，是集立体式大型歌舞和高科技乐园于一体的综合文化旅游项目。

泰山千古情城位于泰安旅游经济开发区内天平湖西岸，由杭州宋城旅游发展股份有限公司投资建设。规划用地面积约为230亩，是集文化演艺、旅游娱乐、酒店商业于一体的旅游文化综合体项目，高起点规划，大手笔开发，高品位建设。一期建设《泰山千古情》大剧院、泰山古街以及文化广场等；二期建设室内体验馆、室内游乐项目及戏水天地。项目的建设可以丰富泰安旅游产品，弥补泰安室内旅游演艺市场的空白，使泰安成功实现“旅游+演艺”的成熟运作模式，精彩的演艺节目可以为旅游者提供休闲娱乐机会，用文化演艺产品的品牌效应吸引并留住游客；而度假、会务酒店的建成，将进一步提升泰安的现代服务业水平，打造会展品牌，拓展会务会展经济，同时扩大泰安的过夜游客接待容量，延伸“吃、住、行、游、购、娱”的产业链。这种集多种业态于一体的旅游文化综合体项目，可以充分发挥旅游的集聚效应，形成强大的市场吸引力，成为与泰安历史文化名城建设目标相符合的休闲文化精品。

（三）《寻之旅》

《寻之旅》是以“重走长征路”为主题的大型歌舞全国巡演，以公益巡演的方式“重走长征路”，是宋城集团彰显其品牌责任的重要演出部署。《寻之旅》将以大篷车的形式前往井冈山、瑞金、桑植、遵义、延安等地方进行公益性巡回演出。虽为公益演出，但宋城集团毫不含糊。据了解，这支队伍堪称目前世界上规模最大、设备最先进、演出最华丽的大篷车歌舞团，由LED车、舞台车、指挥车、技术车、道具车、演员车、发电车、炊事车等十几部车辆组成，每到一处便受到当地的热力追捧。

（四）继续书写千古情的华彩篇章

宋城千古情难却，宋城集团的旅游文化综合体是当今世界最新旅游文化开发理念的集中体现，宋城集团在旅游事业的发展中关注人类生活质量、追求人文关怀的高度，着力体现人与自然的深度融合与交流，强调游客的参与性、互动性，如今的宋城集团已经是一座名副其实飞进未来的文化旅游之城。

由宋城艺术总团打造的《三亚千古情》、《丽江千古情》、《石林千古情》、《泰山千古情》、《武夷千古情》、《古都千古情》等十余种充满地域文化特色的千古情系列剧目，在中国最为秀美的名胜之地陆续上演，继续书写千古情的华彩篇章。

其中《武夷千古情》、《古都千古情》作为千古情系列的另外两部大型旅游晚会，已经正式立项建设，它们同样值得期待。看宋城集团如何俘获万千游客，让我们拭目以待。千古情缘，不见不散。

资料来源：
1. 贵州先锋网，http://www.gzcpc.com/2011/07/28/19433.html
2. 网易博客，http://blog.163.com/scyishutuan/blog/static/2480062820116201056341 9

【案例分析】

《宋城千古情》作为民营企业打造的舞台剧精品，为大家提供了全新的旅游市场经营理念和文艺改革的思路。

1. 扎根民族文化沃土　融汇其他艺术精华

没有历史文脉的剧目就没有根，没有人文积淀的剧目就少了魂。白蛇与许仙、梁山伯与祝英台的爱情传说，悲壮豪迈的岳飞抗金故事等众多杭州典故、传说与西湖的自然人文景观在舞台上相互辉映。在表现形式上，《宋城千古情》又借鉴了国外最优秀的歌舞形式来进行包装，集舞蹈、杂技、时装表演等多种表演艺术元素为一体，并采用了当今世界最先进的灯光、音响、舞美、服装等表现手段。

2. 演员能进能出的选人育人用人机制

宋城艺术团在选人、育人、用人上实行优胜劣汰、能进能出的机制。一方面艺术团每年都要对演员进行考核，考核与奖金挂钩，并实行末位淘汰制。另一方面，为了能留住优秀演员，集团不惜成本，与浙江大学等联合多方位培训艺术团演员，培养演员艺术素质和修养，提高演员对角色的理解和感悟能力。同时，从演员职业生涯考虑，给他们培养文化知识，多掌握一门技艺，等演员吃完了青春饭，还可以到别的岗位。这样，就给演员们吃了一颗“定心丸”。

3. 找准市场定位填补“夜游”消费空白

《宋城千古情》赢得市场的重要原因就在于找准了市场定位，把握住了市场脉搏。首先，演出依托宋城景区，采用购票即可看戏的配套营销理念，提高了景区游览的附加值；其次，集团营销中心、艺术团针对目标消费群开展市场调研，细分市场，根据观众群及审美需求的不同，及时对节目进行适当调整。《宋城千古情》彻底改变了杭州夜游市场的格局，带动了50万游客量的杭州夜游市场消费，还拉动了相关服务行业的产生。

资料来源：新华网，http://news.qq.com/a/20061213/001254.htm

**请 思 考**

你的家乡有没有旅游演艺的案例？如果有，说一说他们的成功之处是什么？不足还有哪些？如果没有，你认为当地哪些旅游景点适合旅游演艺项目，你的建议是什么？

## 案例三　八小时史诗剧作《如梦之梦》——穿越灵魂的轮回

话剧《如梦之梦》是21世纪初期华人剧场最受瞩目的话剧之一，是表演工作坊的创始人赖声川个人从事剧场工作 20 多年来最大胆的突破，同时也是最惊人的作品。该剧首创环绕形式的剧场，演出长达 8 个小时，观众坐在舞台的中央区，30 多个演员，100 多个角色，300 多套的衣服，舞台包含 8 个方位，3 个楼层，穿越时间（民国初年、现代）与空间（台北、巴黎、上海、北京、诺曼底）。2013 年 4 月 1 日至 14 日，赖声川的《如梦之梦》登陆北京保利剧院，宣告亚洲巡演正式开启。此后，《如梦之梦》赴上海、深圳、台北、新加坡等地进行了演出。

赖声川将《如梦之梦》定义为一部“重新定义剧场的心灵史诗”。《如梦之梦》的故事以梦的讲述开始。演员以接力的方式讲述了庄子的一个传说。随后，剧情“穿越”到了现代的台北。年轻的医生小梅第一天上班，就发现自己难以面对医院中平常的死亡，而她周围的医生亲友及同事，则对这一切视若无睹……这一戏剧感十足的开端甚至充满了喜剧色彩。但当 5 号病人开始讲一个如同一千零一夜般周而复始的故事，梦境般的玄虚感将一个线索引向另一个线索，你无法知道故事的端头在哪里——赖声川控制力极强的戏剧技巧使得这情节繁复的故事流畅自如，观众不会知道下一秒会发生什么，变成什么样子，但上一秒的精巧叙述会让人对下一秒充满期待。

## 内容与形式——“原以为无法坚持下来，没想到不知不觉间就看完了”

走进剧院，观众不免有些吃惊。剧院 1500 个座位保留了约一半，其余全部空置。原有的舞台被改装为观众席，正方形的环形舞台围绕着中央被称为“莲花池”的观众席。池中的座位可旋转，观众一抬头就能看到演员，并能随时根据演出场景的变化调整观看方向。

《如梦之梦》360°的舞台设计，造就了一种前所未有的立体讲述方式，让观众自由地转向任意一个场景。就在灯亮灯暗之间，一种如同电影蒙太奇的场景切换方式，让“梦”中的角色在回忆与讲述之外，如影子一般出现、消失、默默走过观众的身边。一个人物常常以三个截然不同的身份出现在场内，人物的表述因为独特的舞台性而异常丰满。这一切都让观众不再是简单的观看者，而是不知不觉中成为戏的一部分。

导演赖声川在《如梦之梦》中独创的剧场形式，彻底打破了镜框式的舞台。“你中有我，我中有你，让观众和舞台融合在一起，在一个个梦中体会和感受人与社会无法摆脱的循环。”北京戏剧家协会秘书长杨乾武认为，这不仅是剧场的创新，也是艺术的创新。

8 小时的演出分为上下半场，每个半场 4 小时，其中包括 20 分钟的中场休息。整场演出中，观众都显得十分专注，很少走动，甚至连咳嗽声都鲜有。演出结束时，时钟已经指向午夜 12 点，雷鸣般的掌声经久不息。

“尽管时间长达 8 小时，但实际观剧时并没有觉得漫长或拖沓，看过后有一种大梦初醒、意犹未尽的感觉”，北京师范大学艺术与传媒学院副院长王宜文说，“这是一部充满灵性、思考和创意的作品”。

给王宜文印象最深的是剧场形式和戏剧结构。当演员在舞台上顺时针或走或跑的时候，关于时间和空间的意识和思考就开始显现。环形舞台看起来是个封闭的空间，其实又是一个无限延展的时间。

### 成本与票房——“市场只是推动戏剧等艺术门类发展的商业手段，不是全部”

早在2000年，《如梦之梦》就在台北艺术大学进行过首演并引起轰动，当时的演员全部由该校学生担任。2002年和2005年，又在香港和台北各演出了十余场。据业内人士透露，这部享有盛名的话剧之所以隔了7年都没有搬上舞台，是因其高昂的制作成本。

此次的新版《如梦之梦》是台湾表演工作坊和央华文化联合出品，据央华文化艺术总监王可然介绍，该剧制作费高达1000多万元。为了达到最佳效果，他们请来了奥斯卡最佳服装师叶锦添，而为了保持剧的纯粹性，公司没有找任何赞助。

成本如此高，能否收到可观的回报？王可然给我们算了一笔账：《如梦之梦》在北京10整套、20个半场的演出，一共2万张票。每场880元和680元的票各100多张，480元的票近200张，“莲花池”座位的票价平均过千。“即使所有票都卖完，总票房也才1560万元，和投入差不多持平。而且，每到一个地方演出，剧场前期改造就需要1周，上演可能需要十天半个月，因此，这部剧的收益都要远低于平常一般的剧目。”王可然说。

收益虽有限，但王可然仍坚持要做。“市场只是推动戏剧等艺术门类发展的商业手段，不是全部。戏剧应该具备三个层次，即愉悦观众，让观众得到情感满足，让观众有思考、判断空间。《如梦之梦》兼具了三个层次，所以再难也要坚持。”

王可然的愿望是做让全中国有文化消费意愿和能力的人都愿意看、喜欢看的话剧。“我们坚持用票房回笼成本，培育健康的话剧市场，并希望开拓中国的戏剧文化消费市场。”

资料来源：

1. 人民网—人民日报，http://yule.sohu.com/20130409/n372056858.shtml
2. 文汇报，http://www.ce.cn/culture/gd/201306/11/t20130611_24471322.shtml

**【案例分析】**

《如梦之梦》除了在舞台、剧情、演员、演出时间等方面的创新外，在市场推广方面也有自己的独到之处。此次的新版《如梦之梦》制作费高达1000多万元，为了达到最佳效果，该剧请来了奥斯卡最佳服装师叶锦添，而为了保持剧的纯粹性，公司没有找任何赞助。成本如此高，能否收到可观的回报？这确实值得我们思考。不过，该剧艺术总监王可然说：“我们坚持用票房回笼成本，培育健康的话剧市场，并希望开拓中国的戏剧文化消费市场。”他的愿望是做让全中国有文化消费意愿和能力的人都愿意看、喜欢看的话剧。他的观点值得尊敬。

## 请 思 考

新版《如梦之梦》的创新给你哪些启发？你认为其卖点是什么？

## 案例四　从30亿元到146亿元　中国国际动漫节击碎“七年之痒”

2012年，为期6天的第八届中国国际动漫节，有61个国家和地区参展，208万人次参与，共签约165个项目，涉及金额104亿元，现场成交42亿元人民币，总金额达到146亿元，比上届增长了14%。而2005年第一届动漫节举办时，这个数字是30亿元人民币——这样一张成绩单亮出来，让人不得不承认，中国国际动漫节已经成为杭州另一张金名片，它给这座城市带来的不仅仅是人气、名气，还有旺盛的财气，以及与日俱增的灵气和大气。

中国国际动漫节（China International Cartoon & Animation Festival）由国家广电总局和浙江省人民政府主办，杭州市人民政府、浙江广播电影电视局和浙江广播电视集团承办，是唯一一个国家级的动漫专业节展，也是目前国内规模最大、人气最旺、影响最广的动漫专业盛会，被《国家“十二五”文化改革发展规划纲要》列为重点扶持的文化会展项目、“中华文化走出去”的重要平台。

中国国际动漫节自2005年以来每年春天固定落户杭州举行，它以“动漫的盛会、人民的节日”为宗旨，以“专业化、国际化、产业化、品牌化”为目标，以“动漫我的城市，动漫我的生活”为主题，内容包括会展、论坛、大赛、活动四大板块等20多个品牌项目，美国最具实力的动漫集团迪斯尼、梦工场，日本最大的漫画出版集团集英社，以及来自法国、俄罗斯、乌克兰、克罗地亚、加拿大、韩国等10余个国家的知名动画节机构代表，中央电视台、广州奥飞动漫、深圳环球数码等国内著名基地和企业，中国美术学院、北京电影学院、中国传媒大学等著名高校都是动漫节的常客。

2012年4月28日至5月3日，第八届中国国际动漫节移师中国杭州动漫产业的重镇——滨江区白马湖生态创意城举行，以“动漫我的城市，动漫我的生活”为主题，内容包括会展、论坛、大赛、活动四大板块，齐聚动漫精英，共襄动漫盛会。

### 2012年第八届中国国际动漫节十大亮点

**☞亮点一：61个国家和地区参与　五大洲代表相会动漫节**

第八届中国国际动漫节共吸引美国、日本、意大利、法国、英国等61个（上届54个）国家和地区的参会、参赛和参展。金猴奖大赛吸引包括英国、爱沙尼亚、印度、斯洛伐克等在内的19个国家和地区的作品参赛；国际峰会共聚法国、匈牙利、克罗地亚、加拿大等12个国家和地区的著名动漫节机构代表；COSPLAY超级盛典吸引了韩国、日本、泰国、意大利等国家的海外选手前来与中国选手同场竞技；“天眼杯”国际少儿漫画大赛收到了俄罗斯、澳大利亚、奥地利、厄瓜多尔等41国家和地区的参赛作品；名家漫画拍卖会也征集到了塞尔维亚、保加利亚、乌克兰、以色列、古巴等17个国家和地区的参拍作品——中国国际动漫节成为汇聚五大洲动漫业界人士的全球性聚会。

☞亮点二："愤怒的小鸟"来参展　动漫节吸引众多名家名企

2012年的产业博览会，名家云集，名企荟萃。动漫节首次吸引了瑞士、意大利、法国等欧洲5大出版机构，首次汇聚了蔡志忠、朱德庸、敖幼祥、萧言中等台湾漫画四大才子，同时还吸引了全球知名动漫企业——日本集英社、日本东映公司、芬兰ROVIO"愤怒的小鸟"工作室、韩国冬已公司、中国香港贸易发展局、中国澳门动漫协会、中国台湾霹雳等参展。此外，著名作家余秋雨、演员甄子丹、音乐人朱哲琴、武侠小说家黄易、畅销书作家南派三叔等名家都亮相动漫节。

☞亮点三：全国基地悉数参展　博览会龙头企业云集

本届动漫节参展企业涵盖了除西藏之外的国内所有省、自治区和直辖市的动漫基地。中央电视台、浙江广电、腾讯、中南卡通、《漫友》杂志社、海豚传媒、深圳环球数码、玩具反斗城、武汉江通动画、吉林动画学院等知名企业和学校参展踊跃。本届动漫节首次将展览与洽谈、现场销售与版权交易设在同一场馆内，旨在以展览带动交易会人气，以交易提升展览成效，强化展览与产业的结合。

☞亮点四：首推中外动漫教育展　展览交易发布供不应求

2012年的动漫节首次设立了中外动漫教育展，包括英国、法国、日本、加拿大、马来西亚等国家和地区的近30家境内外院校来杭。其中，由英国大使馆教育处牵头组织的近20家英国院校，是动漫节历史上规模最大的境外展团。产业博览会将举办项目发布、项目签约、动画片交易、衍生产品交易等多项活动，全国三大通信服务商中国移动、中国联通、中国电信争相在动漫节上拓展业务。

☞亮点五：漫画参拍络绎不绝　名家拍卖再成焦点

2011年首届中国名家漫画拍卖会以1180万元的成交额和100%的成交率，成为业界关注焦点。2012年的名家漫画拍卖会共收集了224个标的，包括著名漫画家丰子恺、华君武、关良、李滨声、黄玉郎、蔡志忠、朱德庸等的漫画精品。此次还征集到早期著名连环画家赵宏本所绘的于1947年出版的《戚继光》及海派名家董天野所绘的于1956年出版的彩色连环画《孙悟空大闹天宫》等精品手稿画作。

☞亮点六：12大国际动漫节机构携手　国际峰会共谋动漫未来

两年一届的中国国际动漫节峰会在2012年如期举行，该次峰会首次汇聚组织加拿大渥太华国际动画节、克罗地亚萨格勒布动画节、法国昂西动画节、希腊雅典动画节、意大利未来电影节、韩国富川国际学生动画节等12大知名国际机构参与，相聚杭州共同谋划国际动漫合作的新秩序。一年一度的动漫高峰论坛同样引人注目。本届论坛确定以"动漫强国之路"为主题，设置大师班、中英动漫教育论坛、新媒体论坛、"杭州·香港双城记"等多个分论坛。余秋雨、蔡志忠、黄百鸣、黄玉郎等国内外知名文人骚客齐聚论坛，共商动漫文化。同时，为做精做强论坛，提升国际性、专业性程度，2012

年论坛首次携手凤凰卫视推出“动漫·文化”访谈活动，对话文化界、企业界精英，用专业的视角、专业的评述挖掘动漫这一新兴文化。

☞亮点七：1160件动漫作品参赛　美猴奖升格为金猴奖

2012年，陪伴动漫节共同成长的“美猴奖”专业大赛全新升格为“金猴奖”大赛。本届大赛共收到来自中国、美国、法国、英国、日本、阿根廷等20个国家和地区共计1160件参赛作品，其中，境外参赛作品占总量的30%，英国AKA动画工作室、日本AsiaGraph、爱沙尼亚Nukufilm电影厂、美国加州艺术学院、法国ESMA艺术学院、德国巴符州电影学院等世界一流动画机构均有作品参赛大赛还首次与英国大使馆文化处合作，专门设立”英国大学生动画短片奖”，进一步助推赛事国际化程度。

☞亮点八：获奖者可配音进口大片　动漫声优大赛参与踊跃

已成功举办了两届的动漫声优大赛已经成为国内顶级的动漫专业配音赛事。2012年的声优大赛邀请了著名配音艺术家、“佐罗”的配音演员童自荣担任代言人，周星驰的御用配音演员石班瑜、著名配音艺术家曹雷等组成大赛评委。

大赛首次联合浙江传媒学院、上海电影译制厂、浙江卫视、杭州西湖之声电台共同承办，在以往只招募大学生参赛者的基础上，2012年大赛首次面向社会招募热爱动漫、喜欢配音的参赛者，并在哈尔滨、广州、重庆设立分赛区。大赛获胜者不仅有机会获得浙江传媒学院复试免试的机会，更有机会签约10年未招新人的上海电影译制厂，为进口大片配音。

☞亮点九：首次设立海外赛区　COSPLAY人气更旺

作为中国国际动漫节人气最旺、关注度最高、观赏性最佳的品牌赛事，中国COSPLAY超级盛典每年吸引成千上万参赛者。2012年的COSPLAY超级盛典在以往国内分赛区基础上，首次设立日本、韩国、泰国等海外分赛场，让国际选手有机会与国内COSPLAY选手同场竞技。同时，为鼓励选手积极性，2012年大赛奖金翻倍，总额首次突破15万元，金奖团队奖金高达2.5万元，设立奖项多达36项。

☞亮点十：开幕式搭建冰面舞台　酷卖街制造动漫迷宫

2012年动漫节开幕式晚会在黄龙体育馆搭建冰面舞台，运用声、光、电、道具等元素打造360°全景“梦幻之城”，让观众全方位地感受动漫之美，张佑赫、萧敬腾、萧亚轩等明星献演。此外，酷卖街在滨江区星光大道制造动漫迷宫，彩车巡游在主会场每天都有表演，市区主要广场免费放映国内外优秀动画电影，观众在白马湖动漫广场上可看到240平方米的巨型3D地绘，主会场上空还飘浮着“动漫浮云”，时尚的人体雕塑以假乱真，各类精彩活动洋溢着“动漫我的城市，动漫我的生活”的主题。

资料来源：

1. 百度百科，http://baike.baidu.com/view/545440.htm
2. 浙江在线，http://news.hexun.com/2011-05-04/129250012.html

【案例分析】

动漫是一张走向国际的金名片，是一座引领合作的桥梁，是一种创意的生活态度。中国国际动漫节成功搭建了一个平台，将专业会展、国际交流、企业合作、产品交易等功能和节庆活动集于一体，推动国产动漫走出国门。

2003 年，杭州以浙江中南卡通等企业的成立为标志，开始了动漫的产业化探索。如今，动漫已经成功浸入了这个城市的日常生活中。走在杭城街头，你可以经常在转角处看到一面面缀满动漫人物的墙，在变电箱和垃圾箱上也被装饰了动画形象。

春风化雨，润物无声。中国国际动漫节的成功表明中国动漫正在进入“杭州时间”。杭州动漫产业在中国产业格局中占据了举足轻重的地位，其形成的“杭州模式”也已成为杭州发展动漫产业特色之路的代名词。

## 请 思 考

1. 中国国际动漫节成功的因素是什么？
2. 中国国际动漫节为杭州带来了哪些机遇？

## 项目实训

成功的节事活动已成为了城市宣传的形象名片，有效地提升了区域的综合竞争力。请结合你家乡的实际情况，为当地政府策划一个有地方特色的节事活动。

要求：

1. 该节事活动要有创意，有生命力；
2. 有节事活动的主题，一系列策划应围绕主题开展，环节应完善；
3. 项目具有可行性。

## 案例五　“混搭”的魅力　大型魔幻舞台剧《黄粱梦》

大型魔幻舞台剧《黄粱梦》是一台彰显邯郸地域文化、带有邯郸文化符号的舞台剧。该剧采取串珠式叙事结构，讲述了秀才卢生踌躇满志为求取功名进京赶考，路过邯郸小店休息时巧遇仙人吕洞宾，送其一枕，进入梦乡：梦中他考取头名状元→被皇上招为驸马→为谋取功名弄虚作假当上宰相→贪赃枉法收受贿赂滥杀忠臣，沉溺于酒色之中成为赃官→被朝廷削官正法定为死罪……最后卢生发出“望乡台上回头看，死时才知后悔难”的感叹。该剧在一连串的惊奇、美妙、戏谑和笑闹中，启迪人们重新审视人生观和价值观。

## 一、故事梗概

饱读圣贤之书、怀揣青云之志的青年卢生进京赶考，路过邯郸，在一鸡毛小店与神仙吕翁相遇。一个在平凡中找到快乐的店婆，一个洞穿人生主张遁世的神仙，帮助一个对未来充满幻想的青年开始了一场说长也长、说短也短的梦幻：

卢生考中状元，瞬间天上人间，儒服变官服，连怎么走路都不知道了。正是好运来了挡都挡不住，皇帝老子爱才，将妙龄公主赐予卢生为妻，正所谓：洞房花烛夜，金榜题名时，卢生春风得意。公主当然不能让驸马只是驸马，她创造一个机会，让自己的男人率军平叛，其实不过是用20万大军，去捉几个小小蟊贼，凯旋是铁定的。卢生平叛有功，被封为当朝宰相，真可谓出将入相。

一朝权在手，便有奉承人。文武官员展开了一场争先恐后的拍马屁大赛，果然把卢生拍得忘乎所以。做人原来还可以想干什么就能干什么，想有什么就能有什么，太爽了！有人送钱，收下就是；有人送美，享受就是；有人反对，杀了就是。不知不觉，卢生早已把先前说过的什么“一腔正义，两袖清风”忘得干干净净。

终于，一道圣旨传来，卢生罪大恶极，灭九族，处凌迟，门生故吏一律斩首。

一缕幽魂，坠入地狱，卢生赤条条走来有牵挂，感慨人生，后悔莫及。好在判官鬼卒，只管惩恶扬善，不问官大官小，卢生被当众锯开，以验心黑心红。判官定案，将卢生打入十八层地狱，永远不得超生。

卢生惊呼，一梦醒来，店婆为他蒸的黄粱米饭却刚熟。吕翁颔首，要卢生跟他去修道；店婆安贫，劝卢生跟她开店，不料卢生捡起行囊，还要去赶考。卢生受到教训，要立志做一个好官。

## 二、好评如潮

故事是传统的故事，讲法却是新鲜的讲法。你可以看见，台上卢生真的在梦境中飞行。忽然间，素衣白袍的穷书生瞬间变为披红挂彩的状元郎，刚才还是水袖长衫，一瞬间顶盔带甲。广大观众们的眼睛，简直就是不够使！更别说，一本正经的官员一边集体念RAP，一边大跳“螃蟹舞”。相爷朝思暮想的“四大美女”则是从画中变出来，待到他老人家急吼吼地扑上去，美女“嗖”的一声变没了，这些噱头的设置让人实在乐不可支，拍案叫绝。整部剧的特点就是多种艺术手段的融合，你可以叫它“混搭”也可以叫“杂交”或者“跨界”。一台戏里魔术、杂技、舞蹈、说唱、咏叹调、戏曲该有的全都有，而且还天衣无缝，没有半分生涩。这种“混搭”，不光搭得好看，还混搭出了自己的风格，把老故事讲成了新传奇。

大型魔幻舞台剧《黄粱梦》自2009年5月搬上舞台以来，获得多项荣誉，还被确定为国家对外交流剧目。邯郸是国家历史文化名城，在它几千年的文明传承中形成了丰厚的文化蕴藏，孕育出辉煌灿烂的独特文化。推出这样一台精品剧作，是河北省文化厅、中共邯郸市委、市政府高度重视文化事业和文化产业发展的结果。同时也探索出了一条省市文化创作人员共同打造，吸引民营经济投入到文化产业中来的新路子，为邯郸和河北的文化发展推出了一张精彩名片。该剧通过卢生大福大贵、大生大死、大彻大悟，揭示了丰富的人生哲理，具有深刻的思想内容，是一部廉政警示教育的好作品。

2010年1月20日上午，中国戏曲协会秘书长万素、原中国艺术研究院院长薛若琳、中国戏曲学院前副院长赵景勃等20余位戏曲界的专家，参加了《黄粱梦》研讨会。综合专家们的观点，基本上可以用“赏心”和“悦目”两个字来概括。“悦目”，就是指专家们对《黄粱梦》表演形式创新的评价：“《黄粱梦》把戏曲和魔术、杂技等多种艺术门类相结合，是戏曲突围走市场的一个奇招”；“《黄粱梦》在戏曲创新上迈了一步，这部剧注定会在中国戏剧史上留下一笔”。“赏心”，是指专家们一致认为《黄粱梦》在具有很强的娱乐性、可看性的基础上，还有着强烈的对社会现实的批判，对贪官污吏现象的批判，非常能够引起观众的共鸣：“《黄粱梦》对贪污现象的批判让观众看了很解气”；《黄粱梦》中卢生带着20万大军去平叛几个蟊贼，以及卢生和历史上的四大美女共舞这两个桥段，将贪官玩弄权术、腐败、堕落的现象刻画到了极致。

## 三、精彩之处

### （一）千万巨资，国家级非物质文化遗产鸿篇巨制

此次的《黄粱梦》舞台剧不同于以往的戏曲，作为首批国家级非物质文化遗产，《黄粱梦》在投资规模上可谓一骑绝尘。主办方不惜斥资800多万元购置了世界一流的JBL音响、500多万元用于该剧的创编和制作、70余万元购买了升降舞台，总投入超过2000余万元。巨额投资与亲民票价形成的对比，更加显示出投资方在艺术上的追求和保护文化的良苦用心。

### （二）艺术形式多元化，特技神乎其神

老艺术家们在《黄粱梦》的舞台表现中大胆地加入了许多新的元素，通过大量的魔术与特技营造更加神秘莫测的神话氛围，“黑鸭子”合唱团带来的伴奏演唱也将气氛烘托得恰到好处。新元素的加入不但没有显得突兀，反而为神话题材的戏剧情节发展，提供了充分的舞台张力。

### （三）服装造型翻新

国家一级服装设计师范晓荟设计制作剧中所有服装。服装款式贴近大唐风格，力求大气、华丽，面料有真丝绡、绸、缎、雪纺及韩国纱等，上面手工缝缀了亮片、彩钻，靓丽时尚。

国家一级化妆师艾淑云为剧中人物设计造型。她给演员定的妆面采用“越扮”，即脸两侧不贴片子，显得更清秀一些，还一改戏曲油彩化妆方式，采用了一些影视化妆手段，看上去非常自然漂亮。

### （四）超奢华立体舞台突破“一桌二椅”

国家一级舞美设计师李家旺将该剧的舞美设计成三层依次增高的大舞台。三个表演

区通过灯光、立体实景、网眼纱，随着剧情和震撼人心的交响乐，变换着不同的舞台世界，缥缈的蓬莱仙境、豪华的状元府、恐怖的阴曹地府等共有十个气势恢弘、形象逼真的舞台场景。

（五）艺术形式的时尚“混搭”

剧中卢生不仅能在梦境中凌空飞行，还由素衣白袍的穷书生瞬间更衣为披红挂彩的状元郎；一群身着古装的各色官员一边集体念 Rap，一边大跳“螃蟹舞”；宰相爷朝思暮想的“四大美女”从画卷中悄然落地，转瞬间又消失得无影无踪……这种新鲜尝试，令《黄粱梦》吸引了 80 后乃至 90 后、00 后的眼球。其中穿插的魔术表演更是让台下观众惊喜不断：卢生接到中状元的圣旨后，突然袖子一抖，身上的秀才服一下子变成了状元服；吕洞宾空中一抓，就为卢生变出一个枕头；明明一个美女站在那里，可等卢生扑过去以后，只剩下一件外衣……

（六）社会热点拉近传统与年轻人的距离

除了艺术形式的创新，《黄粱梦》主创人员还大胆运用置换主题的方式，用社会热点替代古老传说进行新诠释，洞穿了中国知识分子的千年梦幻，揭示了“大福大祸、大生大死、大彻大悟”的深刻哲理，给人以贪欲害人、多行不义必自毙的警示，启迪人们重新审视自己的人生态度，洁身自爱，清正处世。

（七）台词幽默，音乐时髦

整台演出充满了惊奇、幽默和笑料。剧中增加了不少颇有意味的戏词：“当今天下，哪里还有什么纯真美女啊”，“望乡台上回头看，死后才知后悔难”，“贵招仇，富生怨，大福大祸紧相连”，戏谑和笑闹之余，发人深省。剧中除了采用了流行音乐 R&B 的表现形式，还有国家交响乐团为该剧录制的伴奏带，“黑鸭子”等知名组合也参加演唱；另外杂技、舞蹈也被多处采用，整个剧目显得丰富多彩，轻松欢快。

## 四、高雅艺术进校园——北大华丽呈献

为贯彻落实教育部、文化部、财政部决定 2010 年继续组织开展“高雅艺术进校园”活动的精神，河北省文化厅、中共邯郸市委、邯郸市人民政府积极与高校学术机构紧密结合，通过戏剧打造城市名片。在作为首批国家级非物质文化遗产的大型魔幻舞台剧《黄粱梦》全国公演 100 余场后，与北京大学文化产业研究院、北京天际远景文化传播有限公司等单位共同组织，首选北京大学作为开展高雅艺术进校园活动的首次亮相，于 2010 年 12 月 1 日至 3 日在北京大学百周年纪念讲堂与学子如约相见。

演出现场千余名观众被一个来自千里之外的陌生的地方剧种，被富有哲理的剧情、精彩的表演、变化莫测的魔术、幽默诙谐的台词、绚丽多彩的舞台所吸引、所征服，引起观众共鸣，他们把掌声一次又一次献给精彩美妙的《黄粱梦》。

这次《黄粱梦》作为“高雅艺术进校园”，普及优秀民族文化艺术的重要活动首进北京大学，让大学生们不出校门就能欣赏到技艺精湛、格调高雅的艺术表演，又一次走近大师，聆听经典，领略艺术的魅力，接受高雅艺术的熏陶，丰富了高校校园文化内

容，提高了校园文化品位，陶冶了大学生情操，提高了大学生艺术实践能力，满足了大学生的精神文化需求。

【名人评论】

文化名人王蒙说："我在观看《黄粱梦》时，现场的观众掌声不断。在戏里圣旨宣判卢生草菅人命、贪赃枉法等罪行，以及卢生梦醒后表示自己要做一个清官时，现场观众曾爆发出雷鸣般的掌声。我觉得《黄粱梦》这部戏有和现代观众沟通、引起观众共鸣的语言。《黄粱梦》对贪官污吏的痛恨，很容易引起观众的共鸣。"

【经典台词】

望乡台上回头看，死后才知后悔难。
贵招仇，富生怨，大福大祸紧相连。
生如梦，死如烟，争名夺利为哪般？
我的巍峨相府今何在？别人正在往里搬。
我的金银财宝今何在？别人拿着买新官。
我的相印将印今何在？别人已经挂腰间。
我的美人歌姬今何在？别人怀里笑开颜。
我的功名今何在？一个奸贼臭名传！
做官还是大官好，大官就比小官高。
翻手为云覆手雨，眉毛一动山河摇。
吃不完的珍馐花不完的钱，摆不完的阔气弄不完的权，
听不完的颂歌收不完的礼，享不尽的富贵，过不完的华年！

资料来源：

1. 买票网，http://www.mypiao.com/ticket/31880
2. 搜狐娱乐，http://yule.sohu.com/20100107/n269429963.shtml
3. 中国演出票务网，http://www.chinapiao.com.cn/ticket/5405.html
4. 新浪博客，http://blog.sina.com.cn/s/blog_63db81b30100lhjo.html
5. 中国青年报，http://culture.hebei.com.cn/wtylzx/whpd/whtt/201012/t20101203_2599358.shtml

【案例分析】

大型魔幻舞台剧《黄粱梦》是一出集戏剧、魔术、杂技、舞蹈等艺术门类于一体的新型舞台剧。由河北省文化厅与邯郸市联合打造的魔幻舞台剧《黄粱梦》闯出了一条精品生产的新路。这部作品创造了河北省舞台艺术的三个"第一"：第一次用民间资金打造艺术精品；第一次把现代舞台技术提高到了世界水平；第一次完全面对市场为百姓而创作。

该剧具有创新性、典型性，分析探讨它的创作过程，可以得出以下几点思考：

思考之一：省地联合是精品生产的有效途径。丰富的文化资源藏之民间，雄厚的创作力量集于省直。实现文化系统内部跨层级的资源整合、共建共享、优势互补、工作协同，特别是引入省直优秀创作力量帮助地方挖掘、开发、利用文化资源，打造文艺精品，不失为推进精品生产的一条新路。

思考之二：民营资本是精品生产的有生力量。《黄粱梦》的成功很大程度上得益于有充足的资金支撑。在市场经济条件下，仅仅依靠政府投资排戏已经远远不能满足文艺院团的发展需求，坚持政府扶持、社会支持、市场运作的有机结合，是文艺院团生存发展的基本路径。

思考之三：地域文化是精品生产的肥沃土壤。《黄粱梦》以中外闻名的邯郸成语典故“黄粱美梦”为蓝本，有500多年历史，以全国独有的平调落子艺术为主要表现形式，用现代视角对邯郸历史文化进行艺术再现和新的诠释。

思考之四：集成创新是精品生产的关键环节。《黄粱梦》以平调落子为核心，融魔术、杂技、舞蹈及现代化舞台表现方式于一体，采用假定、虚拟、写实、时空自由流转等艺术手法，通过艺术嫁接增强了平调落子的艺术表现力、感染力，给人以强烈的冲击力，满足了观众多方面的审美需求，达到了好听、好看、好玩的效果，被专家称为戏曲的一场革命。

思考之五：思想内涵是精品生产的成功前提。《黄粱梦》抓住了“人为什么活着、怎样活着”的永恒主题，通过演绎卢生的“黄粱一梦”，把严肃的人生命题融入轻松、戏谑、荒诞、怪异的戏剧故事中，揭示了“大福大祸、大生大死、大彻大悟”的深刻哲理，给人以贪欲害人、多行不义必自毙的警示，启迪世人洁身自爱、清正处世。

思考之六：市场运作是精品生产的必由之路。《黄粱梦》是一部旨在开拓市场的剧作，完全按照市场化的目标来操作剧目生产的全过程，在剧本选择、主题确定上做到了大众化、世俗化，在艺术手法、科技手段上做到了多元化、时尚化、现代化，从而从各个方面适应了观众的心理需求，使《黄粱梦》剧具有广泛的观众缘，为走向市场打下了坚实基础。

资料来源：中国河北，http://www.hebei.gov.cn/article/20090619/1232382.htm

## 请思考

大型魔幻舞台剧《黄粱梦》的成功为我国戏剧的创新拓宽了思路，你认为我国的戏剧应该如何进行包装推广，从而让更多的人接受戏剧，喜爱戏剧？

## 案例六　深圳文博会吸金超千亿　文化产业投资提速

中国（深圳）国际文化产业博览交易会（简称“文博会”）是中国唯一一个国家

级、国际化、综合性的文化产业博览交易会。文博会是伴随着我国文化体制改革应运而生的，于2004年落户深圳，历经九年八届，展商数量从首届的700多家增加至第八届的1928家，交易额从首届的356.9亿元增加至第八届的1435.9亿元，参观、参展、采购的国家和地区从首届的10多个增加到第八届的95个。其国家级、国际化文化产业博览交易会的品牌已初步建立。

## 一、第八届深圳文博会

第八届文博会主展馆设八大专业展馆，分别是文化产业综合馆、创意生活馆、影视动漫游戏馆、非物质文化遗产馆、设计精品馆、新闻出版馆、美术馆及工艺美术馆；另外在深圳保利剧院设置一个特色馆——演艺产业馆。第八届文博会设五大板块，具体如下：

博览与交易——博览与交易板块分为展览交易、项目投融资等部分，文博会将汇集中国最优秀的文化产业投融资项目和最优秀的文化企业和产品，成为全球中国文化产业项目和产品品类最齐全、规模最宏大的展示和交易平台之一。

论坛——第八届文博会将进一步整合论坛、会议、讲座等活动资源，继续打造专业高峰论坛，进行权威信息发布，举办中国文博会数字出版高端论坛等各类专业论坛、中国文化产业投融资项目推介会等活动。努力为中国文化产业思疑解惑，助推文化产业快速、健康发展。

评奖——第八届文博会将整合评奖资源，统一举办“文博会颁奖典礼”，颁发文博会优秀组织奖、优秀展示奖、工艺美术文化创意奖、设计精品奖等奖项，推动文博会成为中国国文化产业领域最新成果和最高水准的年度大检阅。

节庆活动——第八届文博会节庆活动将把包括文博会艺术节、中国新媒体影视动漫节等在内的大型节庆活动精彩呈现在世界各地朋友面前。文博会期间，将邀请著名的中外艺术团体在全市剧场进行商业性演出，同时组织中外群众艺术团体在深圳各个广场、社区演出，来自世界各地的朋友将能亲身体验和参与这一盛大的“中国文化狂欢节”。

网上文博会——第八届文博会期间，网上文博会平台（中国文化产业网及文博会官网）将广泛整合线上线下文化产业资源，以中、英文两种版本向海内外采购商全方位展示我国文化产业发展最新建设成果、最新发展态势和项目与产品的交易盛况，打造永不落幕的网上文博会。同时，着力建设资讯中心、交易中心、服务工程、网上文博会、文化大观园五大重点栏目，按照线上线下一体化运作思路，完成集项目上报征集、筛选整理、翻译排版、编辑成册、展会现场重点项目发布于一体的专业化服务流程。

据统计，第八届深圳文博会总成交额同比增长15.5%，显现出它对文化产业的巨大推动作用。展会期间参观文博会主、分会场各项展览、各项活动人次达348.36万，其中专业观众为62.71万人次，海外专业观众为13.15万人次，达到了办一届更上档次、更富有成效、更具影响力的文博会的预期目标。

第八届深圳文博会可以带给我们以下几点启发：

（一）文化产业也要面向海外

突出文化与其他产业的融合。第八届文博会格外注重文化与其他产业之间的相互融合，一方面专设了创意设计展区，用以展示国内优秀创意设计类产品，同时邀请了业内具有领先专利技术的领军企业参展；另一方面为了进一步打开东南亚、欧美等海外市场，第八届文博会还特意推出“文博会经典旅游线路”，让海外朋友在畅游的每分每秒能够亲身感知华夏文明的博大精深，同时配套举办了如“2012 深圳文化创意产业投资峰会”等各类项目推介活动，努力创建文化项目的投融资新平台，真正让文化产业时刻融入“新鲜血液”。

突出提升非物质文化遗产的魅力指数。如何进一步提升专业化、市场化的水平一直以来是我国非物质文化遗产的发展方向，为此，本届文博会借机优选了省级以上市场潜力大、产业化程度高的高端传统手工技艺产品、传统医药产品和美术产品进行展示和交易，特别是青海唐卡、江西瓷版画等一批具有代表民族特色的品牌“名片”不时博得众人的眼球，为我国非物质文化遗产项目产品进一步走向世界奠定了坚实的基础。

（二）推动民族文化走向世界

无论是对采购商，还是对观众，如何在琳琅满目的展品中“快捷、准确”搜寻到心中的“挚爱”成为关键，为此，会展独有的“分区化”设计突出了集中展示成果的效用，巧妙地解决了这个问题，“人性化”的格局设计为“赏展”的人们提供了最佳的视觉感受，让人、物和展厅环境的三要素自然地融为一体，为会展平添了几分和谐与轻快。

为了使各个专业展馆的内容层次更为清晰合理，第八届文博会遵循“合理化”的现实理念对各个展馆的展示交易内容进行了科学规划与分类，并对各专业馆的重复性内容进行重新的整合，避免展品种类的重复、散乱，导致对公众产生不必要的“视觉疲劳”：如将原 2 号馆与原 6 号馆合并为创意设计生活馆，并在其内部设置“创意集市”，用以展现个人创意设计内容。

海外招商工作一直是文博会的重中之重。为了积极推动民族文化走向世界，增强与世界文化的交流与融合，第八届文博会除继续开设“第八届文博会中欧文化创意产业合作研讨会”以外，还针对东南亚、欧美等区域开设“会展+旅游”的合作模式，选择有实力、有影响力的海外代理参与海外招商工作，以提升“国际化”水准；同时，还增强了对外向型出口企业的组织力度，特别是天雅轩、大观园、石居坊等出口量较大的工艺美术类企业的亮相为会展平添了几分魅力和活力。

（三）“龙头”效应全面提升

文博会由于始终坚持“优中选优、精中选精”的办会原则，会展的各展馆便因此汇聚了业内众多的“龙头”企业，呈现出参展结构优化、“大腕”企业云集、文化产品种类多、知名度和影响力高等特色。其中包括中国出版集团、中国唱片总公司、中世纵横、嘉兰图、亚洲电视、华视传媒集团及深圳方块动漫画文化等众多知名的大型企业在内的几十家企业，“龙头”效应不断提升。

融资难向来是困扰和制约文化产业发展的重要因素，为解决这一实际难题，第八届文博会采用了“普遍撒网、重点培养”的思维模式，相比往届文博会，其投融资项目涉及的领域更广、更细，层次划分更多样化、明确化。据统计，其中影视传媒占10%、娱乐演艺占6%、网络动漫游戏占9%、创意设计类占2%、文化旅游占42%、工艺美术占7%、文化用品和设施占16%、教育培训占2%、其他类占6%；同时为了给文化产业项目提供切实的金融支持，文化部及时发布了《中国文化产业2012投融资项目手册》，并配套举行“中国文化产业投融资项目推介会”等各类项目推介、公演活动，举办了重点项目招商推介及合作签约仪式。

更值得一提的是第八届文博会的配套服务水准较往届有明显的提升，一方面引进市场监管部门、珠宝玉石鉴定中心等机构，为买卖双方保驾护航提供政策、法律的保障；另一方面编制《中国（深圳）国际文化产业博览交易会成功百例》免费提供给参展单位，实现了资源共享。

## 二、第九届文博会首设文化旅游馆

第九届深圳文博会于2013年5月17日至20日在深圳会展中心举办。中国文博会网站新版也于10月31日正式上线。

### （一）多措并举办好深圳文博会　提升办展档次和质量

在谈到第九届深圳文博会的筹备工作时，深圳文博会组委会办公室主任、深圳市文体旅游局局长陈威说，“将继续坚持‘专业化、国际化、市场化、精品化、规范化’的办展方针，紧紧围绕国家出台的《文化产业振兴规划》和国家‘十二五’文化发展规划的战略部署，提升办展档次和办展质量”。

深圳文博会组委会将进一步突出“内容为王”，加大内容建设力度，提升展会文化内涵和精品化水平；进一步突出“交易为王”，加大招商力度，提升展会市场化程度和投融资功能；进一步完善办展机制，加大品牌塑造力度，提升展会国际化、专业化、规范化水平。

### （二）优化展馆结构布局　深圳文博会首设文化旅游馆

第九届深圳文博会对展馆设置进行了适当调整。其中，2号馆创意设计生活馆进一步扩大了创意设计展区规模，整合工业设计、个人创意设计等内容；6号馆美术馆进一步加强与知名代理机构、经纪机构、画廊的合作，提升该馆的专业化和市场化程度，也进一步加强与国内知名美院的合作，强化艺术市场的培育；7号馆新闻出版馆以“中国（深圳）国际数字出版新技术新成果新产品展示交易会”和“2013年文博会精品图书展”两大项目为主，主要展示数字出版和精品图书内容；增设8号馆文化旅游馆，重点展示国内外知名的主题公园、文化景区、文化旅游节庆盛事等大型文化旅游企业和项目。此外，还扩大了专业展馆海外展区面积，进一步提升展会国际化水平，加大海外参展力度，扩大创意设计生活馆、影视动漫游戏馆、非物质文化遗产馆、新闻出版馆、工艺美术馆等各大专业展馆的海外展区面积。

另外，第九届深圳文博会以“博览与交易”为主题，以“贸易扬帆，文化远航”

为亮点，展示创意设计、新闻出版、影视动漫、非物质文化遗产、书画艺术、文化旅游、工艺美术等重点文化产业领域和代表行业水平的文化企业、产品和项目，以及文化出口品牌企业、产品和项目，进一步突出了“文化 创意、文化 科技、文化 旅游、文化 金融、文化 贸易”的展会特色，也将更多专业领域的优质会展资源注入文博会，打造了“我国文化产业走上世界的国际知名品牌”。

【历届文博会回顾】

首届文博会于2004年11月18日至22日举行，700多家企业参展，其中包括来自海外50多个国家和地区的102家企业，展览总面积达43130平方米。700多个文化产业投融资项目中合同成交额和意向成交额达到356.9亿元人民币。参观文博会各项展览和活动的总人数超过47.7万人次。首届文博会被评为2004年中国文化十件大事之一。

第二届文博会于2006年5月18日至21日在中国深圳会展中心举行，展览面积达105000平方米。1505家参展企业分别来自国内30多个省、直辖市、自治区，以及海外32个城市。参加与参观展会的人数更是高达96.77万人次，其中，很多专业观众来自海外46个国家和地区。该届展会期间，共签订了1918个文化项目，总成交额达到275.40亿元人民币。

第三届文博会于2007年5月17日至20日在中国深圳会展中心举行，展览面积达105000平方米，9个专业展馆吸引了1639家企业、机构参展。参加与参观展会的人数更是高达185.08万人次，其中专业观众达38000人，海外专业观众达9500人，网上文博会“文鹏网”访问量达120万人次，总成交额达到499.13亿元人民币。

第四届文博会于2008年5月16日至19日在中国深圳会展中心举行，展览面积为105000平方米，9个专业展馆吸引了1687家政府组团、机构和企业参展参观。参观第四届文博会各项展览、参与主分会场各项活动的观众总数达到268.79万人次，其中，参观主会场的观众达到65.16万人次。专业观众总数为36.55万人次，其中，境外专业观众达5.36万人次。展会期间，“网上文博会”——中国文化产业网的访问量达到230万人次，总成交额达到702.32亿元人民币。

第五届文博会于2009年5月15日至18日在中国深圳会展中心举行，主会场展览面积为105000平方米，设立30个分会场。国内28个省市区以及56个国家和地区的1708家政府组团、机构和企业参展，总成交额达到880.69亿元人民币。参观第五届文博会各项活动的观众达358万人次，其中，主展馆观众达104.12万人次。参观第五届文博会主展馆的专业观众达23.47万人次，其中，境外专业观众达5.68万人次。

第六届文博会于2010年5月14日至17日在中国深圳会展中心举行，主会场展览面积为105000平方米，设立35个分会场。全国34个省、市、自治区全部参展，首次实现政府组团“满堂红”，展商数量达到1797家，邀请了来自包括美国、法国、日本、加拿大等86个国家和地区的海外采购商10680人。参加该届文博会各项活动的观众达到367.49万人次，其中，专业观众达39.013万人次，总成交额达到1088.56亿元。

第七届文博会于2011年5月13日至16日在中国深圳会展中心举行，主会场展览面积为105000平方米，设立40个分会场。全国34个省、市、自治区及港澳台地区全部参展，再次实现政府组团”满堂红”，展商数量达到1896家，来自全球89个国家和地区12000多名海外采购商受邀参会。参加该届文博会各项活动的观众达到389.46万人次，其中，专业观众达55.2900万人次，总成交额达到1246.85亿元。

第八届文博会于2012年5月18日至21日在中国深圳会展中心举行，主会场展览面积为105000平方米，设立40个分会场。主展馆展商数量达1928家，第三次实现政府组团“满堂红”。来自全球95个国家和地区的16081名海外采购商受邀参会，比第七届增加4000多名。第八届文博会总成交额达1435.51亿元，其中合同成交额达877.13亿元，首次远超意向成交，占总成交额的61.10%，同比增长46.07%；意向成交额为486.92亿元，占总成交额的33.92%。

资料来源：

1. 中国联合商报，http://finance.sina.com.cn/roll/20120525/195712150275.shtml
2. 网易，http://news.163.com/12/0525/05/82B253OJ00014AED.html
3. 光明网，http://culture.gmw.cn/2011-05/13/content_1953144.htm

【案例分析】

深圳文博会是中国唯一一个国家级、国际化、综合性文化产业博览交易会，是文化产业的盛会。其亮点在于：

首先，文化内涵丰富，充分展示“文化+科技”、“文化+创意”、“文化+旅游”、“文化+金融”、“文化+休闲”等新业态内容，推进文化与科技融合创新，突出绿色低碳、新技术等内容。

其次，展会主题突出，运作模式专业化，具有国际化水平。全球95个国家和地区的16081名海外采购商参会，参展目的明确，推介方式更加市场化。

再次，展览管理服务到位，达到规范化水平。文博会按照国际展会专业服务标准，健全了服务体系，从展示和交易平台搭建、配套活动组织、展会准入管理、馆内导示搭建、商旅服务规范、跟踪配套服务、观众组织等各方面都提供了专业的策划和服务。

最后，投融资平台作用更加明显，“文化+金融”的发展模式取得广泛共识。主展馆各政府组团均强化了投融资项目交易内容。《中国文化产业2012投融资项目手册》在文博会期间发布，其中征集的投融资项目再创新高，达到3319个，覆盖31个省市，内容涵盖了文化产业的12个行业。2012年深圳文化创意产业投资峰会暨项目路演会吸引了221家投资机构参与。

请　思　考

深圳文博会每年都有新的创意，你认为下一届深圳文博会应该有哪些创新？

## 案例七　《江南Style》为何这么火？

2012年，一首《江南Style》的“神曲”红遍全球的互联网。神曲的MV在视频网站YouTube上发布短短76天，点击率就破3亿人次，创造了新的吉尼斯世界纪录。据媒体的报道：从菲律宾囚犯到美国总统候选人，从巴西球星到中国社区大妈，人人都在跳《江南Style》。一首神曲为什么能红遍大江南北？其中的道理推敲起来也颇有意思。

### 一、歌曲介绍

《江南Style》（英文为“Gangnam Style”）是韩国歌手PSY的一首单曲，于2012年7月15日发布。歌曲虽然取材自韩国的本土文化，但在对其文化背景不熟识的西方国家亦越来越流行，并引起了国际媒体关注。

歌名“江南Style”来自韩国俚语，是指首都首尔——一个象征着富裕与时尚的上流社会聚集的地区——江南区豪华奢靡的生活方式。韩国首都首尔的江南区，是当地人眼中的富人聚集区，许多有钱人和社会名流在此居住，并且象征着“时尚”和“富裕”。而在《江南Style》的MV中，大部分的外景都取自于位于江南区的桑拿房、马厩、游艇、海滩、旅游巴士等。MV由卢洪哲、刘在石、金泫雅出演，延续了“鸟叔”的幽默风格，舞蹈也颇有亮点。《江南Style》其实反映的就是当今韩国上流社会的风格，通俗地说就是高富帅的奢靡生活。

### 二、火爆程度

#### （一）《江南Style》点播次数破世界吉尼斯纪录

《江南Style》最初没有在全球发行，而是在韩国发行之后，上传到全球最大的视频网站YouTube，结果在YouTube上一夜爆红。根据YouTube的数据显示，这首MV在短短30几天在网站上的点播已超过4亿人次，打破了此前的吉尼斯世界纪录，成为该网站史上最多人“喜欢”的视频。

#### （二）《江南Style》YouTube走势

| 序　号 | 时　间 | YouTube 走势（点击量） |
|---|---|---|
| 01 | 2012 年 9 月 4 日 18 时 | 1 亿 |
| 02 | 2012 年 9 月 18 日 06 时 | 2 亿 |
| 03 | 2012 年 9 月 18 日 14 时 | 2.1 亿 |
| 04 | 2012 年 9 月 19 日 17 时 | 2.2 亿 |
| 05 | 2012 年 9 月 22 日 17 时 | 2.4 亿 |
| 06 | 2012 年 9 月 23 日 13 时 | 2.5 亿 |
| 07 | 2012 年 9 月 28 日 | 3 亿 |
| 08 | 2012 年 10 月 2 日 | 3.4583 亿 |
| 09 | 2012 年 10 月 4 日 | 3.5971 亿 |
| 10 | 2012 年 10 月 8 日 | 4.45 亿 |
| 11 | 2012 年 10 月 19 日 | 4.96 亿 |
| 12 | 2012 年 10 月 20 日 | 5 亿 |
| 13 | 2012 年 11 月 11 日 | 7 亿 |

（三）登上美国最权威乐坛排行榜第二位

美国《公告牌》杂志的音乐排行榜一直被乐坛视为最权威的排行榜。9 月 28 日，美国《公告牌》杂志公布了最新一期的“Hot100”音乐排行榜，《江南 Style》的排名从上周的第 11 位上升至第 2 位。据美国 Celebrity Cafe 网站报道，《江南 Style》在美国的下载量也上升了 69%，该网站认为，“这样的成绩对于韩国歌手而言简直耸人听闻”。

（四）演唱者瞬间变国际范　赚进 100 亿韩元

《江南 Style》的演唱者“鸟叔”通过这首 MV 爆红全世界。他在 2001 年出道，作为艺人，出道 10 年只出过 6 张唱片，在崇尚是男人就要当花样美男的韩国，这位“胖蜀黍”多少有点悲催。《江南 Style》之后，再花样的美男都被他的光芒遮盖了。而他之前的身价在韩国艺人里也并不算高，但这一情况在《江南 Style》爆红后被彻底颠覆了。

据不完全统计，“鸟叔”在《江南 Style》之后的收入已超过 5000 万元人民币（约为 100 亿韩元），其中包括下载收入、唱片收入、演唱会收入和广告收入。在海外推广方面，“鸟叔”已签约了贾斯汀·比伯的公司，成为国际艺人指日可待。

（五）鸟叔与 007 同登“最有影响力男性”榜单

除了赚钱赚到手软，PSY 更是成功进军美国、彻底融入美国流行文化，不仅参加了多档人气电视节目的录制，还参加了“2012 MTV 颁奖礼”等重要活动。

某知名男性网站在 2012 年进行了一项“世界最有影响力 49 名男性”评选，“牙买加闪电”博尔特、美国现任总统奥巴马均榜上有名。而“鸟叔”也跻身榜单，排名第 39 位。

“世界最有影响力 49 名男性”的评选已经有 7 年的历史，包括美国总统、商界精英等，能够登上该榜单的都是全球在各个领域作出过杰出贡献的男性。

## 三、走红原因

《江南Style》的成功，被认为是平民文化通过互联网病毒式营销的又一次爆发。“鸟叔”在接受媒体采访时说，“我知道自己不是帅哥，但我像韩式拌饭，口味大众化。其实我的外表土里土气，一点都没有江南范儿（象征‘高富帅’），所以我唱这首歌就有了亮点”。

而把《江南Style》上传到YouTube，这个看似人人都会的动作，其背后却是音乐公司的战略选择。由于正版音乐下载价格很低，韩国音乐公司转向另一种商业策略：进军国外市场。这样的营销路线类似于某些国产品牌在国外注册一个洋品牌商标再拿回国内来经营。“海归”的《江南Style》以及“鸟叔”本人较之于土生土长的本地音乐和音乐人，显得更为耀眼，也更具国际范儿。

尤其值得一提的是，为了网络传播，传统唱片公司也作出了妥协，放弃了MV版权，人们可以任意山寨《江南Style》，这在以前是不可想象的。但也正因为这样，对《江南Style》的模仿，上到联合国秘书长潘基文，下到平民老百姓，各个阶层无所不在，精英与大众同乐，在互联网上实现了完美的融合。

《江南Style》MV在2012年7月15日发布到YouTube上，初期点击率并不理想。其转折点是7月底美国音乐经纪人斯古特·布劳恩和说唱歌手提潘均在Twitter上大赞《江南Style》，并附上MV的YouTube链接，才令低靡的点击率起死回生。紧随其后小甜甜布兰妮、安妮·海瑟薇、凯蒂·佩里在8月底的新一轮Twitter力捧，再次为《江南Style》日后的火爆注入至关重要的强心剂。

《江南Style》能红翻全球，最功不可没的就是这首KUSO味十足的MV了。当体型宛如摔跤手般结实、一脸憨厚老实相的PSY戴上墨镜，悦动感十足地做“苍茫的大地我的爱”状一路“策马扬鞭”时，相信所有人都会觉得异常憨厚可掬。而穿着蕉黄蕉黄的礼服、开着血红血红的跑车耍帅的“蚂蚱叔”刘在石登场和PSY共舞、卢洪哲在电梯里扭出来搞笑，更是增添了不少笑点。而金泫雅的性感舞蹈，也给MV增添了不少荷尔蒙的气息，让男性观众眼球为之一亮，让原本搞笑的氛围，一下子成了夜店嗨曲。而歌曲本身强劲的迪斯科混搭嘻哈的曲风，以及PSY那句浑厚中透着自信、自信中透着贱格、贱格中透着潇洒的“oppa 江南Style”，更会让每一个听过这首歌的人在脑中不断地回荡着旋律。

一个穿黑西服的韩国胖男人“鸟叔”，在桑拿房、马厩、旅游巴士中傻傻地跳着骑马舞的MV，引爆了全地球人的集体High，这让许多人困惑。但在全球哈韩风流行经年的大背景下，韩国流行文化和流行音乐已展现出惊人的渗透力，它们懂得吸纳国际元素，并充分贴合时代，加上韩式创新，最后形成风格锐利的韩式流行音乐，此次《江南Style》的成功，正是韩式流行文化和流行音乐的成功输出。而其实在这样一个卖萌的时代，伴随着嘻哈文化的盛行，无论是主流世界还是流行文化，人人都愿献出一点儿

“萌”，人人都爱“萌”一把，也许《江南Style》的爆红，正是因为其一下击中了流行文化和大众审美的命门，暗合了这个时代的某些特征。

节奏，实在太有神曲风范。《江南Style》中五个音节的核心节奏重复了100次以上。这个节拍数和慢跑30分钟以上后呼吸急促感觉兴奋那一瞬间的心脏跳动数几乎一致。听到这个节拍后，自己会不自觉地晃动身体或跟着跳舞。《江南Style》以3.6秒的周期将五个音节重复4次，但最后部分则灵巧地改为三节。

舞蹈，很雷很happy。相比于歌词，韩国以外的人们更感兴趣的则是MV里PSY独创的“骑马舞”：身形偏胖的PSY，不断重复着扬鞭套马、策马狂奔的动作表情，配上动感的音乐节奏，让人莫名地就有了跟着一起舞蹈的冲动。

《江南Style》MV的视觉效果非常国际化，容易被外国观众接受，而效果特殊的舞蹈，本身也简单，易于模仿。MV开场，“鸟叔”戴着墨镜、身着短裤坐在躺椅中，背后是沙滩，俨然如在海边度假，镜头拉远，观众才知这是在社区里的儿童游乐场；“鸟叔”在马厩中欢快地跳着骑马舞，镜头一转，他骑在游乐园中的旋转木马上，实在是太有喜感和讽刺意味了。

## 四、深层剖析

### （一）标准化的流行音乐产品使得大众的精神涣散以及听觉退化

根据阿多诺的流行音乐接受理论，面对文化工业产品，消费者所能采取的姿态只能是消极被动地接受，他们失去了任何抵抗的能力。

对于听众接受方面的思考，阿多诺是从这样两个假定开始的：第一，流行音乐建构了一种“阉割符号体系”；第二，音乐人（以及所有的大众文化生产者）与听众（以及所有的大众文化的接受者）的关系是一种施虐与受虐的关系。

被流行音乐最初呼唤、然后喂养并不断强化的心灵结构，同时也是精神涣散与漫不经心之所，通过不需要凝神专注的娱乐，听众被这种现实要求搞得分心分神了。

而在收听标准化与伪个性化的流行音乐中，人们一方面只认同熟悉的曲段而拒绝陌生的东西，另一方面又养成了一种精神涣散与漫不经心的听赏习惯，如此这般地长期与流行音乐耳鬓厮磨，人们感受音乐的能力势必下降。就像经常看通俗读物的读者在真正的艺术作品面前已经无动于衷那样。

### （二）所有人都在听，不听你就脱离群体了

群体效应是指个体形成群体之后，通过群体对个体约束和指导，群体中个体之间的作用，就会使群体中的一群人，在心理和行为上发生一系列的变化。

如果大家都听过神曲，而你没听过，你就会被认为是脱离了群体，脱离了这个社会。很多歌，或许你不会主动选择去听，但当街边的小店和路边的广播反复播放时，久而久之，你也会耳熟能详了。

### （三）你看到那些我喜欢的偶像都推荐这首歌

偶像效应指的是在某个领域做得非常优秀的人，有很多粉丝从而引出的系列反应。

球星是偶像，影星是偶像，以一首毫无深度的通俗流行乐成名的网络歌手也是偶像。人们被这种种浮华的假象迷惑。用一种盲目的崇拜疯狂地进行着“追星运动”，偶像有着非同凡响的号召力。一双普通的运动鞋，如果由其偶像代言，销量则会一跃千里。他们的商业价值简直不可估量。一件偶像穿过的旧外衣，一条偶像用过的旧毛巾，会被FANS竞相争夺。

布兰妮、凯蒂·佩里、T-Pain、罗宾·威廉姆斯等世界级歌手都在听“鸟叔”的歌，偶像支持的就是FANS支持的，向偶像看齐，一起加入“鸟叔”的粉丝大军。

（四）看搞笑视频满足优越感和安全感

我们的社会中，其实绝大部分的人都处于欲求不满，意识中都有希望达到的愿望。当看到一些人出丑的时候，是否有想笑的冲动？人在出洋相的时候，是处于一种失败的境地，别人的失败，会使自己产生一种优越感和一种安全感，因为你的潜意识中会判定他对自己没有威胁，相应还会产生一种惺惺相惜的感觉。因为自己也可能出现过相同的情形，这种种感觉会使自己不自觉地认同他、接受他，对他的出丑会心一笑。

## 五、“鸟叔”获文化艺术勋章给中国人的启示

韩国文化体育观光部决定授予歌曲《江南Style》演唱者朴载相（PSY）韩国大众文化艺术勋章，因为其作出“有突出价值的贡献”。《江南Style》在视频分享网站上的观看次数目前超过6.5亿次。

一首《江南Style》和骑马舞，不是天籁之音，没有花样美男，在2012年火遍全球，风行于网络与现实之中，很多人都在追问，这是为什么。现在“鸟叔”获得韩国文化体育观光部的勋章的事实，给我们提供了一个思考的向度和切面。

近年来，在中国、亚洲甚至全世界，一股股“韩流”一直高潮不断。以《大长今》“领衔”的韩剧收视率居高不下。李英爱、金喜善等韩国演员，更是深入人心，成为韩国人的形象“代言人”。当初那首脍炙人口的《Nobody》也是像《江南Style》一样，风靡全球。

以上现象，绝不是偶然的。近年来，韩国文化管理部门非常注重营造文化软环境，通过一系列的扶植政策，助推文化产业发展。《江南Style》中的骑马舞，是一种流行和通俗文化。它不像莫言获得的诺贝尔文学奖那样“阳春白雪”，甚至为社会精英们所不屑一顾。但是，你又不得不承认，这种文化有着独特的、不可忽视的影响力，在给人们提供健康、积极等精神享受，给社会带来滚滚商机的同时，更是传播了民族文化，获得了情感共鸣和价值认同。同样是一种文化现象，谁又敢说《江南Style》和骑马舞的影响、价值和文化产业的竞争力，会比莫言作品及获得诺贝尔文学奖要小呢？

以国家的名义，对看似轻佻、上不了大台面的骑马舞这种流行、通俗文化，授予文化勋章，其扶植和导向意义明眼人都看得见，意义大焉。这充分显示了文化政策的包容、开放和与时俱进。

所以，“鸟叔”、“江南Style”和“骑马舞”，是一面镜子，这映照出了我们尚需一

系列开放、包容和与时俱进的策划扶植。这就是“鸟叔”获文化艺术勋章带给我们的最大的启示。

## 六、新创意生态时代来临

### (一)“神曲”背后的文化竞争力

“神曲”所代表的创意生态力量，在以好莱坞为代表的美式文化霸权的夹缝中顽强地生存着，它在英国率先开展的“酷英国”的经济转型行动中灵动地跳跃着。它见证了世界各国由军事政治竞争，到经济与科技竞争，并最终向文化竞争的转变。然而，文化竞争力却不是旬日之内就能一蹴而就的，它需要一个有机联系的环境——在其中，多样化个体通过一种系统的、适应性的方式表达自我，利用老想法产生新想法。这便是创意生态的理念。

以《江南 Style》、《最炫民族风》和《忐忑》为代表的一系列“神曲”横空出世，深刻反映了建构主义学派的核心观点：人类的社会结构是由社会的主流观点塑造而成，而非由物质力量驱动；社会舞台上出现的角色受到的影响来自于他们的身份和兴趣，而非本性。这恰如其分地揭示了“神曲”大行其道的社会思想背景，而它们被不同肤色、不同民族、不同文化背景的人们所接受和认同，具有鲜明的民族性，却又殊途同归地走向了世界。在当前美式文化强势入侵各国的形势下，这无疑是一种弱势文化的成功突围。

日本著名歌手幸田未来翻唱《忐忑》，引起各界轰动。美国总统大选中，奥巴马面对媒体谈起《江南 Style》时，称自己也许私下会给妻子跳骑马舞，无疑说明这种由文化突围带来的文化出口，甚至开始影响到了素来处于强势地位的西方国家，大大增强了尚处于“文化洼地”国家的文化自信心。

### (二)“神曲”所揭示的新创意生态

英国创意产业之父约翰·霍金斯的“创意生态”理论提出：人人都有创意，创意需要自由，自由需要市场。我认为这三点比较符合“神曲”经济学所展现的文化创意产业的基本特点，并且还需要加上一点，市场系统需要有道德基因的价值观。以上四点，为我国创意生态的发展指明了方向与道路。它与霍金斯提出的“创意生态”有所不同，因此被称为“新创意生态”。

“生态人”创意正成为经济发展的动力。创意生态理论强调创意来自个体，提出了“生态人”假设，以“生命本位”超越“金钱本位”，承认“创造意义”是每一个人天生的本能，把自觉、主动的创造视做经济发展的根本动力。纵观《江南 Style》、《最炫民族风》和《忐忑》等“神曲”，无不贯穿了这种内涵。

凤凰传奇的《最炫民族风》主打电音与民歌的组合，可谓独辟蹊径，其采用的节拍及旋律不算复杂，却简洁、流畅、朗朗上口，相当符合国内听众的审美心理。这种浑然天成的音乐质感，正以“大道至简”的方式勾起听众心中的共鸣，可谓是“乐以载道”的生动诠释。而龚琳娜的《忐忑》，貌似夸张搞笑，却别有深意。它以笙、笛、提琴、扬琴等乐器伴奏，融汇了老旦、老生、黑头、花旦等多种唱腔，以极富张力的夸张手法，生动地表现出了灵动、洒脱、不羁的大道无形的力量，给人以艺术感染。

（三）自组织创意需要自由及 POMU 土壤

创意具有自组织和自创生的特性，具有“给点阳光就灿烂”的特点，这种被霍金斯称为“个人的、独到的、有意义的和有效用的（Personal、Orignal、Meaningful、Useful，简称 POMU）”创意正是在自由的土壤中开出了娇艳的花朵。纵观上述“神曲”亦莫不如此。

《江南 Style》的创作者朴载相曾坦言，他非常重视反差的作用，“既然天气这么热，经济这么糟，我只想写一首有趣而激动人心的歌”，而在很多韩国人眼中，富裕的江南地区正像一个抛弃了传统价值观念的暴发户，对此愤愤不平的大众从这首歌中找到共鸣，也不足为奇。

而《最炫民族风》的词作者张超只是凭借着自己对音乐的热爱，对民族音乐风格的钟情以及对“凤凰传奇”声音特质的了解，很快创作出了“和任何歌曲都完全不像”的这首曲子。而在这种自由之风的蔓延下，网上接连出现了以《最炫民族风》为背景音乐的视频，视频内容与配曲结合融洽，颇有混搭之风。

（四）建构满足大众文化需求的商业系统

因为创意作品和服务具有非实体性、边界模糊性、不易量化等特点，决定了创意产品的生成与流通最终需要建立符合创意经济规律的生产与交换体系，建立一个能让创意活跃起来的“商业生态”，并赋予这种生态以商业价值。而这种价值的基础，便在于满足大众的独特精神需求。

《江南 Style》能够大红大紫，主要在于它能给压力巨大的都市人群带来一种有效的减压方式，用“充满节奏感的怪诞美学‘击中了’都市人的内心”。这与通过简洁、流畅的曲风，俘获国人内心的《最炫民族风》有异曲同工之妙。从创意生态的商业价值来看，《最炫民族风》不仅使演唱者凤凰传奇身价倍增，还挽救了其签约的濒临破产的音乐公司。而据不完全统计，朴载相在《江南 Style》之后的收入已是节节攀升。

这些“神曲”的市场运作方式，定位于特定的情感价值，结合精心策划的网络推广，并通过微博、论坛、手机终端的病毒式营销，已成为进行文化产品商业传播的神兵利器。

（五）创意生态需具有道德基因的价值观

虽然以上“神曲”常常成为舆论的焦点，但它们普遍存在致命弱点，使这种流行文化往往昙花一现，甚至不少人断定它们存活不会超过 3 个月。比如《江南 Style》在曲风和歌词上乏善可陈，毫无品位可言；在 MV 中，大腹便便的大叔朴载相，戴着墨镜，被一群帅哥美女簇拥着，在马厩、桑拿房、网球场内，大跳滑稽的骑马舞，表情悍然坚定，十足的炫富范儿，实难登大雅之堂。

而且，文化产品具有精神属性与教育功能，在这点上，《江南 Style》却并不算成功。《乐记》主张使音乐与端正社会风气、伦理教育相配合，主张“先王之政乐也，非以极口腹耳目之欲也，将以教民平好恶，而返人道之正”。而《江南 Style》这种赤裸裸地展现声色犬马的音乐，可能会对社会大众心性造成污染，这恐怕不是区区金钱所能弥补的。作为现代音乐人及社会大众，我们对此不可不慎。

资料来源：中国文化报，http://culture.workercn.cn/c/2012/11/19/121119072723939924148_1.html

【案例分析】

神曲为何这么热？有人总结为“无聊没有国界”，也有专家从心理学角度分析出这是源于大众的跟风心理、一种“病毒式”的传播方式。究其原因，主要有以下几点：第一，接地气的表演。第二，神曲能给压力巨大的都市人群带来一种有效的减压方式，用“充满节奏感的怪诞美学”击中了“都市人的内心”。第三，在社交网络风靡全球的背景下，这是网络的胜利。第四，只要有创意，简单的形式也能带来海量的受众。

中国为何没有“江南 Style”？这首单曲之所以能够以病毒式传播的速度和方式瞬间蹿红，除了其幽默易学的舞步和琅琅上口的曲调以外，这还应该是韩国文化冲击力的体现。其实对于韩国文化的这种冲击力，我们中国人并不陌生，而且它在中国还有一个很形象的说法叫做“韩流”。有网友曾评论说，“江南 Style 现象”让人嫉妒，中国人为什么做不出这样的东西？还有一条新闻也曾让我耿耿于怀，说受澳大利亚一位富豪的委托，中国公司将再造一艘泰坦尼克号。其实我一直在想，美国的文化传播力为什么如此强悍？一个小小的灾难故事被美国的卡梅隆们演绎了一个世纪，在不断消费着这艘沉船剩余价值的时候，美国的精神也不断被传播了出去，而我们中国为什么做不到？

其实中国并不缺少像泰坦尼克这样的悲情题材，我们缺少的是中国的卡梅隆，缺少的是像孔子学院这样的文化传播工具和像韩国那样的文化利国的战略，而最重要的是我们缺少一种创新和一份传承。其实像泰坦尼克号也好，《江南 Style》也罢，它们反映的是一个国家文化软实力的问题。客观地讲，中国的软实力资源并不缺乏，中国人也并不缺少自己的核心价值取向，但是在日常生活中，我们许多人却更愿意去山寨别人的东西，这种急功近利的思维和心态让我们渐渐失去了创新的意识和能力。

中国该拿什么来提升自己的文化软实力呢？从大的方面来说，我觉得还是要依靠国家的力量，除了要搞好硬实力建设以外，在国家层面搞好文化建设十分必要，有了创新的氛围和环境，中国人的创造力值得期待。其次，恐怕还是要在我们的教育方式和人才培养模式上再下一些工夫，相信一些创新型的人才培养机制和一个鼓励创新的社会土壤也一定可以成长出中国的“朴载相”和中国的“卡梅隆”。

资料来源：中国广播网，http://www.chinataiwan.org/wh/whzt/201210/t20121015_3182351.htm

**请 思 考**

结合本案例，你认为我国要想打造出像“江南 Style”一样火爆效果的神曲需要具备哪些条件？

## 案例八　奥运进入社交网络时代　微博成就指尖上的盛会

2008 年北京奥运会之时，微博还未崭露头角，如今我国微博用户数已超 3 亿人。100 多个字符、巨大的信息量、频繁的互动，在当今，微博已成为现代人的一种生活方式。

国际奥委会社交媒体主管霍特说：“如果说 2010 年温哥华冬奥会，微博还只是一片雪花，那么到了伦敦奥运会，它就成了一个大雪球了。”伦敦奥组委主席塞巴斯蒂安·科也表示：“置身事外消极被动看比赛，这样的历史过去了。”2012 年伦敦奥运会也成为首届“拥抱”社交的奥运会。

### 一、奥运进入社交网络时代　新媒体显先天优势

通过微博，人们打开了了解运动员比赛、训练和生活的窗户。网友可以与喜欢的运动员进行互动，第一时间了解他们的最新动态，还可以坐在家中与身边好友进行互动交流。

2012 年 7 月 29 日凌晨 2 点，孙杨夺得男子 400 米自由泳冠军，并刷新奥运纪录。赛后，孙杨在微博中称：“我做到了，我成功了！感谢大家的支持！”截止到记者发稿，有近 5 万名网友对孙杨的微博进行了转发或者评论。

2012 年 8 月 6 日晚，奥运会吊环比赛中，卫冕冠军陈一冰近乎完美地完成了吊环项目，却仍然不敌同为 6.8 难度系数的巴西选手纳巴雷特。裁判有失公允的裁决也引发了众多网友的愤慨。新浪微博针对“陈一冰奥运冲金”的话题，共有 840 万网友进行了讨论，何炅更在微博上号召网友一起为陈一冰“唱起国歌，升起五星红旗，戴上金牌！”

8 月 7 日，刘翔在男子 110 米栏预赛中因摔倒被淘汰，引发微博网友的强烈关注，大量网友通过微博表达惋惜和敬意，新浪微博的峰值发送量达到每秒 19183 条，刷新了体育赛事期间微博发送量新纪录。据新浪微博公布的数据，在比赛开始后 1 小时内，用户发布的与刘翔相关消息达到 410 万条，单“刘翔摔倒”这一话题的微博讨论量就达到 110 万条。

## 二、“社交奥运”背后：通信网络不堪重负

手机上网用户数的增长以及用户对赛事照片和视频的分享使得2012年伦敦奥运会成为第一届真正的“社交网奥运”，这也对通信网络提出了严峻的考验。

就在2012年伦敦奥运会大幕拉开不久，国际奥委会一名发言人呼吁，现场观看伦敦奥运会的观众在比赛期间尽量不要发送非紧急的短信和微博，因为这类消息的发送可能会导致通信网络不堪重负，进而影响电视节目的正常转播。

此前伦敦奥运会官方的通信服务提供商英国电信、沃达丰和西班牙电信旗下O2均表示网络不会有问题，但他们还是小看了“社交”的力量。据《信息时报》报道，英国电信将部分工作分包给O2，后者主要在奥运村中提供移动通信服务。而该公司网络曾出现过故障，导致1/3的用户在24小时内无法通信。市场研究公司Ovum的分析人士就表示，尽管一些用户量较大的热点地区网络得到扩容，但次要地区的网络质量却不容乐观。

## 三、微博营销无底线“半夜鸡叫”令网民苦不堪言

登录新浪微博发现，随处可见的滚动广告条、视频广告、弹出式广告让网友大为不适应。此外，由于北京与伦敦之间存在8个小时的时差，大部分的比赛都是在夜里和凌晨进行，而新浪微博默认地为用户开通了“奥运早晚报”和“金牌快报”的提醒功能。

随着伦敦奥运会渐入高潮，不少人遭遇了“半夜鸡叫”式的新闻资讯推广，而这只是奥运微博营销的推广方式之一。各种通栏广告、弹窗、推送等犹如雨后春笋般涌现出来，可用户却不愿为此“买单”，纷纷指责奥运信息推送扰民。

面对众多网友的指责，微博不得不作出些许让步，新浪微博副总水洋就表示，将取消强制推送，相关团队正在重新制定运营规格，以控制推送范围和内容。网易微博也表示，在22点之后推送的新闻将全部静音，并减少推送频率。但值得注意的是，虽然微博网站纷纷让步，但这些让步措施依旧需要用户自己事先选择，否则大部分信息依旧会在凌晨不期而至。

对此，互联网周刊主编姜奇平就表示，微博平台在奥运营销上有点操之过急。不管是微博平台还是其他移动互联网应用，在商业化进程上既要积极进取，同时也需要格外注意：“盈利并不是全部，用户才是父母。”

资料来源：中国新闻网，http://www.cnci.gov.cn/content/2012810/news_74582.shtml

【案例分析】

微博等社交网络的用户与日俱增，已经成为不少人生活中不可缺少的一部分。微博营销有很多优势：微博互动性强，能与粉丝即时沟通，及时获得用户反馈；微博操作简单，信息发布便捷；传播速度快，内容扩散范围广；微博成本低；微博针

对性强，可以进行精准营销等。

社交网络的发展与创新，是文化产业创新的一个重要标志。然而，新的方式面临着许多新的问题，微博营销也有很多的局限性。如网络质量有待改善；过量的微博推广会干扰到用户的"宁静权"；粉丝数量的多少决定了微博推广的效果，增加粉丝数量需要长时间的积累；100 多个字数限制，无法对内容进行详细的描述等。

奥运会微博，充分体现了微博营销的优劣势。

## 项目实训

假设你是当地一家票务公司的微博营销人员，为票务公司所代理的一场演出编写一条新浪微博，假设这场演出就是你所在地即将上演的一场演出。

要求：

1. 内容包括演出的时间、地点、票务公司的网址和订票热线，对演出内容有必要的文字描述（票务公司的名称、网址和热线自拟）。

2. 微博内容要有吸引力，有可读性，可达到宣传目的。

3. 微博总长度 140 字以内。

## 案例九　阿里巴巴：疯狂背后的倒立文化

阿里巴巴是由马云在 1999 年一手创立的企业对企业的网上贸易市场平台。2003 年 5 月，阿里巴巴投资 1 亿元人民币建立淘宝网。2004 年 10 月，阿里巴巴投资成立支付宝公司，面向中国电子商务市场推出基于中介的安全交易服务。2012 年 2 月，阿里巴巴宣布，向旗下子公司上市公司提出私有化要约，回购价格为 13.5 港元。2012 年 5 月 21 日，阿里巴巴与雅虎就股权回购一事签署最终协议，阿里巴巴用 71 亿美元回购 20% 股权。2012 年 7 月 23 日，阿里巴巴宣布调整淘宝、一淘、天猫、聚划算、阿里国际业务、阿里小企业业务和阿里云为七大事业群，组成集团 CBBS 大市场。

### 一、火爆"双十一"天猫淘宝鲸吞 191 亿元

几年前，11 月 11 日仅仅还只是网友口中调侃的"光棍节"，但如今已完全不同。在淘宝的推广下"双十一"俨然已经成为一场消费者的年度狂欢购物节和国内电商的"掘金日"。

"11 · 11"购物狂欢节，是由淘宝自 2009 年发起的。2009 年 11 月 11 日，淘宝网站当天销售额达 1 亿元；2010 年的 11 月 11 日，淘宝以及淘宝商城销售额增至 9.36 亿元；2011 年淘宝以及天猫销售业绩飙升到 52 亿元，其中天猫销售额达 33.6 亿元。

2012 年 11 月 11 日，火爆场面更是超越 2011 年，网购单日纪录再次刷新为天猫销售额达 132 亿元、淘宝销售额达 59 亿元，合计销售额达 191 亿元。这个数字不仅是 2011 年“11·11”的 3 倍，更大幅超越了 2011 年美国电子商务行业的最高纪录。

191 亿元究竟意味着什么？这一数据相当于 2011 年国美年销售额的近 1/6，相当于王府井百货 2011 年一年的销售额，相当于 2011 年麦当劳中国旗下 1400 家门店合计销售额的近 2.36 倍。美国最大的网上购物节“网络星期一”在 2011 年的交易额为 12.5 亿美元（约合 78 亿元人民币）。2012 年北京、上海、广州、杭州的 544 家重点零售企业中秋、国庆的 8 天假期里总共营收也只不过为 149.4 亿元。在购物天堂香港，2012 年 8 月份日均零售额也不过 9.3 亿元人民币，阿里巴巴“狂欢一天”的交易额相当于香港 3 周的零售额。

## 二、倒立的文化

“双十一”的业绩的确让阿里巴巴很疯狂，在这种疯狂背后的东西——企业的“倒立文化”，才是阿里巴巴的精髓。所谓倒立文化，就是企业面对环境的各种变化，敢于把自己倒空，善于从另一个维度去思考问题。这对于任何一个企业来说，都是一种重要的品质。

在阿里巴巴，有一个不成文但被严格执行的规定：无论胖瘦、高矮，新进人员都必须在 3 个月内学会靠墙倒立，而且必须坚持 30 秒以上，否则，只能卷铺盖走人。这个“规矩”的制定者，正是阿里巴巴的领袖马云。

据说这则由马云定下的规矩，最近在职场圈里流传开来。而正在谋划中的“中国一流的商业大学”——“湖畔学院”，很可能复制这种倒立文化。

### （一）学会倒立关键要有勇气

“我体育不好，进淘宝之前，从来没有倒立过，觉得这个非常难，有点排斥。”2006 年年初，25 岁的黄佳进入淘宝。先是培训 1 周，除了学习企业文化，必须学会倒立。1 周后，有 2 个小时的结业典礼，学员都要倒立。“如果学不会，就要再培训一周。”黄佳说，“其实，公司不是要求我们要能倒立得多久、多好，关键是你要有这个勇气”。

“倒立有两个含义。”黄佳说，“一是锻炼身体，淘宝创立的初期，遭遇非典，大家都出不去，创业又都很辛苦，需要一种简单的锻炼身体的方式；其次，就是淘宝和易趣的较量，我们用倒立的视角，成功了”。

### （二）不要跟我说不可能

小鹿纯子是马云年轻时候的偶像，在《排球女将》最走红的那几年，大江南北都可以见到孩子们在树上挂一个东西，练习“流星火箭”或者“晴空霹雳”；或者在墙脚排成一排，练倒立。

2003 年 9 月，马云儿时的偶像——小鹿纯子（《排球女将》的主角，荒木由美子饰演）受邀来阿里巴巴。以什么样的方式来迎接她好呢？“流星火箭”、“晴空霹雳”这两个在电视上都要通过特技完成的动作，显然员工在短期内不可能做到，只有倒立，才是最现实的欢迎方式。

于是，为了迎接马云的偶像，员工们开始练倒立，而且立出了很多花样。现在在淘宝办公室的墙上，我们还能看到十几个人叠着倒立的照片——据说，这使当年的排球女将非常惊讶，因为她们当年也没有能够做到。

“为什么要倒立？就是因为太多人跟我说‘不可能’。”马云说：“淘宝的每个店小二（淘宝的员工都是店小二）都会倒立，我还能单手倒立，我们还能倒立地叠罗汉。”

除了倒立，马云还推崇“侠义”，武侠小说的痕迹在淘宝处处可见。

淘宝有个会议室，叫光明顶。“我们的人力资源部有个花名册，收集了武侠小说里所有正面人物的名字。”黄佳说自己的花名就叫田心，“新员工进入淘宝后，会分配一个师傅，师傅负责把他培训成一个合格的‘店小二’，给他取花名，名字就来源于人力资源部的那个花名册。”

马云说，武侠文化就是要诚信守正、真实无妄，能兼济天下，碰到危机的时候，要有担待，敢出来说，什么是对的，什么是错的。“做人要正直，做不到，马上开除。”

（三）倒立是阿里巴巴的文化精髓

杭州猎人人力资源开发有限公司总经理郎越时说，之前就听说过淘宝的“倒立”，这是很有马云特色的企业文化。

“企业文化是很虚无飘渺的，需要有个行动和姿态来表现。”郎越时说，“倒立”这个姿势告诉员工，只要努力、有志向、有规划，没有做不成的事情。

郎越时说，能长久坚持一种文化的企业，肯定是一家有追求的、有清晰的发展理念的企业，而这些文化同样也会推动企业的发展。比如，杭州有一家做高科技的民营企业，在2000年就要求其男员工一年四季都必须打领带，如果没打领带就要扣100元。“这家公司是做服务的，要求员工打领带，是为了告诉员工，必须规范着装以尊重客户。如今这家公司已经是这个行业的老大。”

在浙江省中医院保健科科长汤军看来，马云提倡的倒立恰恰是一种保健手法，因为倒立确实能增强脑部供血、供养，有健身的作用。

## 三、马云，最会营销的集团主席

马云把11月11日彻底变成了促销和抢购的狂欢节，搅动甚至颠覆了传统销售的模式。淘宝和天猫在这一天的销售数字，让那些实力雄厚的实体卖场都颤抖不已。马云骄傲地用事实告诉他们：这才是未来。就在双11的前一天，马云说，他不认为这是一场电商大战，而是一场新营销模式挑战传统营销模式的大战。

这个长得有点像外星人的男人，有着自己无比独到的“心经”，支撑他在互联网江湖上掀起惊涛骇浪。在改变人们消费习惯的同时，也成就了他自己。

（一）他创造了美丽新世界

马云是中国互联网行业的先锋人物，同时又是互联网的另类人物。他不懂技术，不懂商业，却大胆创新、制造了与众不同的互联网商务。

马云对网络时代的前瞻性和执行力，常让人惊叹不已。

17 年前在绝大多数中国人还不知互联网为何物时，他就投身于网络建设，创办“中国黄页”，提出并实践面向中小企业的 B2B（Business To Business，互联网市场领域企业对企业之间的营销关系）电子商务模式，为互联网商务应用播下最初的火种。

1999 年，当这个对技术一窍不通的杭州三流高校留校英语老师以 50 万元人民币创业，开发阿里巴巴的时候，正是互联网热潮在中国的开始。当时主要门户网站用户数动辄过亿，唯有阿里巴巴靠服务数十万中小企业主苦苦生存。

当互联网的寒冬到来之时，扎营于杭州一隅的阿里巴巴却生存了下来，到 2003 年实现了收支平衡。这一年结束时，其日收入已经达 100 万元。马云根据长期以来在互联网商业服务领域的经验和体会，明确提出互联网产业界应重视和优先发展 B2B。他的观点和阿里巴巴的发展模式很快引起国际互联网界的关注，被称为“互联网的第四模式”。

此时，马云开始构建旗下的 C2C（消费者对消费者）交易平台——淘宝网。原本，全球最大的行业领跑者 eBay 通过收购易趣，在中国市场上已经获得了 90%以上的市场份额。为了牵制易趣围攻阿里巴巴的 B2B 业务，马云秘密进军 C2C 市场：八个人一杆枪，于是各自以《鹿鼎记》里韦小宝和他 7 个老婆在通吃岛上为情景，你来我往地做起了小买卖。

依靠免费策略和更本土化、人性化的服务，淘宝很快击败了已如日中天的易趣，仅仅 2 年时间就夺取了超过 70%的份额，并迫使前者进行战略重组。

自 2005 年起，淘宝已是亚洲最大的 C2C 网购平台。为缺乏网购信用体系而创造出的支付宝，在独立之后也占据了第三方支付的老大地位。

2007 年，马云把阿里集团的网站广告联盟业务“阿里妈妈”并入淘宝。这样，淘宝卖家的广告也可以像谷歌 AdSense 广告联盟一样，被推送到淘宝外的其他网站。2009 年，仅淘宝广告一项，就给马云带来了 10 亿元收入。广告位卖得极其火爆。

2008 年，针对 B2C（企业对消费者个人）业务的淘宝商城（后改名天猫）成立。淘宝对进驻商家收取一定比例的交易提成和“进场费”。尽管当时占淘宝总成交额的比例还非常小，但很快成为为淘宝产生持续现金流的业务板块。

一个日益庞大、高速成长的电子商务帝国的雏形，正在形成。

科幻小说里的情景正在变为现实——一个现代宅人，借助淘宝，可以足不出户地完成购物，做小买卖，缴纳水、电、煤、通信、房租等费用，信用卡还款等一切日常生活环节。

现在的这个时代不是沈万三（明朝苏州富商）般“坐商”的年代，也不是广州十三洋行“行商”的年代，现在是马云和他的“网商”们风生水起的年代。找不到生意，用阿里巴巴；没有市场，请用淘宝；商道狡诈，还好有支付宝。马云，用他的开拓与创新魄力，一手制定了中国电子商务的游戏规则。他创造的不是一个产品，而是一个美丽新世界。

（二）“与众不同是我的本能”

1999 年 2 月，马云参加在新加坡举行的亚洲电子商务大会。参加大会的人 80% 是欧美人，用的也是欧美电子商务的例子和理论。马云忍不住站了起来：“亚洲电子商务步入了一个误区。亚洲是亚洲，美国是美国，现在的电子商务全是美国模式，亚洲应该有自己独特的模式。”

这迎合了马云的语录：“与众不同不是我作出来的，而是我的本能。”

马云如何保持对一个电子商务多平台王国的控制力？B2B 业务、淘宝、支付宝、阿里金融，还有未来的阿里物流。从业务挑战来看，每一块业务都存在巨大变数，新兴模式、强劲对手层出不穷；就与社会的关系而言，每一块业务都与中国社会、法规有着复杂交集甚至摩擦。

就是这种敢于不断创新的精神和意志，成就了马云的成功。

但凡提到马云的人，都必定要强调他那外星人似的外表，以及他敢于创造奇迹的个人魅力。马云在创建阿里巴巴时，想“让天下没有难做的生意”；创建淘宝时，口号是“让天下没有淘不到的宝贝”；创办阿里软件时，口号又变成了“让天下没有难管的生意”。

也许从一开始，马云的骨子里就埋下了不走寻常路的种子。

从小到大，马云不仅没有上过一流的大学，而且连小学、中学都是三四流的。初中考高中考了两次，数学 31 分。高考数学第一次考了 1 分。高考失败，弱小的马云做起了踩三轮车的工作。

直到有一天在金华火车站捡到一本书——路遥的《人生》，这本书改变了这个傻孩子，他决定：“我要上大学。”

1984 年马云几番辛苦考入杭州师范学院（现杭州师范大学）外语系——是专科分数，离本科差 5 分，但本科没招满人，马云幸运地上了本科，还组织了杭州第一个英语角。

马云自称“读书不多”，“我读书不多是因为我脑子太小，装不下太多东西，但是这样我消化会更快，读书要根据自己的兴趣来，要通过读书找出对自己有用的东西来”。

他以为，读书并不是越多越好，就像汽车，要先明确目的地，加合适的油，到了目的地再补充油。一次加太多的油就是油罐车了，失去了本身的乐趣。大家要读自己感兴趣的东西，读书应该是给自己带来快乐而不是累和负担。

马云有强烈的反“精英”、反书本教条气质。他曾半开玩笑道：“我反对 MBA，可能是出于嫉妒心。”“我一讨厌 MBA，二讨厌咨询顾问。我跟我们公司的 MBA 说，你先去一线当销售员去，6 个月后，如果你还活着回来，我洗耳恭听。就像打篮球，如果你个子很高，却不愿蹲下来练习（运球投篮），没有用。”马云曾说。

但马云对那些有丰富社会经验、出身各异，同时对阿里价值观无条件信仰的人，用起来大胆放权、不拘一格。

对于自己的成功，马云坦言：“我不看成功学励志类书籍，因为成功学的书只看到成功，没有看到失败。就像机场有很多以我为内容的书籍，我为此感到汗颜，因为这些人没有采访过我，写的东西很多不对也不真实，我现在的成绩是因为运气。”

（三）仗义的 IT 英雄

很多人不知道，马云其实是一个高明的武术家。

他小时候爱打架，打了无数次的架，但没有一次为自己，全是为了朋友。“义气，最讲义气。”他的朋友评价道。马云曾因打架缝过 13 针，受过学校处分，被迫转学到杭州八中。由于家庭出身不好，家庭压力大，父亲脾气火爆，马云在父亲的拳脚下长大，在家待不住，却特别爱交朋友。

这种个性在他打造阿里巴巴团队的时候体现得尤为明显。在他看的不多的书中，他会给人们推荐《历史的天空》，原因是可以学会如何培训团队。

而阿里巴巴的企业文化在一些职业经理人看来有些“江湖文化”的气质。

一位阿里巴巴的员工对《法治周末》记者表示，马云是个对员工慷慨又仗义的老总，无论从情感上还是物质上。

这也是在技术为王的 IT 界，作为外行的他可以领导内行的秘诀之一。

身为网络公司的老总，马云的电脑水平只能用很“菜”来形容。他只会用电脑干两件事，一是浏览网页，二是收发电子邮件。马云对自己不懂 IT、不通网络丝毫不在意。

在马云看来，打造一个明星团队比拥有一个明星领导人更重要。马云知道自己不懂，所以对专家和技术人员一直是采取尊重和不干预的态度。

“不懂就是不懂，我对技术方面不懂，我今天也没有觉得很丢脸。”马云说，“正因为我不懂技术细节，而我的同事们都是世界级的互联网顶尖高手，所以我尊重他们，我很听他们的。他们说该这样做，我说好，你们就这样去做吧。试想一下，如果我很懂技术，我就很可能说：那样没有这样好。我会天天跟他们吵架，吵技术问题，而没有时间去思考发展问题。”

一个网络公司离不开技术，对于这点马云十分清楚，所以马云对技术人员一直很宽容，还给他们特殊政策和特殊待遇。虽然技术很重要，但技术不是第一位的。马云认为技术是为人服务的，如果人为技术服务，就是为技术而技术。

正因为马云要求技术为人服务，所以他要求阿里巴巴的技术要非常简单，一点就能找到想要的东西。在阿里巴巴的每一款新产品推向市场之前，都要经过马云的“测试”。只要马云不会用，都要被打回重新做。

“有一段时间我就像公司里的技术检查员，有时候技术人员作出一样东西后说这样东西非常好，我一看我不会用，我说 85% 的人都不会用。因为我不会用，所以 85% 的人不会用，如果我会用这东西才可以拿出去。我相信技术是为人服务的，而不是人为技术服务，如果人为技术服务的话，这家公司可能真的要走下坡路。我确实不太懂技术方面的事，我不懂，但是我去听别人的，去跟别人沟通，去了解，去尊重别人。另外不懂的人往往想出来的东西是比较朴素的。很多时候需要一些不懂的人在公司里面，但不懂的人不要装懂，不懂的人装懂的时候也是很倒霉的。”马云说。

资料来源：

1. 中广网，http://finance. ifeng. com/roll/20121115/7303485. shtml
2. 乐读网，《青年文摘彩版》http://www. ledu365. com/a/renwu/8951. html
3. 股市动态分析，http://www. p5w. net/news/gncj/201211/t4591299. htm
4. 法制周末，http://finance. sina. com. cn/leadership/crz/20121121/073913743319.shtml
5. 每日商报，http://news. ctocio. com. cn/371/8264871. shtml

## 【案例分析】

有人说淘宝是一种生活方式，它的出现改变了我们传统的消费模式。也有人说，淘宝是颠覆者，它拓宽了消费的边界，重构了一个世界。而对于千千万万的淘迷来说，淘宝是一种信仰，是一个无所不至、无所不能的存在。总之，我们不能简单地把淘宝看做一家互联网公司，也不能仅仅将它归结为一种商业模式，淘宝的意义远不至此。

第一，颠覆的营销方式成就了淘宝天猫2012年“双十一”191亿元的销售业绩。几年前，11月11日仅仅还只是网友口中调侃的“光棍节”，但如今已完全不同。在淘宝的推广下，“双十一”俨然已经成为一场消费者的年度狂欢购物节和国内电商的“掘金日”。

第二，独特的“倒立文化”成就了阿里巴巴杰出的团队。倒立文化，就是企业面对环境的各种变化，敢于把自己倒空，善于从另一个维度去思考问题。这对于任何一个企业来说，都是一种重要的品质。“不要跟我说不可能”是倒立文化的精髓。倒立着的马云和阿里巴巴人，用一个完全不同的视野，走向了成功。

第三，马云的个人魅力成就了阿里巴巴。张狂、幽默、富有煽动性和亲和力、鼓动着一代年轻人的创业理想的马云，不仅是阿里巴巴内部员工膜拜的“教主”，更是中国众多年轻创业者的新偶像。

## 【延伸阅读1】

“倒立文化”可能复制到“湖畔学院”吗？

未来，余杭将出现一家专门培养创业者、企业领导者的大学，名叫“湖畔学院”。

湖畔学院的概念，在马云脑中已经很清晰。他曾在达沃斯论坛上和哈佛的副校长说起过这个方案，得到了对方的积极响应，表示愿意合作办学。此外，沃顿商学院等都表示了合作意向。湖畔学院的规划面积约有200亩，其目标是要成为中国一流的商业大学。

“湖畔”的名字自然是脱胎于“湖畔社区”，这里是阿里巴巴的诞生地，之后又走出了阿里软件、阿里妈妈、阿里旺旺。

【延伸阅读2】

## 阿里巴巴入股新浪微博的另类思考

日前，曾经被业界盛传的阿里巴巴入股新浪微博一事，再度成为继“双十一”后，互联网领域的新热点。有消息称，阿里巴巴已和新浪微博接近或已达成投资入股协议，越来越多的讯号显示，阿里巴巴投资新浪微博一事可能很快将水落石出。据知情人士透露，投资完成后，阿里巴巴将持有新浪微博独立公司15%~20%的股份，新浪微博的估值约在20亿~30亿美金。以此推算，此次阿里巴巴将投资新浪微博4亿~6亿美元。

2013年的“双十一”中，阿里巴巴成为当之无愧的明星。而反观新浪微博，则一直拖累着新浪股价逐级走低。一个是如日中天，一个是日薄西山，这两家企业的联手的确给业界带来了很大的疑问和想象。

事实上，今天的新浪微博正在重走当年博客的道路——盛极而衰。人们在新鲜劲过后，才发觉一切“不过如此”。真正想表达的难以表达，而零七八碎的事情时间长了也难免乏味。稍早于微博之前，开心网也已经成为先烈。那些曾经让人夜不能寐的游戏，如今也变得门可罗雀。反之，腾讯的微信倒是风生水起，后来居上。

其实，微博的自媒体属性已经决定了它的天花板——不是谁都可以成为媒体的。而开心网的游戏属性也决定了它的天花板——不是谁都可以天天玩的。在信息化时代，最重要的是信息，而信息的获得来自于沟通。在这一点上，不论是QQ还是微信，都很好地做到了这一点——不论附加多少娱乐、媒体等功能，最基本的是建立了沟通通道。

那么，如果阿里巴巴入股新浪微博，能够为双方带来哪些变化呢?

首先，最直接的是，新浪微博有钱了，可以继续支撑一段时间，可以继续跟腾讯微博、搜狐微博打持久战了。其次，新浪微博可以为阿里巴巴带来一些用户，尽管以阿里巴巴巨大的市场份额而言，新浪微博带来的用户微乎其微，但是多一条通道总不是坏事，尤其是阿里巴巴刚刚进行完融资，6亿美元不算多。

其实，以笔者看，此次阿里巴巴入股新浪微博，更值得玩味的是，国家资本可以假道阿里巴巴来进入新浪微博。众所周知，在阿里巴巴刚刚进行完的融资中，有大量资金来自中投、中信、国开行等，换言之，在傍上这些巨无霸之后，阿里巴巴已不再是纯粹的民营企业了。因此，阿里巴巴此次注资新浪微博，一定程度上也可以视为中投、中信、国开行等进入新浪微博。由此不难预料，有了这类资金的输血，新浪微博肯定不会死，但是未来的调整则是在所难免的。

资料来源：李君《信息早报》，2012年11月21日

## 项目实训

所谓网购节，就是商家利用一个特殊的节日，进行商品打折优惠抢购活动，淘宝等

互联网公司将网购节气氛推向了一个个高潮。譬如本案例中的淘宝“双十一”活动等。请选择某购物网站，为该网站设计一个自有的网购节。

要求：日期选择合理，符合网站自身特点，并充分阐述选择此日期的理由。

## 案例十　杜拉拉的“吸金”之路

“杜拉拉”作为崛起中的“中产阶级阅读”结果，使业余作家李可成为中国的“J. K. 罗琳”，似一炮重弹激活了中国文化市场长期沉闷单调的“Storytelling”创意能力，生动地上演了中产阶级从文化创意到产业创富的财富奇观与资本想象。从图书出版到影视、话剧、服装等领域的版权授权经营，“杜拉拉”成长为萌生于虚无创意之上的真实品牌，文化产业价值链同时延伸着白领们的虔诚与经营者的财富。

### 一、畅销书篇

《杜拉拉升职记》最开始是作者李可在一个 IT 技术论坛上发帖，后来被网友转帖到“和讯”。博集天卷图书公司在和讯上发现了这部小说，觉得它符合人们升职的心理预期，有卖点，于是找到作者并出版了这部书。

2007 年 9 月，《杜拉拉升职记》出版；2007 年 12 月，该书获豆瓣网最受读者关注图书，豆瓣新书榜第一名；2007 年 12 月底，位列当当网每日更新的“24 小时小说畅销榜”第一名；2008 年 1 月，位列卓越网图书排行榜小说类第一名；2008 年 5 月 30 日，当选为当当网终身五星书；2008 年 8 月，获开卷数据社科类图书销售榜第一名；2008 年 10 月，繁体版在台湾出版，位列金石堂文学类图书榜第一名。

2009 年 1 月，《杜拉拉升职记》第二部《杜拉拉 2 华年似水》出版；2010 年 1 月，《杜拉拉升职记》荣获“2009 中国图书势力榜文学类年度好书”奖。

2010 年 4 月，《杜拉拉升职记》第三部《杜拉拉 3 我在这战斗的一年里》出版；2010 年 12 月，《杜拉拉升职记》荣获 2010 年首都大学生读书节“年度大学生最喜爱图书”奖；2011 年 1 月，《杜拉拉 3 我在这战斗的一年里》荣获卓越亚马逊“2010 年度十大畅销书”奖。

2011 年 10 月，《杜拉拉升职记》第四部《杜拉拉大结局：与理想有关》出版。

目前《杜拉拉升职记》系列总销量突破 500 万册，成为中国当代现实主义题材小说销量冠军，受到柳传志、冯仑的诚挚推荐。

### 二、电视剧篇

《杜拉拉升职记》电视剧由同名畅销小说改编，这部由上海传媒公司和上海展杰文化公司共同出品的 32 集白领职场励志剧，因其话题性受到业内和观众的广泛关注。2009 年 8 月 19 日，电视剧《杜拉拉升职记》在上海发布演员阵容。2010 年 4 月 19 日，由张巍编剧、陈铭章导演的 32 集电视连续剧《杜拉拉升职记》播映，该剧由人气偶像王珞丹出演杜拉拉，硬朗小生李光洁担纲男一号，饰演职场新贵，香港美女明星李彩桦则饰演杜拉拉的情敌黛西。

2010 年电视剧版《杜拉拉升职记》于 2010 年 7 月 22 日登陆了北京、东方、深圳等卫视频道后，捷报频传，不仅在北京地区的收视率登顶，在各门户网站的点播率也屡创新高。

2010 年 7 月底，《杜拉拉升职记》在北京地区的收视率就以 7. 56 登顶，而影视黄金剧场《雪豹》、央视一套的《江姐》和央视八套的《兵峰》分别以 4. 69、1. 05 和 0. 79 排在《杜拉拉升职记》之后。该剧在东方卫视的播出也成为收视率的状元。而在某门户网站的视频上线 14 天后，总播放量竟然超过 1 亿次，单日的播放量也已突破 1000 万次，创造了该网站的“日播放量最高”、“播放量上升速度最快”的纪录。

2009 年 7 月，《杜拉拉 2 华年似水》的电视剧改编权售出，并由上海尚世影业有限公司出品，徐晓鸥制作，张溦溦编剧，林合隆导演成 32 集的电视连续剧《杜拉拉升职记 2》（又名《杜拉拉之似水流年》）。

## 三、电影篇

2010 年 4 月 15 日，徐静蕾自导自演的都市爱情影片《杜拉拉升职记》在大陆上映，同年 9 月 21 日该片在法国上映，2010 年 10 月 24 日该片在日本上映，2011 年 1 月 21 日该片在中国台湾上映，该片由中国电影集团公司制作发行，由黄立行、吴佩慈、莫文蔚、李艾等明星倾情出演。

在大陆上映 13 天的《杜拉拉升职记》票房正式宣告破亿元，徐静蕾由此成为“亿元导演俱乐部”的新成员，也是最年轻的俱乐部成员之一。

比票房本身更值得关注的是，《杜拉拉升职记》的投资有 2/3 在开拍前就已经收回，明显的植入性品牌涉及诺基亚、兴业银行、联想、益达、中国移动、马自达，立顿红茶/奶茶、德芙、智联招聘、元洲装饰、屈臣氏，等等。这就意味着“杜拉拉”已经成为当年甚至是近几年来利润率最高的一部华语电影。“最会赚钱”由此成为“才女”老徐最新的一个注脚。

定位准确是电影《杜拉拉升职记》成功的一大关键，拍的是职场电影，针对的人群就是都市白领，在中国，白领人群要按千万来计，有这样庞大的受众群体，《杜拉拉升职记》想不火也难。当然不能指望白领全部都去看，或者只是白领在看，《杜拉拉升职记》的主题是职场和爱情，想进影院体会爱情和时尚生活的观众，也同样会得到满足。

《杜拉拉升职记》的全方位宣传也是该片成功的一大法宝，电影上映之前，在公交和电视、网络、报纸等诸多媒介上，《杜拉拉升职记》的电影广告已经是铺天盖地，在美国来说，这叫做“事件电影”，即造成一定的话题性，让你觉得不去看就落伍了，这必然会让很多追赶潮流的观众涌入电影院。《杜拉拉升职记》走的就是好莱坞商业的包装路线，从拍摄到宣传，每一步都紧扣时尚主题，像这样一部节奏轻快的职场爱情电影，在目前的中国影坛还是不多见。

据悉，2010 年 4 月，《杜拉拉 2 华年似水》电影改编权已售出。相信不久《杜拉拉 2》也会出现在大屏幕上。

## 四、话剧篇

《杜拉拉升职记》被上海话剧中心买下版权后，2009 年 4 月，何念导演的《杜拉拉升职记》话剧版在上海进行了首场演出，不仅引起了话剧业内人士的关注，也受到观众的广泛关注。

由姚晨主演的话剧《杜拉拉升职记》是最颠覆、最不照本宣科的一版，既保留了原小说职场攻略的经典桥段，又添油加醋地大胆改编成笑料百出的喜剧，自 2009 年 4 月在上海首演后随即展开全国巡演，足迹遍及宁波、广州、深圳、珠海、杭州、福州、西安、郑州、南京、大连、天津、北京等地，所到之处无不横扫票房，口碑颇佳。

姚晨版《杜拉拉升职记》在上海的两轮演出，一票难求，黄牛票也创造了 3000 元的纪录。不过作为制作出品方，上海话剧艺术中心的"金牌制作人"王德顺很清楚，姚晨正处于大红大紫时期，片约不断，明星版《杜拉拉升职记》势必不能长久。因此首轮全国巡演时，在宁波、武汉、大连、天津等城市，他特别要求导演何念安排了无明星版的《杜拉拉升职记》试探市场反响。出乎意料，没有了姚晨，票房依然火爆。业内人士表示：观看明星出演的作品，观众往往会不自觉地关注明星的表现，或多或少地忽略了作品要传达的东西。无明星版的《杜拉拉升职记》，反而可能更有利于观众领略这部舞台上的职场经典，还原一个最真实的"杜拉拉"。此轮接棒姚晨扮演"杜拉拉"的正是在明星版《杜拉拉升职记》中给人留下深刻印象的"犀利玫瑰"龚晓。先演玫瑰，后演杜拉拉，龚晓穿越于两个截然不同的角色之间，从实干到精干，她都把握得游刃有余。

这部由畅销职场小说《杜拉拉升职记》改编的话剧，摆脱了以往通过语言叙述故事的模式，在表演中融入了舞蹈、歌曲、打击乐甚至是柔术的多元形式，而这样一种创新的举措，也赢得了观众的喜爱。

## 五、音乐剧篇

由著名乐评人金兆钧担任总策划，三宝、小柯、捞仔共同担任音乐顾问的音乐剧《杜拉拉升职记》集合了国内一大批有才华的年轻人。《杜拉拉升职记》音乐剧由北京多多愉快文化传播有限公司制作，由 80 后青年歌唱家么多多担任制作人，由《招租启示》、《我不是李白》、《仲夏夜之梦》等多部大戏的传奇导演黄凯担纲导演，并由孙楠音乐制作人张江及 2011 年北京青年艺术节开幕式音乐总监何琪共同担任本剧的作曲；而在舞蹈方面由 80 后青年舞蹈编导刘晓邑担任，其时尚、现代的编舞风格也促使多部音乐剧取得了巨大成功。在舞台方面更是由国家一级舞美、曾任北京2008年残奥会开幕式和闭幕式的舞台美术工作室主任的金晓杰担任总体视觉总监。

音乐剧版《杜拉拉升职记》在忠实于原著的基础上，融入动人的旋律、动听的歌曲以及当下流行的网络文化时尚元素。继2011年在青岛、深圳作为年末贺岁大戏成功演出后，2012年经过全新改版在北京、天津也成功演出。

## 六、网络剧篇

由张峰执导，谢楠等主演的网络剧《杜拉拉升职记》（简称《杜拉拉》）第一季于2012年5月24日在新浪视频开播。

《杜拉拉》此次被改编成网络剧，目的是为迎合新媒体终端，打造最贴合职场的杜拉拉，该剧提出“午餐档”的概念，“午餐档”是指白领吃一份盒饭所花费的时间，网络剧《杜拉拉》每集的时长也控制在12分钟左右。网络剧《杜拉拉》的主演谢楠本身是主持人，她塑造的杜拉拉不断以“萌”的形象示人，鬼马精灵地在办公室打拼，笑料百出。

## 七、广播剧篇

2008年4月2日至5月2日，中央人民广播电台播出《杜拉拉升职记》同名广播剧，受到听众好评。

## 八、活动篇

由阳光媒体集团和安博教育集团、东方卫视、中国人寿联合推出的“寻找杜拉拉——职场新女性挑战行动”于2010年3月16日至2010年8月30日举行。该行动以“关爱职场女性发展，构建女性职业未来”为宗旨，从3万名报名者中选取了30位精英学子在节目中直面招聘企业老总和“黄金教头”们的严厉“拷问”，并接受一系列实战任务，争取进入名企工作的10个名额。安博教育集团将全程陪伴选手们参赛的“成长过程”，节目开拍前，安博职场训练营将为选手做职业测评和职场技能培训，从带领每一位选手对自己的职业生涯重新定位，到找到适合自己的岗位，让每一位选手相信“成功就是做最好的自己”。最后胜出的冠军选手将获得由安博教育提供的百万元终身培训大奖，让选手从职场的新人蜕变成职业“女皇”。

该活动实况被制作成国内首档大型女性职场节目，从2010年7月12日起登陆东方卫视，周一至周五，每晚11点播出，由著名主持人杨澜和著名演员周立波主持。节目从全新角度给予求职的女大学生指引，引导她们完成从学生到职场新女性的转变，从而帮助女大学生全面提升职业能力、信心和勇气，取得了比较好的社会效益。

【案例分析】

**“杜拉拉”产业链：一本书的吸金效应**

2010年4月15日，电影《杜拉拉升职记》公映，这部改编自同名畅销书的电影在两周内票房过亿，并且裹挟着话剧、电视剧、小说连播、有声读物在全国掀起了“杜拉拉”风潮——在国内，从没有一本图书卖出过如此多的改编版权，形成如此规模的文化产业链。

图书产业链的未来在国内，也许从来没有一本图书能像《杜拉拉升职记》这样衍生出如此众多的文化产品，标志性地代言特点鲜明的人群，产生如此大的商业价值。从这点上来说，也许《杜拉拉升职记》的意义已经不在于其图书的销售码洋、电影的票房、电视剧的收视率，更大的意义在于提供了一种由图书作为起点，建立跨越多种媒体的文化产业链的范例。“杜拉拉”通过一本图书造成话题效应和品牌效应，为其电影、电视剧的卖座打开通路。在“杜拉拉”的产业链中，图书终于回到了它在文化产业中的应有位置：奠基之石。

对品牌的珍视，再加上文本本身浓郁的时代气息，也许构成了《杜拉拉升职记》从一本书到一条产业链的一些必要因素。毫无疑问，“杜拉拉”走出了一条成功的路，但这条路上的后来者，必定要接受图书创意和出版商业运作的多重考验。

资料来源：中华读书报，http://news.xinhuanet.com/book/2010-05/30/c_12157793.htm

## 项目实训

当今市场上的有潜在延展性的文化品牌非常多，如喜羊羊、灰太郎等，请任选一个已经存在（或自创）的文化品牌，为其作出产业链延伸的规划，再现杜拉拉从一本书到一条产业链的成功路径。

## 案例十一　冷艳天后高调复出：三角度看王菲全球巡唱

自2010年年底复出以来，王菲就一直没有闲下来过，不仅再上春晚、到地方卫视参加跨年晚会，还在全国各地开起了巡演。而靠着这些曝光，王菲赚了个盆满钵满。在2011—2012年福布斯中国名人榜上，王菲综合排名位列第四位，仅次于周杰伦、刘德华和范冰冰，而在收入排名上挤到第三位，总计收入为1.36亿元。

2010年10月29日晚，北京地铁一号线几近“瘫痪”，五棵松站被围得水泄不通；五棵松体育馆外黄牛票被抢光，超过200多名歌迷在场馆外苦苦寻票，坚守到演唱会结束。无论明星还是歌迷，都在微博直播演唱会……这一切似乎只有歌坛天后王菲才能做到。那晚是她的复出首场演唱会。

下面我们就从巡唱行程、现场效果和幕后操作三个角度来分析一下天后王菲是如何完美复出的。

**角度 1：巡唱行程一览**

| 城市 | 地　点 | 时　间 | 票　价 |
|---|---|---|---|
| 北京 | 五棵松体育馆 | 2010 年 10 月 29、30、31 日和 11 月 5、6 日（5 场） | 300/500/1000/1500/2000/2500 |
| 上海 | 世博文化中心 | 2010 年 11 月 19、20 日和 11 月 26、27、28 日（5 场） | 300/500/1000/1500/2000/2500 |
| 台北 | 台北小巨蛋 | 2011 年 1 月 21、22、23 日（3 场） | 400/800/1800/2800/3800/4800/5800/6800/8800/（台币） |
| 香港 | 亚洲国际博览馆 | 2011 年 3 月 4、5、6 日和 3 月 10、11 日（5 场） | 380/680/980（港币） |
| 广州 | 广州国际体育演艺中心 | 2011 年 5 月 13、14 日（2 场） | 380/680/980/1280/1680/2500 |
| 南京 | 南京奥体中心体育馆 | 2011 年 5 月 27、28 日（2 场） | 380/680/1080/1680/2280/2500 |
| 长沙 | 湖南省国际会展中心 | 2011 年 7 月 1、2 日（2 场） | 500/1000/1500/2000/2500/3000 |
| 武汉 | 武汉体育中心体育馆 | 2011 年 8 月 26、27 日（2 场） | 500/1000/1500/2000/2500/3000 |
| 新加坡 | 新加坡室内体育馆 | 2011 年 10 月 29 日 | 120/220/280/380/480/580（新币） |
| 吉隆坡 | Stadium Putra Bukit Jalil | 2011 年 11 月 6 日 | 108/148/178/208/238（马币） |
| 哈尔滨 | 哈尔滨会展体育中心体育馆 | 2011 年 11 月 26、27 日（2 场） | 380/680/1080/1680/2680/3000 |
| 成都 | 成都体育中心 | 2011 年 12 月 9、10 日（2 场） | 500/1000/1500//2000/2500/2999/3999 |
| 西安 | 西安曲江国际会展中心 | 2011 年 12 月 23、24 日（2 场） | 500/1000/1600/2600/3600/3999 |
| 重庆 | 重庆奥体中心 | 2012 年 2 月 17、18 日（2 场） | 580/880/1280/1680/1980/2580/2980 |
| 昆明 | 新亚洲体育城 | 2012 年 3 月 31 日、4 月 1 日（2 场） | 500/1000/1880/2380/2880 |
| 厦门 | 厦门市会展中心 | 2012 年 4 月 20、21 日（2 场） | 599/999/1599/1999/2599/2999 |
| 大连 | 大连金石滩金石广场 | 2012 年 5 月 12、13 日（2 场） | 500/1000/1500/2000/2500/2980 |

续表

| 城市 | 地　点 | 时　间 | 票　价 |
|---|---|---|---|
| 合肥 | 合肥滨湖国际会展中心主展馆 | 2012 年 5 月 23、24 日（2 场） | 500/1000/1500/2000/2500 |
| 郑州 | 河南省体育中心体育场 | 2012 年 6 月 8、9 日（2 场） | 580/980/1580/1980/2580/2980/3980 |

**附：王菲曾经的演唱会**

1994—1995 年最精彩演唱会（29 场）：

温哥华、埃德蒙顿、多伦多、亚特兰大、旧金山、纽约、香港（18 场）、台北（2 场）、新加坡、马来西亚（2 场）

1998—1999 年唱游大世界演唱会（34 场）：

广州（2 场）、深圳、昆明、北京（2 场）、上海（2 场）、香港（17 场）、佛山、东莞、新加坡（2 场）、拉斯维加斯、日本（2 场）、吉隆坡、珠海

2000 年 10 城巡回演唱会（10 场）：南京、长沙、温州、沈阳、济南、宁波、武汉、台北、墨尔本、悉尼

2001 年喜泉酒激情广州王菲演唱会（2 场）

2001 年全面体演唱会（3 场）：日本武道馆

2001 年重庆朗天之夜演唱会

2001 年上海演唱会

2003—2005 年菲比寻常演唱会（16 场）：

香港（8 场）、马来西亚、上海、新加坡、西安、杭州、北京、台北、广州

### 角度 2：标新立异的现场效果

#### 曲目安排充满禅意

王菲 2010 年 10 月的北京演唱会开场从冬季开始，经过四季后重生是王菲此次演唱会的曲目设计概念，春季的环节设计相当精致，王菲身边升起两个架子，上面挂满了纸制的蝴蝶，在灯光效果下，这些蝴蝶栩栩如生，代表了破茧的含义。而王菲在这段落里演唱的《天使心》、《矜持》、《我愿意》等作品，也更是经典中的经典。之后，王菲以《传奇》结束了春的主题。

“夏”一开场，李延亮和讴歌两位吉他手就站到舞台前，玩了一段超猛的 SOLO，现场立刻火热起来，而王菲这段落里也选了《开到荼靡》、《闷》等节奏感更强的作品。而在秋季里，王菲更坐上吊威亚的飞椅，唱着《天空》飘到了观众席上空，并不时跟观众招手，这也是她全场唯一跟观众的互动。

最后，演唱会进入到《重生》的环节，舞台马上变得太空感十足，王菲在这段落里演唱了《新房客》、《香奈儿》等最为意识流的作品。舞台上，更以一面45°角倾斜的镜子屏幕，把王菲和投影到地面的影像折射出来，效果相当创新。

## 造型“干净而另类”

一直是时尚Icon的王菲会以什么造型出现一直是大众的关注焦点。比起唱游大世界和2004年巡演来说，王菲在演唱会上服装和妆容都没有特别“出格”，淡淡的两抹红色和浓重的蓝色眼妆成为重点。

在服装方面，王菲的五款造型紧贴四季和重生主题。造型师Titi Kwan打造的这几款造型并没有太多复杂的配饰，以纯色调为主。王菲以一袭白衣出场，戴着一个包裹住全部头发的“头套”，配以旁边雪树冰山的概念装饰以体现冬季的寒彻。不美艳，但绝对出人意料，颇有禅味，甚至有观众脱口而出：“这怎么有点像尼姑?”在随后的演出过程中，王菲摘下白帽子，露出一头倔强的短发，耳朵两侧是贴着头皮编起的小辫子，头顶则是帅气的莫西干发型。不论是流苏披风的骑马装，还是黑色的花苞大衣，都很有时尚范儿，简洁干净有不失个性，被很多媒体评价为“干净而另类”。

舞台上的王菲重现了很多华语乐坛的经典画面，比如《百年孤寂》里拿着一只红色的喇叭代替麦克风唱歌；又比如《闷》，尽管王菲没有再梳起两个小辫子、画着红脸蛋，却依旧在舞台上蹦来蹦去地唱歌。当《天空》的前奏响起，王菲身着一袭紫红色的衣裙坐在如银色树枝般的秋千中升上舞台半空。舞台顶部突然亮起点点星光，覆盖整个场馆，王菲的裙摆如云霞般在半空中飘动，王菲此时又演唱了脍炙人口的《但愿人长久》，一种美妙的意境油然而生，当她向观众席挥手致意时，观众的掌声、欢呼声此起彼伏。

## 坚持室内演唱，高科技造唯美舞台

王菲的个唱，一直也很少有伴舞等元素，但这次，现场舞台的布置也相当非常规，普通大型演唱会惯用的用来营造气氛的烟火、舞台灯光背景等在这里都没有出现。这次王菲的演唱会选择了更为科技化的一种体现，舞台背后的数块LED电子大屏幕，以及3D激光投射等技术，简单前卫，让这台演唱会更显现出国际化标准。

舞台设计则风格突出，以白色和蓝色为主的光束打造出一个充满冷感色调的舞台，从一开始用枯树隐喻冬季的设计，到最后用一个红色内里的银色玻璃球暗示重生，每一个道具都有可以被多重解读的意味。而在《但愿人长久》响起的时候，体育馆的天花板上无数白色的小灯亮起，好似星空和月光般皎洁动人。

演唱会结尾的设计更是让人称奇。舞台地面突然升起，就如同打开了笔记本电脑，王菲从屏幕中间冒出，抱着红色的话筒闭着眼睛演唱。王菲周围的大屏幕形成一个四维空间，镜面反射出她的影像，这个设计令不少观众惊叹。

王菲的本轮演唱会，其制作团队指明要在室内体育馆进行，这一要求也导致了2011—2012年王菲全球巡唱时有关场地设计和选择的诸多插曲。比如2011年12月在四川成都，四川省演出公司想出了在成都体育中心“室外搭建室内场”的点子，整个大棚宽度80米、深度60米、高度20米，为了避免后面的歌迷看不清楚，座位全部是梯形排列，和专业的室内演出场馆完全一样，保证了演出的完美进行。

2012年2月王菲在重庆奥体中心举办的演唱会也依葫芦画瓢。然而，据媒体报道，重庆演唱会主办方为收回此次主办的高额成本，采取在观众席加座位的方式，结果导致观众席座位密集超过承重，从而垮塌，造成了非常恶劣的影响。

### 只唱不说，没有返场

只唱不说永远是天后的特色，演唱会上的王菲依然如此。从第一首歌《只愿为你守着约》开始，王菲就一言不发，最多说上几声谢谢。尽管如此，哪怕是她眼波流动中显现出一丝笑意，也能引发观众发出欢呼。王菲却也并非只是自顾自地唱歌，她也经常向观众挥手示意，挥手的动作每次都能让观众发出欢呼。不少观众在观看演唱会后接受采访时都表示，从王菲的歌唱，以及舞台的整体感觉来说，都算是值回票价，“但王菲全场一句话不说，就有点过了，我们花那么多钱，连个交流都没有，总觉得还是有点遗憾”。

虽然王菲的演唱会以没有返场著称，但这次演唱会令人震撼的结尾带来的效果显然高于一切名义上的所谓返场。王菲选择了《寓言》专辑里的五部曲给演唱会做结尾，从《寒武纪》到《彼岸花》，整个舞美和歌声体现了一次从万物皆无到壮大和涅槃的状态。最后一曲《彼岸花》之前，舞台上出现了一个大型的“折叠镜”，王菲从镜面上浮现开始歌唱，整个舞台浮现出神秘的白色光芒，气氛充满诡异的色彩，使整场演出有了一个类似寓言的结尾。

随着《彼岸花》的歌声落下，王菲也缩回地下，当观众们高声呼唤，期待王菲仍有返场环节时，大屏幕上出现了制作团队的字幕，演唱会就这样落下帷幕，这个结尾方式实在出人意料，但也是属于王菲的风格。王菲并未食言，唱满两个小时，只是观众意犹未尽，不少人在渐渐亮起的灯光中仍坐在座位上，哼唱着属于王菲的旋律。

## 角度3：独具匠心的幕后运作

### 春晚预热，曝光率激增，打响复出牌

2009年，陈家瑛开始替王菲重新登台“热身”，接拍洗发水广告，为电影演唱主题曲，上春晚唱《传奇》。从放出消息王菲要上春晚，导演组一开始极力否认，陈家瑛也屡次表示在接洽中，到随后媒体又三番五次披露王菲彩排时间和演唱歌曲，使得春晚的整体宣传中都渗透了王菲的影子。不得不说，王菲上春晚的这个选择是正确又保守的：

第一，选择春晚这个平台，是最有保障的，不管是话题性还是关注度，在中国市场是毋庸置疑的；第二，在春晚上独唱，又可以显示出她的身价非凡，由于时间有限又大牌众多，一般歌手极少能在春晚的舞台上独唱。虽然春晚当晚王菲的发挥并不好，但是这并不影响人们开始对王菲的期待。

王菲在复出之前五年，虽然也在嫣然天使基金慈善晚宴上出现，也会被狗仔跟拍，但曝光的频率没有那么高。而王菲在复出前半年的曝光次数，几乎是前五年加起来的总和。是天后故意高调还是狗仔运气突然变好？王菲以前的宣传策略就是走“被动”，出席记者会也就是三言两语。这次的复出宣传，让王菲频频正面曝光，短时间内，极少出席正式场合的王菲成了狗仔们关注的焦点人物，关于王菲的跟拍，三天两头就出现在娱乐版。

王菲在复出前半年的行程，几乎都被媒体曝光了，巴黎拍照、香港购物、北京喝下午茶、与朋友玩复出派对等，天后的生活从未对普罗大众如此清晰地交代过。而王菲方面仍是什么都不说，狗仔拍到了就是拍到了，但是曝光率的急速升高，恰好填补了春晚到复出记者会的空档。

同时，王菲也成了时尚杂志的宠儿，在某时尚杂志九月刊与十一月刊的杂志封面，王菲幕后团队投放了多处宣传广告，使得天后曝光时段从 8 月上旬持续到了 11 月。由于配合国际性大杂志的推广，发行范围可至香港、台湾等地区，王菲的影响力相应铺开，为之后的香港、台北演唱会也做了一定程度上的预热。

### 微博上，冷艳天后变“贫”菲

王菲在 2010 年复出前近半年都沉寂在网络世界“不可自拔”。歌迷对于偶像的私生活，一向都有极强的窥探欲。对于王菲一向如此，正是因为她一向的冷面作风与微博上的“贫嘴”风格形成了鲜明的对比，才让她的粉丝在网络上如此欣喜若狂。在网络上与粉丝面对面的天后，不再冷若冰霜地拒人于千里之外，她要贫、开玩笑、改编歌词、制造流行语。王菲对于网友口味的把握精确得令人惊讶，隐居多年的天后重出江湖，说的话都是最流行的网络语言。甚至有不少网友惊讶：“这真的是王菲吗？”

王菲的微博在演唱会之前成为媒体的关注焦点，她几乎每天都更新微博，也因此每天都成为媒体报道的内容。有人认为王菲开微博是为演唱会造势，对此王菲的经纪人陈家瑛直接否认，她表示王菲开微博和演唱会并没有直接关系。其实王菲早在 2010 年 4 月，就以 veggieg 为名偷偷开了微博，后来被歌迷搜到，渐渐传开，再加上王菲微博上的好友越来越多，也就更加活跃。

在复出记者会前后，王菲在微博上突然“活泼”了起来。这是巧合还是宣传手法之一？王菲在微博上的高调亮相，被很多业界人士认为是一种粉丝营销，是用个人表现引导粉丝的一种方式。粉丝是王菲最忠实、最稳定的消费群体，也正是这些人在为她的演唱会买单。至于微博一事是“预谋已久”还是“无心插柳”，娱乐策划人田金双认为："陈家瑛是业内都认可的敬业尽责的营销高手，其金牌经纪人的地位在圈内可排进前五。如果这是她的系列策划，那么这一链条式的营销几乎是无懈可击的。"

## 首场演唱会"零度"宣传

从王菲北京演唱会消息发布，到演唱会正式举办，其间除了开过一次发布会，主办方几乎没有再向媒体主动发布过消息和通稿。关于演唱会的细节曝光，主办方从未主动联系过媒体。这跟一般演唱会有组织、有计划地向媒体公布消息、发通稿、组织探班等宣传方式大相径庭。而一般演唱会惯有的"媒体票"（一般情况是6~10张），这次只有2张，仅仅是"工作票"。

据知情人士透露，王菲首场北京演唱会宣传上的这种"低调"，是不得已而为之，因为幕后团队一直未确定固定的宣传班底和负责人，关于演唱会的宣传也没有计划性和延展性。所以这次的宣传几乎为零，不是不想宣传，是不知道怎么宣传。王菲北京演唱会操盘手柳威接受采访时也曾表示："媒体报道方面，不是我们不想报道，而是不知道怎么报道。寻常演唱会宣传无非关于曲目，这次王菲都是唱老歌。宣传也没有什么新点。"至于王菲正式开唱前期，地铁等地出现的平面广告，都搭配着赞助商的logo，据业内人士分析，这可能只是为了完成与赞助商的合同才投放的广告，并不是原先就精心计划好的。

王菲个唱这种"被动"的零宣传，却意外引起了媒体的热烈关注。狗仔队蹲点，到处找知情人访问，媒体的主动报道占据了绝大多数，因为"王菲复出"这个热点不能错过，而零宣传更加强了公众的好奇心，媒体都希望能挖掘到一些独家消息，所以才造成了版面上的热闹场面。娱乐策划人田金双认为，这也是主办方的一种营销手段："看似低调的高调式炒作，什么都不说；越不说，媒体、公众越想知道。公众的窥私欲和媒体的猎奇心理，让大家自然而然地去关注。"

由此可见，此次演唱会，除记者会外主办方并未安排需要王菲出面的宣传活动，开票前期也制造出了"迅速售罄、一票难求"的噱头来刺激票房，但到演唱会开场前，主办方还是在北京地铁等地方投放了平面广告。据北京地铁的广告价来看，灯箱费用从40万元到80万元不等（周期为1周）。总体来看，这次的演出宣传费不算高，估计每场为20万元左右。

## 一票难求，2010年巡演门票收入过亿

王菲2010年巡演的门票有300元、500元、1000元、1500元、2000元、2500元等几个档次，以北京五棵松体育馆为例，这个场馆可容纳18000人，由于演唱会的舞台是三面台，观众席位有13000个左右。除去工作票和合作方、赞助商的关系票，可售的有效门票为10000张。演唱会最高票价为2500元，最低票价为300元，但是300元和500元的门票数量较少，1000元以上的门票占大多数，平均下来每张门票的价格约为1300

元。这样算下来，王菲演唱会单场的门票收入能达到 1300 万元。这个数字或许有些保守，再加上在上海的 5 场演出，“王菲 2010 巡演”仅门票收入就可以超过 1 亿元。

几乎从王菲演唱会开票那一天起，这场个唱就被盖上了“一票难求”的印章。演出商为王菲演唱会开出了史上最高票价：场地票 2500 元，而黄牛在网上将票价炒到了 12000 元。开演当场的五棵松篮球馆门外，用“一票难求”这四个字形容更是极为贴切。黄牛票贩在万寿路口就设置了关卡，甚至有人手持一把钞票站在川流不息的车行道中大声呼喊“有谁退票”。从万寿路到五棵松篮球馆周边，求票的黄牛党成群结队，却没见谁手中有票。

对于门票爆炒的质疑，天津华谊东方文化公司老总薛乃夫认为是市场所需。他认为，北京的 5 场演出总共可以卖出 5 万张门票，也就是说，北京将有 5 万名歌迷加入争夺王菲演唱会门票的行列中。对一座拥有 3000 万人口的城市来说，5 万名歌迷实在不多。依他的了解来看，王菲的歌迷基本都是具有较高消费能力的成熟人群，因此“门票已销售一空”、“门票被炒高”的现象完全有可能在她身上发生。

但也有人分析，“一票难求”现象的背后，是主办方和黄牛勾结哄抬票价，商家把“王菲”和“复出”结合在一起作为一个品牌在操作，并采用手法将“王菲复出”的商品利润最大化，然而，在票房方面可能会取得成功，但导致的后果就是透支了王菲的商品价值。因为这种行为是一次性的，将王菲的品牌效应透支殆尽后，如果再回北京巡演时，票房很可能就会惨败。

## 单场 650 万元舞台制作与演员费用

从整体到细节，王菲演唱会的舞台用“华丽”来形容再合适不过，但是这样的舞台搭建成本也是相当惊人，据香港媒体报道，搭建北京五棵松体育馆的舞台需要 3000 万元以上的成本，以五场连唱来计算，加上场馆的租金，每场起码需要 600 万元的制作成本。

那么这个舞台到底贵在哪里？此次演唱会的导演是王家卫，他来把握整个舞台的视觉效果和画面切换。演唱会使用的那六块巨型 LED 屏幕，就花去了不少成本，这也是国内歌手首次使用移动型 LED，以往国内歌手开演唱会选择的 LED 都是固定的，但王菲的却不同，可以根据需要上下左右移动制造不同的视觉效果，在不需要使用的时候就收起，现场没有一根柱子遮挡视线。而这些庞大的设备全都是从日本空运进京，运输成本也十分高昂。此外，王菲开场时的那支水晶麦克风架，纯手工制作，成本超过 300 万元。场馆内的“满天繁星”、凤凰椅、水晶球，也都是度身定做，每一样都价格不菲。

另外，王菲演唱会的工作团队保守估算有 50 人以上，不包括场馆提供的志愿者和公安、消防。50 个人的庞大团队，吃喝住行，加上每场的薪资酬劳，每场都开销不少，天津华谊东方文化公司老总薛乃夫认为，650 万元应是含舞台制作、演员差旅等成本的总价。

## 王菲单场身价 620 万元，赞助 200 万元

王菲此次复出开演唱的单场歌酬高达 620 万元人民币，其中 20 万元为化妆费，由王菲方面支付给她的专属造型师和化妆师。虽然不及之前传闻的 800 万元，但这一身价已达顶端，能与王菲身价相抗衡的，仅有天王刘德华和张学友。

演唱会中赞助商的地位一直不可小觑，一来赞助商可以解决部分制作成本，二来赞助商也可以消化部分的门票收入。从王菲北京站的场馆布置来看，赞助商是分场出现，也就是说，每一场的主要赞助商是不同的。王菲的首场演唱会布置的赞助 logo 是某洗发水品牌，第二场又换成了一家啤酒厂商。据此前的媒体报道，赞助商还包括化妆品公司、移动通信公司、银行机构等，但据业内人士分析，虽然赞助商个个都是实力雄厚，但平均到每场，赞助商最多提供 200 万元的赞助。

陈家瑛也聊到了在内地做演唱会与香港的不同。首先，内地演唱会票价贵，这是因为“演唱会对内地来说，是一个奢侈品。而内地公司和机构之间，经常都把演唱会门票作送礼之用，可以说是一个礼品市场，所以越贵越抢”。其次，内地找赞助商比香港容易。香港地方小，赞助商不会给你几千万元花。内地市场很大，无论是汽水、啤酒、衣食住行，有数不尽的商品。陈家瑛想了很多和赞助商合作的方法，例如用门票和赞助商以物易物，赞助商可以把门票给顾客抽奖，而购买赞助商的商品时又可以看到演唱会的海报，既促进对方销量，又能帮自己宣传。

## 开“融资”运作演唱会先河

在影视圈，多家制片方联合制作的方式并不鲜见，“融资”的好处在于分担风险、共同承担巨额的投资费用。但是在演出市场，由于制作成本相对较低，此前并没有出现这样的“融资”模式。然而，在“王菲 2010 巡演”的发布会上，三家神秘演出商浮出水面，分别是中国祥宇文化有限公司、上海“圣峰”和浙江“传眉心秀”。除了票房奇迹，天后王菲又在演出市场开启了一个新的操盘模式“融资”，这种演出市场的操盘模式已成为演出商看好的新运作模式。

据专家介绍，大型演出的演出商合作主要有两种形式：第一种就是权责分明的方式，“比如，一家负责赞助筹钱，一家负责票房销售，一家负责场地、公关舞台等”；另外的一种形式就是，各演出商争取这个项目的股份，最终按照投资的比例享受利益分配。王菲的演唱会，就是采取后一种合作方式，其好处就在于既能分担风险，同时又能分担巨额的投资费用。

**【案例分析】**

虽然王菲的经纪人陈家瑛一直声称王菲的复出不是一场精心策划，希望王菲“你想什么时候出来，就什么时候出来”，但是王菲复出演唱会的前期曝光率激增

还是透出了一些用心的影子。

王菲北京复出演唱会前长达一年多的宣传造势，从效果论来看，是十分成功的。从时间表上来看，环环相扣无懈可击，可谓“天时”；王菲复出首场选择家乡北京，依托着内地庞大的歌迷群体，可谓“地利”；在幕后，经纪人陈家瑛和王菲本人多年的默契，可谓“人和”。

王菲复出的营销个案，有人认为是经过幕后团队精心策划，也有人认为只是机缘巧合下的偶然成功。“阴谋论”还是“效果论”，众说纷纭。而从幕后解密来看，“必然”和“偶然”各占一半。虽然外界褒贬不一，但不可否认的是，“王菲复出”在营销效果上是非常成功的，很多方面都值得业内学习和借鉴。

资料来源：

1. 王菲效应可见一斑　北京地铁一号线几近“瘫痪”，http://ent.163.com/10/1031/08/6KAGNF5D00032DGD.html

2. 百度百科“王菲”，http://baike.baidu.com/view/3208.htm

3. 王菲复出首场个唱昨日举行　观众抱怨一句话不说，http://ent.qq.com/a/20101030/000149.htm

4. 网易，http://ent.163.com/special/jmwfmutd/

5. 天津网数字报刊，http://www.tianjinwe.com/tianjin/tjcj/201007/t20100724_1312648.html

## 项目实训

请结合王菲复出的案例，设计一位老牌明星在全国巡回演出的整体方案，方案需涉及这位老牌明星的巡演定位，巡演的时间、地点，宣传推广策略，票务策略等。

## 案例十二　谁造就了“凤凰传奇”的涅槃与辉煌

无论你是不是“凤凰传奇”这个演唱组合的粉丝，《月亮之上》、《最炫民族风》都注定会飘进你的耳朵。唱片业喜欢用销量来说明歌手有多么红，凤凰传奇的唱片销量已超600万张，这在“唱片已死”的大环境下堪称奇迹，同时凤凰传奇在中国移动等平台上的彩铃下载量已达1亿多次，如果暂时不考虑那些下载多首歌曲的用户，这意味着在中国手机用户中，至少平均每7个人就有一个下载过凤凰传奇的歌，其歌曲网络试听总量超过了10亿次。那么，凤凰传奇的演艺辉煌是如何创造的呢？

### 早年出道的紧张生活

凤凰传奇组合中的女歌手叫杨魏玲花，是来自鄂尔多斯大草原的蒙古族姑娘；男歌手叫曾毅，是个来自湖南益阳的农村小伙。1998年，杨魏玲花和曾毅，在广东成立了

MCG组合。之后很长的一段时间里，他们和那些飘落广东的流浪歌手一样，参加比赛，在酒吧驻场演出，心怀梦想但无处施展身手。说起两个人曾经的奋斗之路，曾毅说："我们会合演很多小品，还有舞台剧。"当时，深圳演艺场所竞争压力很大，每个月都要求演员排出一台节目，杨魏玲花说，当时曾毅经常为找剧本忙碌，"要演小品，所以要编啊。还有舞蹈，他也会扒碟排啊，还有一些歌，也会让我们去学。当时我们每天都在排练，一个月真的可以排出一台晚会"。如此紧张的生活，甚至让他们没有想过日后的期望，"说句实话，我们的工作挺忙的。在深圳生活，其实压力挺大，我们当时的心态就是，什么时候能不排练？什么时候才可以去上网？当时《传奇》那个游戏特别风靡，所以我经常想，什么时候能去打游戏？"

虽然生活节奏快、压力大，但大家却都感到挺开心的，"所有演员最高兴看到的就是整台晚会全部呈现，享受成功时的那种感觉"，曾毅说。原来凤凰传奇的前身一共有三位成员。他们三人在一次旅行过程中各自求得了同心锁，而当时的另一位成员并没有一同把同心锁扔到山下，结果那位成员在组合成立半年后就宣布退出，只有曾毅和玲花坚持到了今天，于是当年的"同心锁"成为凤凰传奇的历史性见证。

## 初识何沐阳与《月亮之上》

刚出道的四五年里，凤凰传奇没有属于自己的歌曲，直到2003年遇到了音乐制作人何沐阳。这相遇有点像小说里的桥段。"非典"期间，何沐阳应深圳电台邀请，写了首抗"非典"作品《勇气》，由多人联唱。里面有一段，他设想找一位声音有张力的女歌手来唱。深圳歌手虽然很多，但并没有他心中最理想的人选。某天，他打开电视机，深圳电视台正在播着另外一台晚会，也是群唱，中间有一个女生就唱了一句，马上给他留下了很深刻的印象，嗓音很有特质，高亢，有爆发力。

那姑娘正是杨魏玲花。何沐阳找到她，第一次的合作就这样促成。随后，他又认识了姑娘的搭档曾毅。两个年轻人邀请何沐阳去酒吧看他们的演出，他们成了朋友。杨魏玲花多次请求何沐阳给他们写歌，于是何沐阳给了他们三首歌。其中一首是《月亮之上》，创作于1999年，本来是首慢歌，他改编了一下，加快了节奏，并设置了说唱部分。

到了2003年，杨魏玲花和曾毅已经有了属于自己的歌，"当时我们已经开始演出一些属于自己的、有特色的东西，比如我们两个的《月亮之上》、《一代天骄》"，玲花说。

两个人的《月亮之上》，当年唱完就震惊全场。不过，一开始，他们当时的老板并不看好这首歌，"拿来小样之后，我唱给老板听，他当时很打击我。但后来在演出时，一唱完他就开始觉得这首歌绝对可以"，曾毅回忆说。之后，老板就开始帮他们联系电视台，参加节目，也因为上节目的缘故，两个人有机会代表广东队参加央视的青歌赛。

## 惜败青歌赛

如今的凤凰传奇可以说是舞台上的宠儿，在舞台上不会紧张，但两个人当年参加青歌赛时可不是这个样子。2004年，他们参加了第十一届青歌赛，取名“酷火”组合，在这个组合里，曾毅叫“酷”，杨魏玲花叫“火”，两个人到了中央电视台后才发现，这个比赛很重要，随之而来的就是压力。曾毅回忆说：“当时老师就说了一句，我记得特别清楚，‘这可是现场直播，全国人民都在看着呢。你们的一举一动、一句话，全国的观众朋友都能看到。’”而就是那么一句话，让曾毅在比赛那天从下午一直哆嗦到晚上。

到了晚上，该上台了，音乐一起，两个人站在舞台上，结果杨魏玲花慢了两拍。“真没想到《月亮之上》这歌都唱了那么多遍了还能唱错，舞台上一紧张，忘得一干二净，当时脑子里就是空白的。”杨魏玲花说。错了两拍以后，曾毅赶紧想办法在说唱的时候补救过来，但当时场上的他们心已经慌了，最后只拿到了第七名。

## 签约孔雀唱片，形成“农业重金属”风格

青歌赛失败之后，两个人打道回府。当然，也是从那个时候开始，杨魏玲花开始考虑未来的生活，“我觉得那么老远跑到这儿，一定要有发展。现在我们还年轻，如果不发展，那么过两年我在深圳跳不了、唱不了，该怎么办?”也是从那个时候开始，杨魏玲花就把所有录过的小样，还有一些个人资料给了很多音乐人，一些音乐人把她的碟拿给唱片公司，其中有位老板对杨魏玲花的声音很感兴趣。

于是，杨魏玲花就去见了那位老板，但当时，曾毅并不知道这件事。谈完后，老板同意签下杨魏玲花，“但我跟他说，我是做组合的，不是一个人。那个老板说，组合就算了吧，就签一个人”。杨魏玲花就说：“我们两个是组合，要签就我们一起签，要不我就不来了。”就这样，老板妥协了。而曾毅是杨魏玲花把事情都办完后，才知道的这一切。

这位老板，就是孔雀唱片的董事长陈仁泰。在2004年11月份，陈仁泰除了签下了杨魏玲花和曾毅，也签下了这首他非常喜欢的歌《月亮之上》，并把这对并不常见的男女歌唱组合的名称改为凤凰传奇。

凤凰传奇的第一张专辑《月亮之上》于2005年4月15日正式推出，主打歌《月亮之上》由何沐阳亲手打造，他给凤凰传奇的歌做了如下定位：“民族元素，人文化歌词，加上现代表现手法。”这奠定了凤凰传奇的风格，这种风格后来被很多人士称为“农业重金属”。

在经纪公司的打造下，凤凰传奇在2005年的《星光大道》选秀节目中获得亚军并迅速走红。而在此前，即使凤凰传奇开出8000元一场的低价，也没有太多机会进行商演。

## 成为数字音乐业务"幸运儿"

2004—2005 年，正是中国音乐界的最低谷。中国唱片产业 2004 年的正版收入只有 2 亿元，和台湾歌手周杰伦 2011 年的个人收入差不多。那时数字音乐业务被看做唱片业的"最后一根稻草"。2005 年中国无线业务中来自音乐的相关业务单月就有近 4 亿元人民币，远超 2004 年全年的正版唱片收入。唱片业最终没有抓住这根稻草，但凤凰传奇却意外地从中获益。

2006 年 6 月，中国移动首次电视彩铃贴片广告招标，各大 SP（无线增值业务运营商）申报竞标。TOM 在线和新浪的 SP 部门居然同时申报了《月亮之上》这首歌，并且同时中标。之后那段时间，两个不同版本的 flash，在全国 20 多个卫视的各个时段轮番播放。这种大规模高频率的播放，很快让人们在几个月内，把《月亮之上》和其原唱者凤凰传奇联系起来。

当时是彩铃的巅峰期。北京电台最流行的节目叫《彩铃乐翻天》，全国有 14 家电台通过全国卫星音乐广播协作网同步转播这个节目。当然，彩铃贴片广告选中的歌曲，往往都是旋律通俗、辨识度高，这也是用户选择彩铃的倾向。但当时流行的作品大多风格雷同，凤凰传奇被选中并非偶然。

由于 SP 普遍隐瞒下载数据，电视台很难参与分成，再加上随着 SP 运营商的增多，分羹者增加，利润率降低，电视彩铃贴片广告在活跃了两年半后逐渐被直销广告挤占。彩铃贴片作为一种歌曲推广模式，可遇不可求，而凤凰传奇正好赶上了。他们的成名作《月亮之上》在 2007 年创下了彩铃下载 7900 万次的惊人数字。

## 历尽版权周折，终于登陆春晚

从 2007 年开始，凤凰传奇开始参加央视的《欢乐中国行》、《中华情》等大型晚会。2008 年，凤凰传奇终于如愿把《月亮之上》带到了春晚的舞台。很多观众都对玲花和曾毅骑着自行车从天而降的画面记忆犹新，但很少有人知道这其实已经是凤凰传奇第二次接近春晚。

早在 2007 年，各地的电视台、大学校园、各种晚会上就都能看到凤凰传奇的身影，歌曲《月亮之上》随之家喻户晓，孔雀唱片的总经理陈锦芳甚至还把这首歌推荐给了春晚剧组，让她喜出望外的是，凤凰传奇还真被 2007 年的春晚剧组看中了。

可让谁都没想到的是，就在腊月二十八，在凤凰传奇组合已经入驻春晚剧组两个月，参加排演五六次后，孔雀唱片被通知，《月亮之上》涉嫌抄袭，被春晚剧组拿下了！

其实，早在孔雀唱片签下《月亮之上》这首歌时，就曾考虑过这首歌中的一段音乐，借鉴了民族歌曲《敖包相会》中的几个音节，为了避免日后麻烦，特地请专家来鉴定，最后的鉴定结果是只涉及借鉴，不涉及抄袭。

《月亮之上》因为涉嫌抄袭被春晚拿下，实在有些让不敢相信，也引来了各方媒体的关注和猜疑。接受这个事实后，孔雀唱片打算通过法律途径来为自己正名。2007 年秋天，历时半年多的官司有了结果，经北京市海淀区人民法院判决，孔雀唱片胜诉，《月亮之上》不涉及盗版抄袭。缺席春晚的凤凰传奇，虽然在一定时间段里背负了盗版的恶名，但其知名度却也扶摇直上，其商演价格此后骤然提升到 8 万元一场，每月最多可以排到 20 场，而春晚前这个数字是 3 万元，月均 5~8 场。

摆脱了抄袭嫌疑的《凤凰传奇》终于在 2008 年再次被春晚剧组邀请，在经历了 1 年的波折之后，终于登上了春晚的舞台。

## 超越《月亮之上》，巩固演艺品牌

《月亮之上》红遍大江南北的时候，孔雀唱片的董事长陈仁泰一直在为凤凰传奇准备一首能接替《月亮之上》的歌曲，不过凤凰传奇最初却并不想唱这首后来也炙手可热并于 2009 年年初登陆央视元宵节晚会的《自由飞翔》。

一般情况下，陈仁泰说好听的歌，凤凰传奇就会去唱。但对于歌曲的挑选，也并非总能意见一致。有一次，陈仁泰拿来一个歌曲小样，称将是可以代替《月亮之上》的作品。但当曾毅和杨魏铃花边开车边听这首小样时，都觉得不喜欢。玲花直接就把唱片从车窗扔了出去，

谈到这首自己当初并不喜欢的《自由飞翔》，杨魏玲花说："老板就说这首歌可能能够代替你们的《月亮之上》，能够让你们再往前走一步，然后我就觉得完了，我说我跟老板有代沟！"曾毅说："这么土的歌，我不喜欢，唱出来臊死人家。"但最后，孔雀唱片的董事长陈仁泰还是说服了他们演唱了《自由飞翔》。《自由飞翔》在 2008 年创造了 7000 万次的彩铃下载数量。《自由飞翔》一炮而红后，凤凰传奇开始摆脱了《月亮之上》的标签，从靠着一曲《月亮之上》的火起来演唱者变成了家喻户晓的知名演艺品牌。

2005—2009 年，凤凰传奇保持着两年一碟的发片速度，每张皆为精品，专辑总销量达 100 万张以上，其中专辑《吉祥如意》曾创出 2008 年总销量排名第二的佳绩，仅次于北京奥运会的合辑唱片。《最炫民族风》更是获得了 2009 年年度内地销量第一（3 个月 30 万张），所有歌曲彩铃下载数字过亿。除《月亮之上》、《自由飞翔》以外，凤凰传奇的《全是爱》、《郎的诱惑》、《天蓝蓝》、《荷塘月色》、《最炫民族风》、《御龙归字谣》、《策马奔腾》、《我从草原来》等作品都堪称经典。

## 高调续签孔雀，传奇继续

2009 年 7 月 7 日下午两点，凤凰传奇在北京雍和宫星光现场举行了新专辑《最炫民族风》的媒体见面会暨专辑首唱会。发布会上的压轴大戏是续约环节。凤凰传奇与老东家孔雀唱片成功续约，二人欣然在背板上签上了自己的大名，而孔雀唱片总经理陈

锦芳女士现场赠予了续约礼物金镶玉。孔雀唱片老板表示，他们已经制定了凤凰传奇立足本土辐射亚洲的远期发展战略，希望将凤凰传奇推向一个前所未有的新高度。孔雀唱片在过去的4年时间里为凤凰传奇量身打造了《月亮之上》、《自由飞翔》等多首经典之作。凤凰传奇的超高人气还吸引到了广告厂商的注意，福泰源饮品以220万元的天价邀请凤凰传奇代言，福泰源代表坦言，凤凰传奇是国内最受欢迎的组合，希望借助他们的号召力为福泰源打开更广阔的市场。

2010年，凤凰传奇又一次登临春晚，在央视春节联欢晚会上演唱《天蓝蓝》。

2012年，凤凰传奇3年前的歌曲《最炫民族风》红极一时，相关视频在2个月内已经超过1000个版本，创下互联网新纪录，热度超过当年的《忐忑》，甚至连大洋彼岸NBA火箭队主场比赛的现场也响起了《最炫民族风》的旋律。而凤凰传奇也凭借《荷塘月色》、《最炫民族风》的出色表现和第4张全新大碟《大声唱》，成功晋级亚洲一线组合行列。网友戏称“人类已经无法阻挡最炫民族风”。

**【案例分析】**

传说中有个天方国，那里有对神鸟，雄为凤，雌为凰，满500岁后，集香木自焚，然后从死灰中重生，从此鲜美异常，不再死，这就是凤凰涅槃的来由。孔雀唱片给自己的艺人起名叫凤凰传奇的时候，也一定希望他们的演绎生命能像凤凰一样长长久久。而凤凰传奇也确实经受住了市场烈火的历练和检验，在“唱片已死”哀号声中，他们出道以来的实体唱片销售成绩累计达600万张。在百度、谷歌、巨鲸这类大众在线音乐网站上，他们的排名都在前三位，即使周杰伦也难望其项背。在泰国、越南等东南亚国家，甚至还出现了偶像明星组合翻唱凤凰传奇的作品。包括《月亮之上》和《最炫民族风》在内的10首歌曲网络试听总量超过了10亿次，手机彩铃下载总数超过3亿次，凤凰传奇目前将自己的商演控制在平均每月10场之内，每场为50万元。

按照保守的收入计算方法，凤凰传奇1年创造的营业收入也相当于一个创业板上市公司的收入。凤凰传奇签约的唱片公司孔雀唱片正在筹划创业板上市，而由凤凰传奇带来的收益创造了这家广东公司80%的营业收入。从这个意义上来看，孔雀唱片不仅捧红了一对凤凰、创造了一个传奇，也着实为自己的发展繁荣与品牌建立烧旺了一把熊熊大火！

资料来源：

1. 凤凰传奇走红之谜：如何向上亿人持续销售，http://page.renren.com/601198885/note/856456819？op=pre&curTime=1341294388000

2. 凤凰传奇自曝成名历程《月亮之上》曾不被看好，http://www.chinanews.com/yl/2011/07-19/3192715.shtml

3. 凤凰传奇的商业传奇，http://blog.sina.com.cn/s/blog_6f54f5f40101509c.html

4. 音乐之死：传统音乐产业链的崩塌与新商机，http://finance.qq.com/a/20120810/004859_3.htm

5. 凤凰传奇《最炫民族风》首唱会　高调续约孔雀唱片，http://ent.ce.cn/main/yy/yyxw/

200907/08/t20090708_19484482.shtml

6. 央视网《商道》凤凰涅槃，http://space.tv.cctv.com/act/video.jsp?videoId=VIDE1225777944461827

## 项目实训

请选择某个刚刚出道的艺人，根据其特点为其设计一个“造星计划”，使其成为家喻户晓的明星。该计划中应涉及围绕艺人各个方面如才艺、个性等方面的分析，对艺人的市场定位，对艺人的推广计划和培训计划等。

## 案例十三　高原红的品牌力量：中国演艺界反不正当竞争第一案

“高原红”组合是坐落在九寨沟景区的“印象九寨·高原红演艺中心”在2001年推出的国内第一个藏族女子演唱组合。几年来，“高原红”组合以其靓丽的外表，兼具民族风情和时尚元素的舞蹈演唱，一直活跃在内地的流行歌坛。高原红品牌在发展过程中经历了几次成员变换，但不论成员怎样变动，“高原红”组合一直存在，这种模式虽不是传奇，但却是经典。

### 组建高原红，锋芒初露

据“印象九寨·高原红演艺中心”董事长汪斌回忆，2001年为了推出一个当时在全国还没有的少数民族女子组合，印象九寨·高原红艺术团策划了以体现藏族特点为主的女子组合，入选人员要求：平均身高1.70米左右，文化程度中专以上，具有歌舞特长。组合的名称根据著名音乐人陈小奇创造的、由容中尔甲演唱的歌曲《高原红》引申命名。组合名称确定后，艺术团在整个青藏高原上千名报名者中精心挑选了四位女孩，由单位出资聘请专人进行为期1年多的打造训练，取得了2002年中央电视台全国青年歌手电视大赛优秀歌手奖，开始被全国人们所熟悉。当时，印象九寨·高原红演艺中心与“高原红”组合成员签订了合同，约定“高原红”品牌的开发权、使用权属公司所有。

在保留民族文化的同时，“高原红”组合以藏族民间传统舞蹈和音乐为基础，采取民族舞蹈音乐与现代时尚结合的表演形式来表现藏民族音乐，对民族舞蹈音乐与时尚结合的发展也作了大胆的尝试和有益的探索。

### 成员离开，对簿公堂

2003年6月，第一代“高原红”组合成员泽旺娜姆、尕让卓玛和泽旺阿姆离开

“高原红”组合到北京发展。两位前组合成员到了北京后，在新的经纪公司的策划下成立了“阿佳·高原红”组合。“阿佳·高原红”由于打着“高原红”的旗号，很快迎来了市场，在演艺圈蚕食了原本属于高原红的领地。为此，“印象九寨·高原红演艺中心”将“阿佳·高原红”告上法庭，理由是“反不正当竞争”，并索赔60万元。经过调查取证，北京朝阳区法院终于判决“阿佳·高原红”侵权：不但要“立即停止在演唱服务和宣传中使用‘高原红’名称”，还将“赔偿‘印象九寨·高原红演艺中心’经济损失20万元”。这起诉讼被认为是中国演艺界反不正当竞争第一案。

看着自己一手培养起来的第一代“高原红”组合与自己对簿公堂，汪斌感到很痛心，他开始强烈意识到由于自己的演艺中心地处偏远的九寨沟景区，人员流失的问题在短期内很难解决，为了保持公司的核心竞争力，他决定今后在自己公司工作满5年的员工，将享有公司的股份，参与分红。

## 品牌重塑，创新发展

第一代“高原红”组合成员离开后，“印象九寨·高原红演艺中心”对“高原红”组合的成员进行了改组。2003年，改组后的“高原红”组合新成员通过半年多的培训，于当年底参加了中央电视台中国西部民歌电视大赛并一举夺得铜奖，之后“高原红”组合先后十多次随中央电视台“心连心”艺术团及“同一首歌”栏目赴全国各地和港澳地区演出，并先后被全国数十家媒体竞相报道，从此“高原红”一举成为全国知名的演艺品牌。

汪斌认为，为了不使“高原红”组合在激烈的市场竞争中逐渐被观众淡忘，要不断推出有自身特色的叫得响的新作品，为此，汪斌几乎跑遍了川西高原附近的所有山寨采风，希望能挖掘出具有浓郁地域特色的作品。当他来到九寨沟县马家村的时候，被几位藏民老妈妈的歌声深深地吸引了，当地的村民告诉汪斌他们唱的是一种名叫南平小调的地方小调。汪斌当即决定邀请这几位藏族老妈妈到九寨沟景区的演艺中心演出，并且请他们作为第二代“高原红”组合成员的老师，帮助第二代“高原红”组合创造了新的招牌曲目“采花摇滚新调”，改组后的第二代“高原红”组合于2003年在四川省文化厅、四川省广播电影电视局举办的“四川省首届声乐演唱组合大赛”中获得一等奖。

2004年，“高原红”组合首张专辑《放牧青春》发行。由全国著名音乐人陈小奇、浮克、捞仔、李延亮、藏族著名歌手容中尔甲、著名音乐人陈川等创造的《洗衣歌》、《采花》、《次仁拉索》等经典民歌改编的新民歌以及原创歌曲《草原女孩》、《回家的梦》等10多首歌曲收入了专辑中，第二张专辑也正在精心筹备中。

2005年，根据“高原红”组合自身发展的需要以及健康正常的发展，组合成员一度增加至6人，其中主力成员4人，预备成员2人。2009年，成员正式改组为3人组合（萨尔措、扎西措、格绒拉姆），其他的成员都是替补成员。几年来，虽然“高原红”组合的成员经历了多次变动，但“高原红”已经成为最具藏羌风情的知名演艺品牌。

【案例分析】

“高原红”品牌在发展过程中经历了几次成员变换，但不论成员怎样变动，“高原红”组合一直存在，虽然品牌的塑造离不开每位成员的努力，但品牌与其成员毕竟不是同类事物。一旦成为有影响力的品牌时，即使核心成员离开了，品牌也不一定消亡或者削弱。这样的例子在文化产业界不胜枚举，如“沃尔特·迪斯尼”离世后迪斯尼品牌仍然维系并发展，国内另一歌唱组合黑鸭子也经历了成员的历次转变，却仍然作为一个品牌活跃在演艺界。有影响力的品牌拥有一种令人信赖的力量，这种力量若被精心呵护则会超越创造品牌的成员本身。

“高原红”品牌之所以得到维护，第一因为，当初印象九寨·高原红演艺中心与演员签订的合同中已明确规定：该公司拥有“高原红”相关的品牌的开发权、使用权，“高原红”品牌属于该公司所有。第二因为，该公司早就在国家工商局注册“高原红”的女子演唱组合、歌舞表演、音像制品、影视共10大类商标。这种品牌维护的意识与行动，以及延续品牌的艰苦努力，才是品牌长久生存发展的核心动力。

资料来源：

1. 真假高原红成中国演艺界反不正当竞争第一案，http://ent.cn.yahoo.com/060621/322/281k7.html

2. 央视网《商道》花开高原红，http://space.tv.cctv.com/act/video.jsp? videoId = VIDE1225689936945355

3. 网易博客，http://zgfvsgyh.blog.163.com/blog/static/37344367201077 92314822/

## 项目实训

请参考相关资料为“高原红”组合的签约演员设计一份艺人经纪合同，合同中请涉及双方详细的权利义务。

## 案例十四　《中国好声音》，唱响电视选秀多方互益凯歌

《中国好声音》节目迅速在电视荧屏上走红，几乎令所有人始料未及。作为从国外引进模式的节目之一，《中国好声音》的表现确实可圈可点，但在目前国内影视行业持续低迷的时期，该节目又是如何形成这个收视“奇迹”的呢？

《中国好声音》(The Voice of China)，是由浙江卫视联合星空传媒旗下灿星制作公司强力打造的大型励志专业音乐评论节目，由星空传媒旗下的灿星制作公司以350万三季的价格从注册在英国的版权代理公司IPCN手中购买“The Voice”的中国版权后制作，2012年7月13日正式在浙江卫视播出。

## 中国电视历史上真正意义的首次制播分离

《中国好声音》节目堪称是中国电视历史上真正意义的首次制播分离。《中国好声音》的播出平台为浙江卫视，由灿星制作公司来制作完成中国版。据悉，节目制作组曾与多家国内一线卫视接洽过，其中包括东方卫视，但是由于多种原因，最后花落浙江卫视。浙江卫视掌门人夏陈安毫不避讳地表示，当初台里对是否“接纳”这个高昂的节目存在着很大分歧，但是夏陈安还是以极大的魄力将之纳入旗下，他说，“浙江卫视是‘第一梦想频道’，《中国好声音》与《中国梦想秀》在精神上是血脉相连的，它秉持着‘以精英实力打造大众文化’的宗旨，不断发挥正面能量，激励和鼓舞人们不断向前奋斗，相信梦想，也相信奇迹”。

由于浙江卫视拒绝了灿星制作公司最早提出的由浙江卫视全额出资（等于间接承担了全部风险），而灿星制作公司只负责制作的模式，但又不愿意接受灿星制作公司全额出资，浙江卫视只做播出平台的模式，于是最终双方达成了共同投资、共担风险、共同招商、均分收益的意见，也就是灿星制作公司能直接参与浙江卫视的广告分成。

灿星制作公司作为制作团队，与播出平台浙江卫视达成协议，如果节目收视率达到一定标准，将由双方共同参与广告的分成。而因为灿星制作团队承担了所有的版权费，如果节目达不到规定的收视标准，他们还将单方面担负广告商的损失。在利润与风险双重刺激下，逼着灿星制作公司不惜成本与投入打造最好的产品。

## 对赌协议，实现制作方与播出方的捆绑式合作

这是一种全新的合作模式，不是简单的制播分离，也不是平台购买，而是一种共同购买版权、共同投资、共同制作、共同招商、共同受益的全新合作模式。

以前电视台与制作单位的制播分离合作模式，其实是一种不平等的合作，电视台牢牢占据强势地位，即电视台根据节目样片一次性购买，估价的标准是可能获得的广告收益。而制作单位为了获得收益则尽量压低制作成本，从而使质量下降，广告达不到预期，最终导致电视台中止合作，形成恶性循环。

正是为了改变这种被动的弱势局面，凭借雄厚的制作团队，灿星制作公司向浙江卫视提出“对赌协议”，即承诺节目收视率会达到一个点，低于这个点将采用对灿星制作公司不利的分成模式；高于这个点，灿星制作公司将获得巨大回报。

在团队的配比上，双方都调出了最优秀的人员。浙江卫视《我爱记歌词》和《中国梦想秀》的团队大约 100 人，灿星制作公司的《中国达人秀》团队约 200 人。节目制作是以灿星制作公司为主，总导演是灿星制作公司的金磊，5 个副导演中有 3 个来自灿星制作公司，2 个来自浙江卫视。浙江卫视主要负责技术力量、技术保障部门和招商工作，包括录制、电视车、后期的设备等。

## 引人入胜的规则设置，引爆收视率新高

首季《中国好声音》的制作及播出历时三个半月，最终在浙江卫视播出的节目中，包含“导师盲选”、“导师抉择”、“导师对战”、“年度盛典”四大阶段。

第一阶段“导师盲选”的新意在于：在最初的学员选拔阶段，明星导师背对学员，仅选择声音，不受其他任何因素的干扰。如有导师在学员演唱时按下选择按钮，则标志着学员被该位导师纳入旗下。这一环节在考验学员唱功的同时，更是多位明星导师决判力的大比拼，当有多位导师同时选择同一学员时，选择权便握在了学员自己手中，此时导师间的“你争我夺”将是非常有趣的看点。当然，即便在这一阶段没有被导师选中也不用着急，学员可以继续在训练营接受培训，等待下一次机遇。

第二阶段则是“导师抉择”，在四位明星导师选出自己的门下弟子后，将会专门培训所有学员的音乐才艺。最终，四位明星导师旗下的弟子将会同台演出。谁能成为优秀学员，就得看在导师门下学习的时间里，谁的潜力能够得到充分的挖掘。

第三阶段的“导师对战”，是对四位明星导师“教学能力”的一次考验。经过相同时间的培训，谁的学生发挥得更好，也会在舞台上见分晓。

第四阶段的“年度盛典”，则会成为《中国好声音》节目所有导师和学员的一次大型演唱会，在这场盛典中，这一季明星导师培养出来的学生，将会首次面对大舞台演出的考验，他们的音乐才华，也将接受所有观众的共同检验。

## 明星导师零底薪，参与新人后期开发分成

首季《中国好声音》节目由刘欢、那英、庾澄庆和杨坤四位明星导师坐镇，秉承海外节目的模式，四位明星导师对于所有学员只有一个评判标准，那就是声音。一旦选定了自己的学生，四位明星导师就将全程培训门下弟子的音乐才艺，力争在这些学员中，培养出华语乐坛新一代的接班人。

节目要求四位导师背对演唱者，只以声音作为是否转身的理由，一位歌手若是有两位以上导师转身即可从这些导师中挑选任一导师，并加入他的演出团队。这样的选择方式，决定了导师的主动和被动，这种演唱者和导师之间的关系转变，也带来了更多不确定性和戏剧性，从而让节目更好看。除了演唱者，在演出舞台上，导师在“好声音”里也是表演者，不过这里上演的是导师的真人秀。与以往选秀节目评委被隐去了部分现场角色不同，“好声音”的导师们听音乐时的表情、窃窃私语、喃喃自语、手舞足蹈都被紧盯着的摄影机以特写展现给了观众。当刘欢、那英以从未有的特写镜头进入观众视线时，他们的粉丝将是多么满足，原来偶像的真性情是这样的。

对于四位明星导师刘欢、那英、杨坤、庾澄庆的酬劳高达2000万元的传言，浙江卫视和灿星制作公司方面均予以否认。《中国好声音》宣传总监陆伟说：“我们的导师是没有出场费的，没有按场次付酬劳，也没有打包一次性付酬劳。我们是一种合作伙伴

的关系，共同进行整个产业链的开发合作，导师们将参与后期的开发分成。”

换句话说，导师们不拿底薪，只等待业绩暴增之后的高额分红。导师们的投入保证了节目的高质量，广告价格不断攀升。另外，参赛选手们的前景更有保障，因为导师们的利益和他们紧紧捆绑在一起，导师们必须全力以赴地培养他们，才能名利双收。后期的产业链开发不仅仅能为选手带来经济利益，更能实现选手的音乐梦想。

有了这样的收入分配方式，就很容易理解导师在场上的全身心地投入，为争抢优秀学员不惜使出浑身解数，这也成为节目中的一大亮点。

除了可以拿到预期的分红外，更现实的好处是导师的身价也随着节目的爆红而一路看涨。据说因为参加此活动，导师们的身价至少涨了10倍，杨坤原定的32场演唱会更是不断增加。

## 冠名方6000万豪赌，单条广告价格再创新纪录

《中国好声音》的冠名赞助商“加多宝”经过1个月的协商，终于拿下冠名权，以6000万元的冠名费冠名《中国好声音》。在《中国好声音》中，主持人高频语速念叨的加多宝广告，屏幕下方不断闪烁的加多宝饮料瓶，让这家处于品牌权纷争的饮料品牌赚足了眼球。

据相关人士透露，《中国好声音》广告费从开始的每15秒15万元，涨到50万元。《中国好声音》每期仅凭广告就能带来近2000万元的收益。2012年9月13日，《中国好声音》总决赛广告招标会，将15秒的广告价格推向了顶峰，“15秒广告，第一选择权，标底价45万元，111万中标；第二选择权，116万中标；第三选择权109万……”12条15秒广告卖出约1100万元，这样骄人的成绩刷新了卫视15秒广告的新纪录。

2012年11月2日举行的浙江卫视2013年广告招标会上，赚到甜头的加多宝继续乘胜追击，与郎酒在招标底价9000万元的基础上，经过50多个回合的较量，以2亿元的天价如愿获得《中国好声音》第二季的冠名权。相比该节目第一季6000万元的独家冠名费，第二季的广告费用溢价高达233%以上。

据报道，参与竞标的有十多家企业，《中国好声音》第二季的独家冠名权底价以9000万元起拍，在加多宝、郎酒、香飘飘、汇源四家企业将竞标额推到1.5亿元后，汇源和香飘飘退出，只剩下加多宝与郎酒，双方经过50多个回合的竞争后，加多宝终于以2亿元的天价击败竞争对手，获得了第二季的独家冠名权。整场招标会以10亿元中标总价收官，远高于2亿元的预期。据报道，《中国好声音》的第二季广告单价也涨到了每15秒102万元。

## 整合视频网站营销互动，节目知名度迅猛蔓延

关于《中国好声音》第一季的网络播出问题，灿星制作公司也曾想与视频网站来复制和浙江卫视相同的合作模式，灿星制作公司为视频网站提供海量素材，视频网站负

责素材的整合互动，而不仅仅作为线上播出渠道，但当时没有任何一家网站看好这个模式，也自然没有人敢尝试。但出于种种考虑，最终灿星制作公司还是选择以区区几十万一整季的超低价贱卖给了八大视频网站，并实现同步直播。《中国好声音》广泛的网络渠道加速了节目的迅猛蔓延，也引来众多寻求合作的广告商，以爱奇艺为例，该网站每期节目的播放量都能达到几千万次，并已收获千万元的广告收入。

自从《中国好声音》在浙江卫视播出之后，高收视率和良好的口碑，使得该节目在各大视频网站的网络点击率也一路激增。电视屏幕上的绝对影响力在一定程度上掀起了观众上网观看该节目视频的热潮。

虽然目前各家视频网站都在微博等各种宣传渠道加大对本网站《中国好声音》及其相关视频的宣传力度，但该节目制作方之一的上海星空华文传媒 CEO 田明却告诉记者，在该节目开播前，没有一家视频网站看好《中国好声音》，最终节目组也只能以不高的价格将节目网络播放权同时出售给多家视频网站。“此前低价购买了《中国好声音》网络播放权的网站都通过该节目获得了良好点击率，以低廉的价格‘超值’地换回了丰厚的利润。”田明坦言。

在错过了独家“垄断”《中国好声音》网络播放权的机会之后，爱奇艺网马上调整了策略，积极与浙江卫视、星空华文传媒接触，在节目放出播出消息时就将《中国好声音》的延伸节目《酷我真声音》的独家网络播放权紧紧攥在了自己手中。爱奇艺网内容部高级总监高瑾告诉记者，爱奇艺不仅买下了《酷我真声音》的独家网络播放权，并且成为拥有该节目完整版播放权利的唯一视频网站。

据了解，在《中国好声音》播出后播放的《酷我真声音》，作为母节目的延伸节目，每期只在电视上播放 10 分钟的“精编版本”，30 分钟的完整版只能在爱奇艺网上观看。

浙江卫视节目中心副主任、《中国好声音》总导演之一陈伟告诉记者，目前爱奇艺采取的是一次性包干购买《酷我真声音》完整版网络独家播放版权的模式，节目组尚不会参与该节目网络贴片广告或付费观看的收入分成。业内人士表示，如果该节目是在播出前跟爱奇艺达成合作意向的话，价格基本上和同类型电视节目相同，贴片广告的招商价格也不会有太大上浮，但如果是该节目制作、播出后进行收购的，广告和收购价格应该都会有较大的上调，节目组很可能因此获得一大笔版权销售费用。

### 手机彩铃市场 1000 万元人民币下载额

手机平台方面，节目刚进入制作阶段，灿星制作公司就已经与中国移动建立联络，并逐步将所有学员的歌曲制作成彩铃。灿星制作公司能够从中国移动手中直接获得其彩铃收益的分红。

《中国好声音》宣传总监陆伟透露：“学员们现在开始陆续与灿星打造的新的经纪公司签约。导师会在学员的成长中，以一种合作的方式，共同完成。以后的发展，将会有彩铃下载的利益分成，还要开演唱会、出专辑，甚至表演音乐剧。”

记者了解到，预估《中国好声音》中单个歌手的歌曲能达到 1000 万元人民币的下载额。而如果按照《中国好声音》原版节目“The Voice”里每位导师8个学员来计，《中国好声音》一旦如愿以偿，4位导师催生的就是3.2亿元的彩铃市场。

## 参与艺人爆火，艺人经纪前景乐观

从备受质疑的黄勇、徐海星、平安等人，到关喆，以及被导师们称为“中国版阿黛尔”的郑虹都有着相似的经历，曾经参加过选秀，结果黯然神伤，没了下文。因为他们不具备传统选秀那样可吸引粉丝的外表，因而并没有大红大紫。多亮北漂多年，靠给别人唱小样坚持着。关喆一露脸，那英就直喊认识，这位出过两张唱片的音乐制作人，并没有放弃唱歌的梦想。在《中国好声音》中，这些“回炉”歌手找到了发光的途径。

在引入原版“The Voice”的其他国家中，节目结束于那一季冠军的产生，除了节目本身的衍生品或是线上歌曲的继续销售之外，歌手签约、演唱会、唱片发售等获利环节都与节目的制作方没有任何关系。但灿星制作公司想下一盘更大的棋。灿星制作公司把选手签约以及签约之后的商业演出等项目都收归自己所有，而包括音乐学院、演唱会、音乐剧、线下演出等在内的全产业链，明星导师们也共同投入，明星导师无疑也会利用自己的资源帮助全产业链的打造。这在以往本土的节目制作过程中也是全新的尝试。

灿星制作公司的野心其实还远不止于此，在推出《中国好声音》之前，灿星制作公司就已成立经纪公司，从《中国好声音》和《中国达人秀》走出来的选手都可以成为灿星制作公司的签约艺人，而接下来灿星制作公司甚至计划成立好声音音乐公司，为后端产业链开发做下铺垫。“目前我们初步确定将为《中国好声音》学员打造全球巡回演唱会、音乐剧、音乐电视剧、音乐电影、巡回音乐酒吧等在内的多项全方位演艺活动。”星空华文传媒CEO、灿星制作公司总裁田明介绍，目前星空已经跟恒大唱片达成合作意向，希望共同合作全国十个城市的巡回演出，并且初步确定将在美国拉斯维加斯、新加坡、中国澳门等地设立演唱会场次。

对于演唱会的收入来源，星空华文传媒CEO、灿星制作公司总裁田明表示，在国内的场次，他们主要是通过“门票+广告赞助”的模式赚取利润；而国外的场次主要是靠广告赞助获利，“目前预测仅演唱会一个项目就会为我们带来1亿元左右的营销收入”。田明透露。浙江卫视营销中心副主任楼志岳也表示，根据广告商需求的不同，部分广告商希望能够打包冠名全部场次的演唱会，有的希望单独合作某一场，节目组将会选择其中的1~2家对演唱会进行冠名赞助。

另外，浙江卫视也将展开学员演艺、音乐之路的打造，利用卫视的频道优势扩大影响力。楼志岳透露，目前浙江卫视计划为《中国好声音》学员打造自制剧、电视节目、微电影等，其中，微电影已经开始了拍摄工作，“从9月底开始，浙江卫视将在21：30设立固定栏目播放学员的微电影，每部10~20分钟，共50部左右”。楼志岳介绍称，该栏目将会有1~2家企业进行冠名，目前已经有有意向合作的广告商开始与浙江卫视进行接触。

某商演公司负责人说：“现在好声音选手太牛了，16强选手报价都是10万以上，这还仅是劳务费。”

资料来源：

1. 百度百科“中国好声音”，http://baike. baidu. com/view/8700459. htm

2.《中国好声音》：盲选的魅力，http://www. douban. com/group/topic/31710549/

3.《中国好声音》变身“中国好生意”，http://epaper. jinghua. cn/html/2012-09/11/content_1284137. htm

4. “中国好声音”：背后的对赌与金矿，http://finance. qq. com/a/20120806/004354. htm

5.《中国好声音》为什么这么火？http://tieba. baidu. com/p/1994807257

6.《中国好声音》的成功密码是什么？http://ent. xinmin. cn/2012/09/06/16201693. html

7. 中国好声音赛制规则，http://www. 962. net/gl/41878. html

8.《中国好声音》7月开播　四位明星导师言传身教，http://ent. 163. com/12/0607/05/83CE4C1F00032DGD. html

## 【案例分析】

### 另一种声音：《中国好声音》之伤

《中国好声音》无疑是2012年夏天最火爆的节目，这个创造多个之最的“舶来节目”一亮相就话题不断：歌曲侵权、选手身份造假、导师刻意表演、编故事、挖角等，一连串的负面新闻，让观众开始怀疑这个吸金量巨大的节目还能走多远。而号称“回归音乐本质”的《中国好声音》，又如何凭“声音”留住日渐耳聪目明的观众？

#### 用凄惨故事吸引眼球

确实，因为《中国好声音》制作团队曾打造过《中国达人秀》，对于“在最短的时间内讲述一个最有力的故事”，他们驾轻就熟。也正因为如此，他们也沿用了大多数选秀节目惯用的招数：大打苦情牌，拼谁比谁更惨。

就《中国好声音》来说，其故事性确实是该节目不可分割的环节，它使节目更立体、更富有情感，但问题是这个效果是建立在真实性基础上的，假故事只能遭人厌弃。有的观众就因为忍受不了那些煽情虚假的故事，而拒绝观看该节目。

#### “盲听盲选”的审美疲劳

“盲选”成就了各国版的“The Voice”，但这个节目不可能无休止地选下去。导师带着各自的学员进行“Battle”环节，然后是“Live Show”，最后是总决赛，目前这个节目的完整周期就是这样，“盲选”之后的收视下降几乎难以避免。实际上，《中国好声音》播到第三期，观众就已经疲劳，评论说“选手一期不如一期，及至第三期已经没有了当初惊艳的感觉”。

#### 《中国好声音》变身“中国好广告”

《中国好声音》的超级爆红，带来广告的超速井喷：15万元、20万元、30万元、35万元、36万元，在播出后的短短20天里，《中国好声音》的广告费经历了一个火箭旅程，从每15秒15万元，迅猛飙升至每15秒50万元，刷新了中国电视广告的纪录。而为了容纳最海量的广告内容，节目主持人华少的语速也在狂飙突进。在2012年7月27日晚播出的第三期节目中，华少在43秒时间里，以每分钟近400字的惊人语速，将长达数页的开场白报完，刷新了国内综艺节目之最。为此华少在微博中表达自豪："广告巨快，我尽力了。"但观众却不买账，"华少简直就是来卖凉茶的"。

2012年9月30日周日晚，《中国好声音》"梦想巅峰之夜"唱响2012年夏天最强音。中秋之夜，"好声音"登陆上海8万人体育场，首次现场直播。据尼尔森网联调查数据，在2012年《中国好声音》巅峰之夜5个小时的节目中，广告插播12轮，时长占比17%，涵盖12个行业的59个广告主。14期《中国好声音》广告主行业分布以饮料、化妆品、药品和健康产品位居前三，加多宝成为投放条数最多的广告主。

一直以来，电视界认定观众需要这类煽情类娱乐节目，实际上是没有能力提供更有创意和诚意的节目。而中国电视节目在拷贝西方电视节目时，通常也是学习技术性的操作而非精神内核。

近两年，购买原版节目版权，已成为中国电视业界的一种风尚。据统计，近两年红火的节目90%都是购买版权的，比如《中国达人秀》、《我们约会吧》、《中国梦想秀》等。因为有原版权方派出的"飞行制片人"指导，以及一份经过市场和观众的考验总结出来的节目"宝典"，这些节目成功的系数也大大提升。但也有人士认为，购买原版节目是主动丧失原创性的偷懒，相当于自寻死路。

资料来源：

1. 华夏时报，http://fujian.people.com.cn/n/2012/0811/c234744-17347300-1.html
2. 百度图片，http://image.baidu.com
3. 中国好声音广告分析，http://www.meihua.info/today/post/post_8a95adb7-ca45-47b9-be12-8400938a989d.aspx

## 项目实训

目前各大卫视的王牌节目竞争日益激烈，请选取近期比较有影响力的某个电视节目，参照本案例的思路，分析其优势和劣势，并为其持续发展出谋献策。

# 案例十五　从《妈妈咪呀!》看中国音乐剧市场开拓

《妈妈咪呀!》共有13个语言版本，自1999年伦敦演出结束后，已在超过240个主要城市上演。全球已有超过4200万人次看过《妈妈咪呀!》，其在全球已经创造了20亿票房佳绩。

## 第一部分：《妈妈咪呀!》中文版"成长记"

——记第一部由世界经典音乐剧改编的中文版音乐剧是如何诞生的

## 亚洲联创成立，首演选定《妈妈咪呀!》

2010年11月17日，上海东方传媒集团有限公司（以下简称SMG）、中国对外文化集团公司、韩国CJ集团，正式联合投资成立内地首家以Live Entertainment（现场娱乐）为核心理念，以音乐剧和大型演唱会等为主营业务、以华语地区为目标市场的娱乐产业公司——亚洲联创（上海）文化发展有限公司（以下简称亚洲联创）。三方代表联合签署了中国音乐剧产业发展战略合作协议，这标志着中国音乐剧产业化运作正式迈出第一步。

对于为何选择《妈妈咪呀!》作为公司成立后的首部演出作品，上海广播电视台副台长、亚洲联创董事长滕俊杰表示："这个剧目在国内巡演时，有着很好的观众基础，同时剧情轻松、朴实，每一个人都能从中看到自己，体会到亲情、友情、爱情。"《妈妈咪呀!》的制作人朱迪通过VCR表达了对中文版的期待之情，她认为中国音乐剧产业化发展要经历三个阶段，第一阶段是引进国外经典音乐剧，让本土观众接受它，有观众群，这个阶段已经完成；第二阶段就是今天亚洲联创在做的，把世界经典音乐剧改编成中文版，逐步踏上产业化的道路。而第三步当然就是鼓励中国的原创音乐剧制作，滕俊杰与中国对外文化集团公司董事长张宇都表示："我们成立亚洲联创，是在把第二步、第三步加在一起走，在引进国外经典音乐剧的同时，我们也在寻找中国优秀的音乐剧人才，好的故事，有足够作曲能力的作者。"

据悉，除了《妈妈咪呀!》外，亚洲联创还在与《猫》、《歌剧魅影》等世界经典音乐剧以及迪斯尼公司的音乐剧《狮子王》等洽谈合作计划。SMG也希望合资公司凭借中文版《妈妈咪呀!》的成功运作，将驻场演出这种演出模式进一步扩张，形成独特的文化消费模式，"我们将以上海为基地，打造中国音乐剧产业中心，上海有望成为继伦敦、纽约之后新的世界音乐剧中心"。此外，作为韩国最大的娱乐集团，CJ集团副会长李美敬也表示，不排除会让韩国明星参与合资公司音乐剧演出计划的可能。

作为合资公司的主营业务，三方将跨产业、跨领域整合资源，以上海为中心打造辐射华语地区的中国音乐剧产业运营平台。三方还承诺将完善音乐剧产业投融资模式，提供音乐剧产业发展所需要的内容制作、剧院院线、市场营销、媒体资源和票务系统等配套资源，实施音乐剧人才培养战略，增强中国音乐剧产业在世界音乐剧产业中的竞争力等。

## 演员难觅，首演阵容敲定

从2010年8月至2011年2月底，来自伦敦西区、曾执导过全球其他13个语言版本《妈妈咪呀!》的导演保罗、音乐总监马丁等四位核心制作成员，在北京、上海、广州三地为《妈妈咪呀!》中文版进行了历时半年的演员选拔，共吸引来自全球的2000多位报名者。

在选角阶段，演员难觅的问题很突出。与国内音乐剧动辄请明星撑场面不同，英国导演组坚持“只找合适的人，因为《妈妈咪呀!》从来不是一个明星秀”。据导演保罗透露，一位在中国戏剧界颇有名的女演员曾主动要求演苏菲，但被英国导演组拒绝了，因为那个角色不适合她；而剧中三个“老爸”、一个“老妈”以及两个“老妈闺蜜”的演员招募工作，也花了很长时间。《妈妈咪呀!》中方制作人、亚洲联创总经理田元透露，来应聘的多是80后、90后，他们关注剧中女儿及朋友那个年龄段的角色，“但是，这部音乐剧有一半的戏在讲妈妈和三个曾与她相爱的男人之间的故事，角色限制了应征者应该是70后，可是目前这个年龄段的音乐剧人才出现断档”。

据介绍，此次出演“妈妈”一角的田水，曾摘得中国戏剧最高奖项白玉兰戏剧表演艺术奖、中国戏剧节曹禺戏剧奖表演奖。在招募现场，她试唱了《妈妈咪呀!》中的一首“胜利由他带走”（*The Winner Takes It All*），让挑剔的导演连声称赞。“妈妈”的两位闺蜜，则分别由节目主持人钉铛和资深音乐人沈小岑饰演。

“女儿苏菲”的人选颇有柳暗花明之意。直到第三轮招募结束前3天，英国制作团队仍没有为中国苏菲找到最合适的人选。在第三轮招募结束前2天，来自台湾的女孩张芳瑜赶到招募现场。起初她并不被导演看好，但当她一开始表演，制作团队全体成员异口同声地说：“她就是苏菲！她就是苏菲!”

随着演员阵容确定，音乐剧《妈妈咪呀!》中文版全国巡演也正式启动。主办方透露，尽管《妈妈咪呀!》中文版制作成本超过4000万元人民币，但为了引导国人音乐剧的欣赏习惯，还是将票价定位在平民价格。

### “强体力劳动”训练模式

“这次中文版《妈妈咪呀!》创排过程中，我们花费了很长时间培训演员，这在伦敦西区、美国百老汇都是不可能的。他们没有培训演员这个过程，一部音乐剧每6个月就会重新做一次面试，一个角色贴出招募启事，会有成百上千人来应聘，而且个个训练有素，体能、综合素质都不差。但在中国，虽然我们也有音乐剧专业，但从学生过渡到演员，需要一定的过程，所以，我们找音乐剧演员总是捉襟见肘。”《妈妈咪呀!》中方制作人、亚洲联创总经理田元感叹，西方经典音乐剧要完成中文版，当务之急要解决的问题，仍然是演员。

在排练阶段，演员的磨合也是难题。2011年5月，中文版《妈妈咪呀!》在上海大宁剧院封闭排练，还是有3名演员遭到淘汰，对此，音乐总监马丁解释说，进入集中训练阶段之后，问题逐渐暴露，《妈妈咪呀!》属于节奏快速、情绪高涨的音乐剧，要求演员在表演过程中，不但要承受载歌载舞的“强体力劳动”，还需始终保持激昂高亢的情绪。但是，“有的演员明显跟不上节奏；有的演员歌唱得不错，舞蹈却有欠缺；有的演员身体缺少协调平衡，总是入不了戏”。

针对中国音乐剧演员的现状，中文版《妈妈咪呀!》排演之际，中方也向英方提出了一些建议。《妈妈咪呀!》中方制作人、亚洲联创总经理田元介绍说：“原来外方按照惯例，表示只需要3个替补演员，但我们坚持要7个替补演员。音乐剧在中国刚开始，我们缺的是职业化演员，必须把危机考虑得多一些。演员的身体素质，能不能适应每天的蹦跳？这都得经过一个过程，我们还没到那个成熟的阶段。”果然，首轮演出中有一场，因为演员伤痛，七个替补全上场了，“这证明当初我们的预判是对的，现阶段，不确定的因素的确很多”。

### 精益求精：标准化规范每一个细节

包括中文版在内，《妈妈咪呀!》在全球已有了14个语言版本。“不管是哪个版本，制作标准都是全球统一的。这就保证了演出不会因语言版本的不同而发生太大变化。”《妈妈咪呀!》中方制作人、亚洲联创公司总经理田元在电话里对记者说：“做演出这么久了，这次签的版权协议是我们看到最厚的一本，足足有33厘米厚。从剧目制作到市场推广，里面不但有各种细节要求，更给出了明确标准。服装、布景、幕布甚至是舞台安装时使用的一颗钉子的尺寸，都有非常细致的规定，甚至标明了杯子、床单等道具的更换期限。这部协议，也成了制作人员的‘红宝书’。要做什么，对着看就行了”。

协议里各种预案都很完备，例如在一首歌结束时，几位主角会干杯。为防止玻璃杯开裂，协议里规定玻璃杯必须每周更换一次。田元对记者说：“开始我们不理解，觉得好好的杯子干嘛要换，这不是浪费嘛。但有一次排练，我们真的发现杯子因为撞击而出现了裂痕。这让我们很佩服。”《妈妈咪呀!》全剧需要服装420件，鞋子151双，饰品376件。面对近千件完全不同的服饰，演员很难准确记住每件服饰的位置，更不可能在短短几十秒的换场时间里完成换装再次登台。因此，《妈妈咪呀!》中文版也催生出一个新职业——职业速换师。30秒快速替演员换装，近千件服饰闭着眼就能说出摆放位置，这是百老汇对“职业速换师”的基本要求。经过英国制作团队为期一周的培训，国内的换装师也做到了。此外，《妈妈咪呀!》演员的耳麦也与我们常见的不同，是藏在头发里的，观众基本上看不出来，但话筒的清晰度和保真度都是世界一流水平。

量体裁衣是通行的制衣原则，但《妈妈咪呀!》的服装总监在为演员设计服装前，却提出了先看一下演员360°不同面照片的要求。这么做不是为了选美，而是要根据每位演员定制符合个人气质的服装。这样的待遇，不只主角可以享有，就算是一名普通的伴舞演员，如果他的角色由别人代替时，顶替的演员也必须接受服装总监全新的服装设计，不是把人家的衣服换上去就行了。

在布景方面，为保证中文版演出不变味，制作方特意从澳大利亚和英国定制了全部的舞台设施和道具，观众看到的所有舞台效果，都将和百老汇剧场里的一模一样。值得一提的是，为表现蓝色爱琴海的美景，英国出品方要求中方制作团队一定要从伦敦一家有百年历史的布景店里订做巨幅布景。原来，英国出品方的采购人员走遍了全世界，认为只有在伦敦那家店里生产的布景颜色才最符合剧情需求。“经典之所以成为经典，必有其独到之处。”杨润森感慨，“从单纯地引进经典音乐剧到国际版权合作，我们终于可以真正参与到制作中。以《妈妈咪呀!》为代表的世界经典本土化的成功尝试，将为我们打造符合国际标准的中国原创音乐剧、在未来实现国际版权输出积累宝贵经验。”

## 唱词不随便改，俚语翻译成本土方言

《妈妈咪呀!》中方导演胡晓庆说：“虽然协议规定得非常细，但艺术创作的东西是没有办法规定在协议中的。英方导演最重要的责任就是把这部戏原始的创作理念、风格带过来，不让二度创作走偏。但东西方文化是有差异的，我作为中方导演经常会发出这样的声音：对不起，中国人不会这么说。”如何把台词改成接地气的中国话，还得把那些笑料包袱抖响，这是中方主创的一大工作难点。

另外，《妈妈咪呀!》的故事太奔放了，怎么能让中国观众接受，并且对这种自由的生活心生向往，也是我们需要做的事。此外，中国演员和西方演员接受的训练体系不一样，怎么让他们呈现出来英方需要的那种非常自然、生活化的表演，也是中方导演最主要的功课。在和英方合作的过程中，胡晓庆也感触颇深：“他们很认真，也很直接，对演员要求非常高，绝不打马虎眼。我觉得这非常值得国内做音乐剧的人借鉴。”

而原版《妈妈咪呀!》忠实粉丝质疑最多的，就是中文版翻译的问题——将原来ABBA乐队的23首经典曲目翻译成中文后，是否会影响剧情的连贯性？按照“红宝书”要求，剧组必须先将英文歌词直译成中文，再交由音乐人意译润色，然后再请另一名翻译将歌词翻成英文，交给版权方比对。第一轮审核的考官正是ABBA乐队的两位主唱，他们从音乐的角度考核中文版演唱是否会改变作品原有的风格。

唱词的翻译经历了不少波折。一些经典唱词究竟是保留还是硬翻，来回折腾了几遍。在《Honey Honey》中，苏菲向她的爱人表达爱意，开口就唱“Honey，honey”，翻译组曾经翻译成“亲爱的”、“甜心”，反复改了许多遍，最后决定直呼“Honey”更干脆；两人爱到浓时，苏菲唱道：“（你）几乎杀了我。”翻译成中文时，就没有直译，采用意译“爱得火热”。

剧中妈妈唐娜的扮演者田水说，《妈妈咪呀!》所有的台词，英方都要求一律按照审定过的版本来演，即便是为了迎合各地观众的方言、俚语，看似随意，其实也是不能改动的。据说，在英国原版里，本来就有一段英国俚语的片段，到了中文版，就换成了各地方言——本质上，这仍是剧本翻译的一部分。

## 两轮全国巡演，叫好叫座

2011年7月8日至2011年8月5日，《妈妈咪呀!》在上海大戏院实现中文版首轮演出，成为首部改编世界经典音乐剧的中文版音乐剧，引起了强烈的反响。首演成功后，《妈妈咪呀!》在北京、上海、广州、重庆、武汉、西安持续上演190场，实现了8500万票房的骄人成绩。

其实，中文版《妈妈咪呀!》原定的行程路线是上海—北京—广州—上海，按照原计划，中文版《妈妈咪呀!》为期半年的首轮演出，都“框”在中国一线城市，可就在剧组上下准备着年底返回申城，在新建的专业音乐剧剧场上海文化广场再演一轮时，制作人田元几乎被演出商“逼着”签下了赴西安、武汉等其他城市首轮演出的协议。这不在她的计划之内，“我们和外方的签订协议中，中文版《妈妈咪呀!》的版权周期是5年，按照原先的设想，我们先在一线城市演，然后才到其他城市，最后是驻演。可没想到，首轮才演到一半，观众热情的程度，已经远远出乎我们的意料”。2011年12月28日至2012年1月18日《妈妈咪呀!》重回上海，献演于上海文化广场，展开沪上的第二轮演出。

2012年8月24日，《妈妈咪呀!》中文版全国巡演第二季在冰城哈尔滨率先欢乐开演，演出当晚，哈尔滨国际会展体育中心环球剧场座无虚席，掌声不断。作为哈尔滨之夏艺术节的重要演出，《妈妈咪呀!》中文版登陆哈尔滨环球剧场连演6场，上座率场场达到98%。对于文化演出市场刚刚起步的哈尔滨而言，此状况着实令演出商兴奋不已。

携首站哈尔滨站超高人气，《妈妈咪呀!》中文版转战天津，连演10场，受到观众的极度追捧，返场时全场舞动高歌的场面令人怀疑刚刚落成的天津大剧院的顶棚能否禁得住考验。散票销售近170万元，在天津同档期演出中这一成绩绝对首屈一指。

同样的画面，在南京站、西宁站、杭州站也在轮番上演。在南京，8场演出上座率高达100%，同期在南京演出的歌手齐秦、著名主持人孟非等到场观看，未能亲临现场的苏打绿等在遗憾之余也对《妈妈咪呀!》中文版送上了祝福。而在杭州站演出更是爆棚杭州大剧院，“能燃烧进心灵的音乐剧才是好音乐剧，才是此生难忘的经典”，观众的评价为《妈妈咪呀!》中文版的全国巡演注入了强大的信心。前几站的试水成功，在观众收获欢乐和经典的同时，制作方也收获了信心，据制作方介绍，《妈妈咪呀!》中文版还将陆续登陆太原、郑州、成都、深圳、昆明、兰州、海口等城市，将快乐与高品质演出带到全国。

资料来源：文汇报，http://www.culturalink.gov.cn/portal/pubinfo/050042001/20121024/d614e5a6e9f14fbab5f661f98fbc83ab.html#

【案例分析】

《妈妈咪呀!》出品方亚洲联创精心部署，稳扎稳打，以音乐剧产品“三步走”运作模式转变中国演艺产业市场运作理念的一次创新实践。

产品化：按周卖的音乐剧

与其他国内剧目按场次销售不同，《妈妈咪呀!》采取按周卖的方式，以周为单位对外报价。据该负责人介绍，实现成本和收益比最大化是音乐剧市场化运作的目标，音乐剧按周卖是国际惯例，也是实现成本和收益比最大化的宝贵经验。“每个行业追求利润最大化都有个临界点。对于音乐剧而言，以周为单位售卖是演出成本、营销成本和买卖双方议价空间最大化的一个临界点。这个临界点，是欧美100多年的音乐剧市场运作经验累积形成的。”据悉，音乐剧因为制作成本和宣传投入费用较高，通常采取前期票房靠宣传，首演之后靠口碑的市场营销模式，至少一周的演出时间才能够兑现这些传播效应所带来的预期票房业绩。

此外，单场演出包括交通费、住宿费、舞美道具、运输费等固定成本价格很高，降不下来，但如果演出一周，分摊固定成本，单场演出报价也就能够降下来了。

作为国内最大的音乐剧产业公司，亚洲联创一直在探索如何优化资源配置实现演出运作成本最小化，这些努力体现在缩减装台时间、压缩剧院成本等各个细节。据悉，国内巡演版的《妈妈咪呀!》每地装台时间只有3天，为此主办方绞尽脑汁，将舞美道具拼装成12辆40尺的集装箱，从而节省了大量的舞台搭建时间。而2005年上海大剧院引进《剧院魅影》，2006年引进的《狮子王》，装台时间都用了将近1个月，这对普通剧院和演出商都是无法承受的。

这种策略逐渐为许多演出商所理解，有的城市甚至可以消化两周共16场的演出量。亚洲联创总经理田元女士分析，"道理很简单，减轻了各地演出商的压力和风险，我们的合作才会变得更轻松，才能一起把这些省下来的实惠转移给观众，采取更亲民的票价。我们的目标就是让更多的人感受到《妈妈咪呀!》的欢乐魅力。这种欢乐应当作为一种品牌精神，体现在从产品生产、销售到现场体验的全过程"。

品牌化：配送"售后辅导"式营销

从2007年，第一次引进英文版《妈妈咪呀!》，到2011年中文版北上广巡演，作为中国对外文化集团控股公司，亚洲联创4年来与英国《妈妈咪呀!》营销团队多次合作，通过学习借鉴和本土经验积累，建立起了中文版《妈妈咪呀!》的品牌体系和标准化营销流程。

实现音乐剧产品品牌化管理，是亚洲联创音乐剧市场化运作的第二步。在田元女士看来，音乐剧的品牌价值由三部分组成：一是舞台上的有形呈现价值，即音乐剧作品的制作水平和质量，这也是品牌的核心价值；二是借由国际声誉和本土大规模巡演累积市场口碑形成的无形品牌价值，是品牌影响力价值体现；三是市场化运作过程中，不断完善的标准化流程化和营销经验，这是音乐剧品牌的附加价值。

作为音乐剧品牌化战略的一部分，亚洲联创在签订演出协议的同时，还将为演出商提供"全程辅导式"营销服务，免费提供本地市场营销咨询和策略指导，与各地演出商分享市场宣传与营销的成功经验，并监督《妈妈咪呀!》品牌使用标准，维护《妈妈咪呀!》的品牌形象。

这一配送策略不仅以"售后辅导"方式解决了国内传统演出项目"有销售无售后"一锤子买卖的弊端，坚定了演出商信心，实现了演出商和品牌共同成长，还以"全程督导"方式不断累积了《妈妈咪呀!》的品牌价值。

产业化：实现长期驻演战略

知名度、美誉度和忠诚度是人们通常实施产品品牌战略的三个重要阶段。而对于亚洲联创而言，如果说《妈妈咪呀!》中文版2011年打的是知名度之战，通过制作世界经典音乐剧中文版和一线城市大规模巡演制造媒体发酵效应，增强在全国范围的知名度，2012年试水巡演二三线城市则是通过崭新的巡演运作理念建立市场口碑，打造美誉度，并以市场口碑实现扩散效应。

那么，对于发展音乐剧产业的亚洲联创来说，为《妈妈咪呀!》中文版选择一座城市长期驻演，则是实现项目由运动战转向根据地作战，实施市场化运作的第三个步骤。通过长期驻演让《妈妈咪呀!》接地气，与所在城市发生关系，改变一座城市的文化生态，甚至成为一座城市的文化地标，带动配套衍生产品和周边产业包括旅游业蓬勃发展，这是《妈妈咪呀!》实现产业化运作的最终目标。

相对于音乐剧在市场的热卖，田元还打算让音乐剧“金融化”。“目前，相关音乐剧的出资和推广都由我们的三位股东在扮演财务投资人的角色。”田元说，“我们打算吸引一些真正的投资人，投身到音乐剧行业，为我们的经典剧目出资等。但我们的标准不是立刻或短期内实现盈利。实际上，已经有一些顶级的投资银行或投资人在与我们商谈了，但不便透露名字”。

按照田元女士的理解，音乐剧产品的产业化有三个衡量标准，能否长期驻演实现常规化演出，在全国甚至大中华范围内培养观众的品牌忠诚度；能否巡演团和驻演团并行，通过大规模运作，实现知识产权价值最大化；能否以音乐剧为引擎带动周边产业发展，实现音乐剧产品的产业带动效应。

这些标准不光是亚洲联创的独特创举，更是一次国际经验的总结：在伦敦西区和百老汇，《妈妈咪呀!》分别以12年和10年的驻演历史，继续创造着票房神话，而且深深融入这两座国际大都市城市文化血液，成为城市文化产业不可分割的组成部分。这才是一部音乐剧长远发展的真正精髓所在。

资料来源：网易娱乐，http://ent.163.com/12/0709/09/85VA378N00031H00.html

## 项目实训

目前中国的受众已经越来越善于接受各种不同风格的文化产品和服务，请选取一项来自国外的文化产品，为其做一份在中国的推广计划，该计划应涉及其文化产品的市场定位、受众分析、具体的宣传推广计划。

# 参考文献


1. 王诚：《通信文化浪潮》，电子工业出版社 2005 年版。
2. 荣跃明：《超越文化产业：创意产业的本质与特征》，载《毛泽东邓小平理论研究》2004 年第 5 期。
3. 薛永武：《关于文化与文化产业研究的几个理论问题》，载《中国海洋大学学报》2008 年第 3 期。
4. 刘轶：《我国文化创意产业研究范式的分野及反思》，载《现代传播》2007 年第 1 期。
5.《无中生有有中变优 江西宁都文化创意产业"显山露水"》，载中国广播网，2011 年 12 月 27 日。
6. 姚东旭：《文化创意产业的界定及其意义》，《载商业时代》2007 年第 8 期。
7. 陈武朝：《苹果公司何以走到今天》，载价值中国网，2011 年 12 月 27 日。
8. 吕云：《"动漫王国"日本如何打造文化影响力》，载《玩具世界》2010 年第 9 期。
9.［美］理查德 · E. 凯夫斯，孙绯等译：《创意产业经济学：艺术的商业之道》，新华出版社 2004 年版。
10.［美］迈克尔 · 波特，陈小悦译：《竞争优势》，华夏出版社 2005 年版。
11. 沈望舒：《文化创意产业集群建设需要五个新认识》，载《前线》2009 年第 3 期。
12.［美］理查德 · 佛罗里达，司徒爱勤译：《创意阶层的崛起》，中信出版社 2010 年版。

13. 张锐：《工业设计：国际潮流下的中国选择》，载《对外经贸实务》2007 年第 5 期。
14. 闫玉刚：《文化创意产业改变当代文化格局》，载《政工研究动态》2008 年第 5 期。
15. 杨玉龙：《文化创意产业发展要素研究》，载《经营管理者》2011 年第 3 期
16. ［美］大卫·赫斯蒙德夫，张菲娜译：《文化产业》，中国人民大学出版社 2007 年版。
17. 《动漫成为日本外交轻武器：潜移默化传播日本文化》，载《环球》2006 年第 12 期。
18. 范钦臣：《发展文化创意产业的若干思考》，载《河南日报》2005 年 7 月 14 日。
19. 范玉刚：《发展文化产业战略意义探析》，载《人文杂志》2005 年第 4 期。
20. 管晨：《全球化背景下美国创意文化产业链》，载《艺术百家》2007 年 S1 期。
21. 姜毅然、张婉茹、王海澜编著：《日本文化创意产业》，人民出版社 2009 年版。
22. 金元浦：《文化创意产业概论》，高等教育出版社 2010 年版。
23. 孙坚、孙一帆：《中国创意产业发展现状分析及对策》，载《企业经济》2007 年第 9 期。
24. 田冰：《传播学视野下的我国文化创意产业发展研究》，大连理工大学 2009 年硕士论文。
25. 赵启正：《全球化背景下传媒业要实现多样性发展》，载《国际新闻界》2006 年第 6 期。
26. 官建文：《做大做强中国的传媒产业》，中国传媒产业发展大会发言，2004 年 8 月 27 日。
27. 人力资源和社会保障部教材办公室组织：《文化产业创意师——职业技能培训鉴定教材》，中国劳动社会保障出版社 2011 年版。
28. 于平、杨雄：《关于国家扶持“重点表演艺术院团”的若干思考》，载《广东艺术》2005 年第 5 期。
29. 田冰：《论图书出版的文化创意》，载《今日中国论坛》2008 年第 4 期。
30. 朱虹子：《投资试水，资本转向艺术市场》，载雅昌艺术网，2007 年 11 月 2 日。
31. 石巍、罗文慧、周洪：《浅析创意产业的创新型集群发展——以上海创意产业园区为例》，载《城市观察》2010 年第 6 期。
32. 文福华：《湖南文化创意产业发展现状与对策研究》，载《当代经济（下半月）》2008 年第第 3 期。
33. 翁旭青：《杭州文化创意产业发展现状及存在的问题》，载《商业经济》2011 年第 5 期。
34. 《西安曲江新区——国家级文化产业示范区 西部文化产业发展的先锋》，载《党建》2011 年第 8 期。
35. 李世忠：《我国文化创意产业概念的内涵与外延》，载《黑龙江史志》2008 年第 11 期。
36. 杨旦修、聂钰石：《中国语境下文化创意产业的命名》，载《现代视听》2010 年第

6 期。
37. 奚建华：《从文化产业到文化创意产业：现实走向与逻辑路径》，载《浙江学刊》2007 年第 6 期。
38. 李世珊、饶志华：《试论文化发展战略中的创意产业》，载《特区经济》2010 年第 8 期。
39. 杨旦修、聂钰石：《文化创意产业的概念整合与升级》，载《重庆社会科学》2010 年第 2 期。
40. 吴庆阳：《文化创意产业概念辨析》，载《经济师》2010 年第 8 期。
41. 李博婵：《文化创意产业概念辨析》，载《经济界》2008 年第 6 期。
42. 王安琪：《文化创意产业相关概念阐释》，载《经济师》2011 年第 2 期。
43. 刘小新：《美学经济与创意产业：台湾观点述评》，载《亚太经济》2010 年第 5 期。
44. 冯根尧：《长三角文化创意产业一体化发展：浙江的选择与实现》，载《浙江树人大学学报（人文社会科学版）》2009 年第 3 期。
45. 孔建华：《北京市的文化经济政策及二次文化产业》，载《城市问题》2009 年第 2 期。
46. 陈路：《文化创意产业的兴起及其发展脉络》，载《科技和产业》2010 年第 5 期。
47. 宋春光、华营营：《试析文化创意产业——以黑龙江省为例》，载《黑龙江社会科学》2011 年第 4 期。
48. 武晓丽、王晓云、刘瑞芳：《河北省文化创意产业集群发展对策研究》，载《产业与科技论坛》2011 年第 3 期。
49. 陈伟、张帆：《从人自由全面发展视角思考文化创意产业发展》，载《怀化学院学报》2009 年第 10 期。
50. 陈伟、陈飞云：《发展文化创意产业与增强城市核心竞争力》，载《中共银川市委党校学报》2007 年第 6 期。
51. 束俞俊、汤楠：《文化创意产业文献综述》，载《中国商界（上）》2010 年第 4 期。
52. 刘开云：《关于文化产业统计分类的几点思考》，载《统计与决策》2011 年第 12 期。
53. 李蕙男：《用产业化路径打造高校创意文化圈——以湖南长沙高校为例》，载《新闻天地（论文版）》2009 年第 1 期。
54. 张瑞琴：《浅谈中国文化创意产业的发展》，载《科技创新导报》2008 年第 7 期。
55. 隋岩：《文化创意产业的历史背景及深层内涵》，载《理论前沿》2008 年第 19 期。
56. 刘立云、雷宏振：《文化创意产业价值创造内涵及机理分析》，载《价值工程》2011 年第 17 期。
57. 王献东：《文化创意产业中的人力资本分析》，载《太原科技》2007 年第 12 期。
58. 吕庆华：《略论文化创意产业的赢利模式》，载《生产力研究》2008 年第 20 期。
59. 张瑾：《国外发展文化创意产业的融资经验借鉴》，载《现代经济信息》2010 年第 24 期。

60. 陈运春：《河南省文化创意产业政策研究》，载《经济研究导刊》2011 年第 2 期。
61. 田杨：《文化创意产业发展过程中的政府行为研究》，载《理论界》2011 年第 7 期 。
62. 高原：《文化创意产业宏观管理研究》，载《商情（教育经济研究）》2007 年第 3 期 。
63. 翟晓舟、王锋：《文化创意产业与知识产权浅析》，载《法制与社会》2008 年第 13 期 。
64. 吴春华：《发展我国文化创意产业的对策探讨》，载《现代商贸工业》2008 年第 8 期 。
65. 李新娟：《浅析文化产业发展的新方向》，载《科技广场》2008 年第 9 期。
66. 高志英、李曼：《文化创意产业知识产权评估相关问题研究》，载《会计之友（上旬刊）》2009 年第 6 期 。
67. 潘瑾、张欣怡：《文化创意企业孵化器的管理模式》，载《北京社会科学》2009 年第 4 期。
68. 汪居洋：《文化创意产业的发展：基于社会资本的视角》，载《商场现代化》2009 年第 19 期。
69. 林丹华：《文化创意产业发展问题及对策》，载《法制与社会》2010 年第 6 期。
70. 魏鹏举、杨青山：《文化创意产业集聚区的管理模式分析》，载《中国行政管理》2010 年第 1 期 。
71. 牛晓玲、杨莉：《浅谈图书馆与文化创意》，载《科技情报开发与经济》2010 年第 29 期 。
72. 于莉：《乡村旅游文化创意产业价值链运作模式研究》，载《中国商贸》2010 年第 26 期。
73. 于嘉：《文化产业、创意产业与文化创意产业概念辨析》，载《全国商情（经济理论研究）》2009 年第 15 期。
74. 何丽：《对山东省发展创意产业的几点思考》，载《理论学刊》2010 年 12 月第 12 期。
75. 胡晓鹏：《文化创意产业的地区发展模式研究》，载《中国地质大学学报（社会科学版）》2010 年 1 月第 10 卷第 1 期。
76. 蒋三庚、张杰、王晓红：《文化创意产业集群研究》，首都经济贸易大学出版社 2010 年版。
77. 宫承波、闫玉刚：《文化创意产业总论》，中国广播电视出版社 2008 年版。
78. 张浩、张志宇：《文化创意方法与技巧》，中国经济出版社 2010 年版。
79. 白庆祥、李宇红：《文化创意学》，中国经济出版社 2010 年版。
80. 吴存东、吴琼：《文化创意产业概论》，中国经济出版社 2010 年版。
81. 蒋三庚、王晓红编著：《文化创意产业研究》，首都经济贸易大学出版社 2006 年版。
82. 冯梅：《中国文化创意产业发展问题研究》，经济科学出版社 2009 年版。

83. 吴立行：《从文化创意到文创经济——市场化思考策略初探》，载《艺术教育》2012年第2期。
84. 朱桦：《关于当代文化艺术产业化趋向的思考》，载《文艺理论研究》1993年第4期。
85. 韩生：《关于上海演艺文化创意基地建设的思考》，载《党政论坛》2012年第3期。
86. 王丽文、王瑞：《关于艺术产业化的简要分析》，载《市场论坛》2008年第9期。
87. 邓卫红：《湖南文化创意产业发展思路和对策分析》，载《南华大学学报》2008年第6期。
88. 李航：《湖南文化创意产业发展研究》，湖南师范大学2010年硕士论文。
89. 孙国太：《试析文化创意与影视艺术》，载《传播理论观察》2011年第2期。
90. 潘薇：《文化创意经济呼唤表演教学的“越界”与“增肥”》，载《吉林艺术学院学报》2008年第1期。

# 后 记

“发展文化创意产业，增强国家文化软实力”，这已成为我国新时期文化产业发展的重要方向和任务之一。未来经济发展的根本动力，来自于创意，来自于创新。未来的经济增长，将依靠具有强劲创造力的人力资本，依靠经济主体的自主创新能力。文化创意产业对中国社会经济的全面协调发展和产业结构的进一步调整将起到越来越重要的作用。多年来，随着我国文化创意产业的急速发展，这方面的人才匮乏现象日益突出。因此，诸多院校增设了相关专业，本教材就是在立足国家政策、总结我国文化创意产业发展经验、吸收和借鉴相关教材优点的基础上，根据相关专业的特点和要求编写而成。

本教材不仅系统阐述了何为文化创意产业、其特征和社会意义，总结了文化创意产业典范国家的经验，还分析了我国文化创意产业发展较好的重点省市的现状，其精彩之处在于第六章的案例分析，将国内外文化创意的经典之作和热点话题之作细致地展现给读者。案例结合现实，新鲜多元，希望可以多多激发学生的学习兴趣，使得课堂教学更加生动活泼。

在本教材的编写过程中，我们广泛参考了很多专家、学者和同仁的著作和研究成果，在此一并致以真诚的谢意！在本教材的出版过程中，得到了武汉大学出版社、河北艺术职业学院给予的热情支持，特别是责任编辑胡荣工作一丝不苟、认真负责，为本书的高质量出版付出了辛勤的劳动。在此一并谨表深深的谢忱！

由于时间仓促，加上我们自身水平和能力的有限，本教材还存在着许多不够完善的地方，再次恳请同行专家、学者和广大读者批评指正。

**卢 涛**

2013 年 9 月